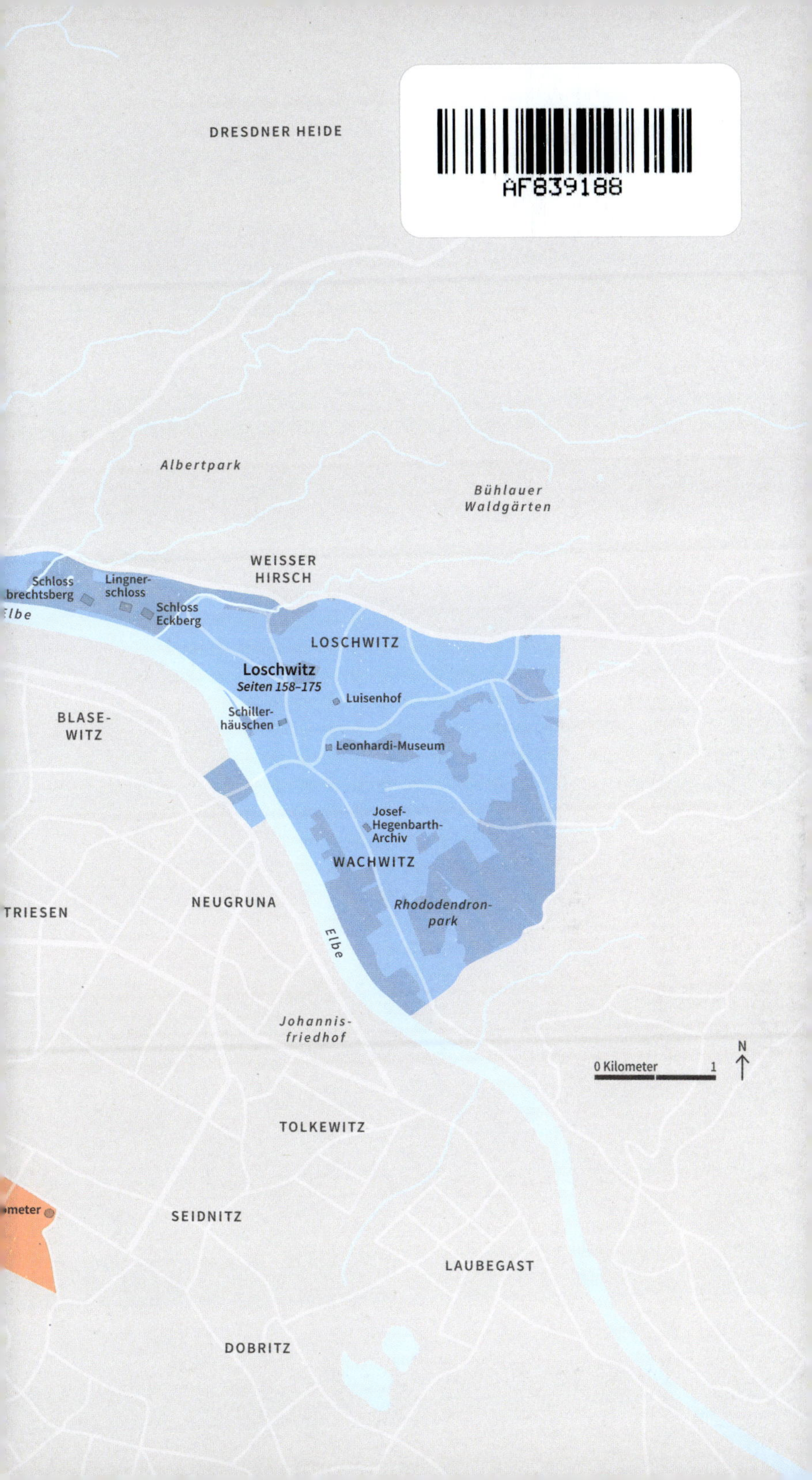
DRESDNER HEIDE
Albertpark
Bühlauer Waldgärten
WEISSER HIRSCH
Schloss
brechtsberg
Lingner-
schloss
Schloss
Eckberg
Elbe
LOSCHWITZ
Loschwitz
Seiten 158–175
Luisenhof
BLASE-
WITZ
Schiller-
häuschen
Leonhardi-Museum
Josef-
Hegenbarth-
Archiv
WACHWITZ
TRIESEN
NEUGRUNA
Rhododendron-
park
Elbe
Johannis-
friedhof
0 Kilometer 1
N
TOLKEWITZ
meter
SEIDNITZ
LAUBEGAST
DOBRITZ

INSPIRIEREN / PLANEN / ENTDECKEN / ERLEBEN

DRESDEN
& SÄCHSISCHE SCHWEIZ

DK Vis-à-Vis

DRESDEN

& SÄCHSISCHE SCHWEIZ

INHALT

DRESDEN & DIE SÄCHSISCHE SCHWEIZ ENTDECKEN **6**

DRESDEN & DIE SÄCHSISCHE SCHWEIZ ERLEBEN **56**

REISE-INFOS **220**

Links: *Blick auf die Frauenkirche* (siehe S. 102–105)
Vorherige Doppelseite: *Falkenstein, Felsen in der Sächsischen Schweiz* (siehe S. 198–219)
Umschlag: *Semperoper am Theaterplatz* (siehe S. 68–71)

DRESDEN & DIE SÄCHSISCHE SCHWEIZ
ENTDECKEN

Elbufer und Dresdner Altstadt

WILLKOMMEN IN DRESDEN & IN DER SÄCHSISCHEN SCHWEIZ

Dresden ist die Hauptstadt des Freistaats Sachsen und hat rund 560 000 Einwohner. Das Stadtzentrum erstreckt sich zu beiden Seiten der Elbe. Dresden gehört ohne Zweifel zu den beliebtesten Reisezielen Deutschlands. Alljährlich kommen viele Besucher wegen der prachtvollen Architektur und der überragenden Kunstsammlungen, die der Stadt den Beinamen »Elbflorenz« einbrachten. Doch auch ein (mehrtägiger) Ausflug in die Sächsische Schweiz sollte auf dem Urlaubsprogramm stehen.

1 *Fassade des Deutschen Hygiene-Museums*

2 *Terrasse des Cafés Pöppelmann im Hotel Bellevue*

3 *Schloss Moritzburg*

4 *Theaterplatz mit Semperoper* (links) *und Schloss*

Dresden ist eine vielseitige Kunstmetropole mit prächtiger Architektur aus mehreren Epochen und einer abwechslungsreichen Museumslandschaft (von Albertinum bis Zwinger). Diese Vielfalt spiegelt sich auch im Stadtbild wider. Zwischen dem Barockviertel der Inneren Neustadt und dem bunten Szeneviertel Äußere Neustadt liegen nur wenige Straßenzüge. Für viele Besucher am imposantesten sind aber die Ensembles in der Altstadt wie etwa rund um den Theaterplatz.

Doch Dresden hat weit mehr als Kunst und Architektur zu bieten: Entspannen Sie sich in weitläufigen Grünanlagen wie Großer Garten und Rosengarten, bummeln Sie über stimmungsvolle Märkte wie Striezelmarkt oder durch die Neustädter Markthalle, staunen Sie bei virtuellen Zeitreisen wie TimeRide und Festung Xperience, feiern Sie mit beim Elbhangfest oder beim Stadtfest oder machen Sie eine Dampferfahrt auf der Elbe.

Auch die Umgebung Dresdens bietet zahlreiche Highlights – Schlösser wie Pillnitz und Moritzburg, die Porzellanstadt Meißen und natürlich die Sächsische Schweiz mit ihren Burgen und den teils bizarren Felsformationen. Genießen Sie die Aussicht von der Bastei, wandern Sie entlang des Malerwegs und erkunden Sie die Festung Königstein.

Unser Vis-à-Vis Dresden & Sächsische Schweiz ist der perfekte Begleiter, um eine Reise ganz nach Ihrem Stil zu planen.

LIEBENSWERTES DRESDEN

Die Strahlkraft der Elbmetropole basiert auch auf ihrer Vielfalt in Kultur und Kunsthandwerk, Museen und Märkten, Flusspanoramen und Festen, Baukunst und Besonderheiten. Auch die nähere Umgebung hat ihre speziellen Reize.

1 Barocke Prachtbauten

Glanzvolle Bauwerke wie die beiden Besuchermagneten Zwinger *(siehe S. 74–77)* und Frauenkirche *(siehe S. 102–105)* begründeten den Ruf Dresdens als »Perle des Barock«.

Bunte Museumswelt *2*

Vom Albertinum *(siehe S. 106f)* über das Deutsche Hygiene-Museum *(siehe S. 142–145)* bis zum Verkehrsmuseum *(siehe S. 84f)* – das Angebot hochkarätiger Kulturstätten ist riesig.

3 Konzert in der Semperoper

Ob Klassikkonzert oder Liederabend: Ein Konzert in der für ihre hervorragende Akustik gerühmten Semperoper *(siehe S. 68–71)* ist ein besonderer Genuss.

Idyllische Parkanlagen 4

Parks wie der Große Garten *(siehe S. 150–153)* und der Barockgarten Großsedlitz *(siehe S. 182f)* laden zu Spaziergängen und bieten darüber hinaus kulturelle Attraktionen.

Zeitreise in die Vergangenheit 5

Die mit modernster Computertechnik generierten, geradezu magischen Panoramabilder im Panometer *(siehe S. 148f)* entführen Besucher in längst vergangene Zeiten.

»Schönster Milchladen der Welt« 6

Stilvoller geht es kaum: In der Pfunds Molkerei *(siehe S. 130f)* mit ihrem geradezu zauberhaften Jugendstilambiente wird ein Einkauf zum genussvollen Erlebnis.

Budenzauber auf dem Striezelmarkt 7

Deutschlands ältester Weihnachtsmarkt *(siehe S. 111)* lockt mit Kunsthandwerk und Köstlichkeiten aus Sachsen Scharen von Besuchern auf den Altmarkt.

Sächsische Weinstraße 8

Die 55 Kilometer lange, landschaftlich faszinierende Route durch das sächsische Weingebiet führt zu malerischen Orten mit gemütlichen Weinstuben *(siehe S. 188f)*.

9 **Weltberühmtes Porzellan**

Meißen ist berühmt für sein »weißes Gold«. In der Erlebniswelt Meissen *(siehe S. 185)* erhält man Einblick in das traditionsreiche Kunsthandwerk der Porzellanherstellung.

10 Wandern und Radfahren

Die Umgebung von Dresden bietet Outdoor-Fans viele Optionen. Zahlreiche Wander- und Radwege (u. a. Elberadweg; *siehe S. 202*) stehen zur Auswahl.

Dampferfahrt auf der Elbe *11*

An Bord eines historischen Raddampfers der Sächsischen Dampfschifffahrt *(siehe S. 227)* erlebt man den Zauber Dresdens aus einer ganz besonderen Perspektive.

Bizarre Gebirgswelt *12*

Wildromantische Natur mit atemberaubenden Felsformationen und urigen Landschaften – die Sächsische Schweiz ist einzigartig *(siehe S. 198–219)*.

DRESDEN
AUF DER KARTE

Für diesen Reiseführer wurde Dresden in fünf sehenswerte Stadtteile aufgeteilt: westliche Altstadt, östliche Altstadt, Neustadt, Großer Garten und Loschwitz. Jedes Kapitel hat eine eigene Farbe, wie auf der Karte ersichtlich. Zusätzlich gibt es ein Kapitel zu Abstechern und Ausflügen sowie eines zur Sächsischen Schweiz.

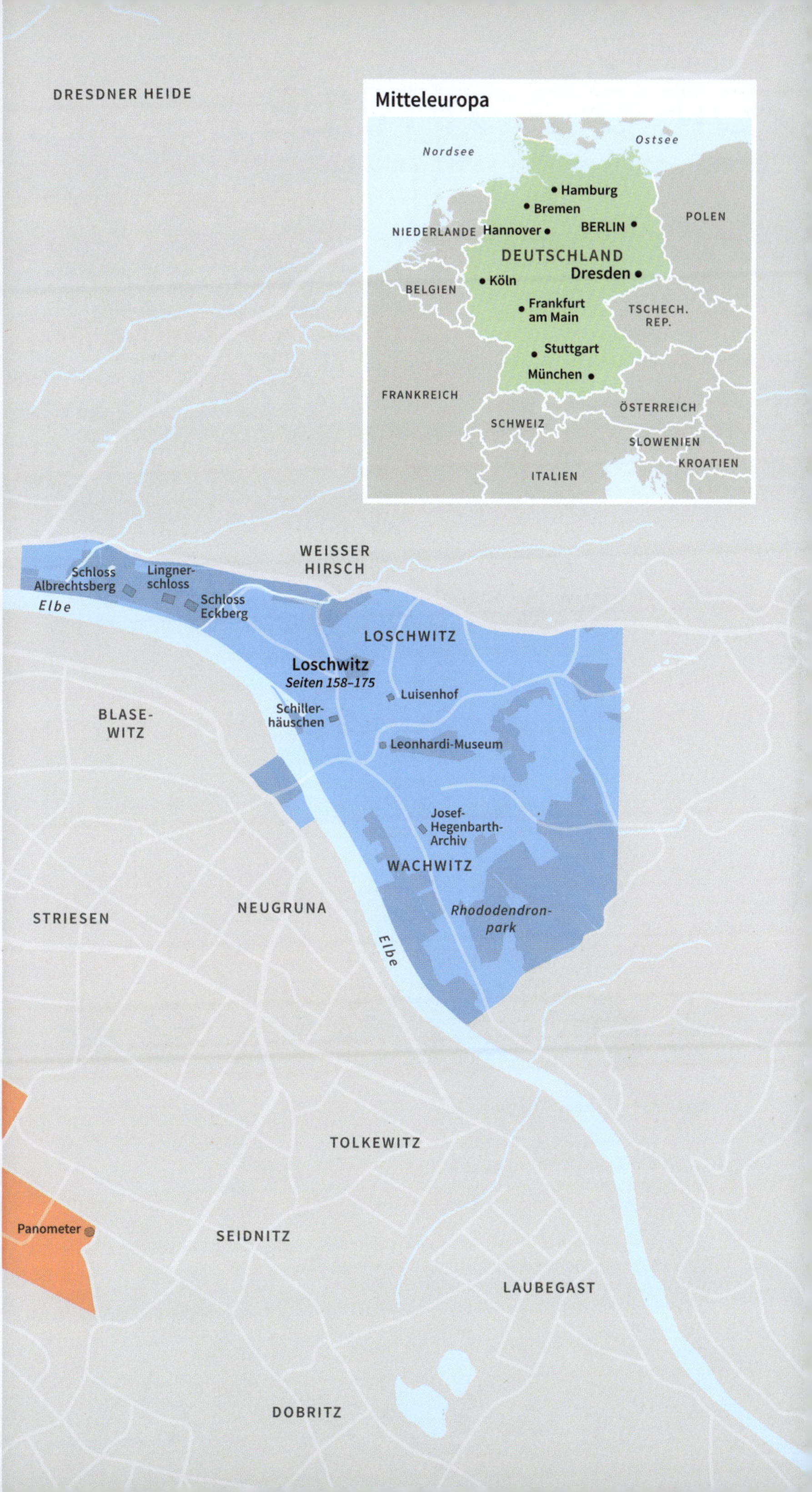
DRESDNER HEIDE
Mitteleuropa
Nordsee
Ostsee
Hamburg
Bremen
Hannover
BERLIN
POLEN
NIEDERLANDE
DEUTSCHLAND
Dresden
Köln
BELGIEN
Frankfurt am Main
TSCHECH. REP.
Stuttgart
München
FRANKREICH
ÖSTERREICH
SCHWEIZ
SLOWENIEN
KROATIEN
ITALIEN
WEISSER HIRSCH
Schloss Albrechtsberg
Lingner-schloss
Schloss Eckberg
Elbe
LOSCHWITZ
Loschwitz
Seiten 158–175
Luisenhof
Schiller-häuschen
BLASE-WITZ
Leonhardi-Museum
Josef-Hegenbarth-Archiv
WACHWITZ
Rhododendron-park
STRIESEN
NEUGRUNA
Elbe
TOLKEWITZ
Panometer
SEIDNITZ
LAUBEGAST
DOBRITZ

DIE STADTTEILE DRESDENS

Dresden gehört zu den spannendsten Städten Deutschlands. Sein besonderer Charme liegt in der Vielfalt unterschiedlicher Stadtviertel - von der Altstadt mit ihren barocken Bauwerken bis zum Szeneviertel Äußere Neustadt, von der Pracht des Großen Gartens über das malerische Loschwitz bis ins Umland.

Seiten 64–97

Westliche Altstadt

Das Stadtviertel birgt kunsthistorische Schätze von Weltruf. Rund um den Theaterplatz, dessen spezielle Atmosphäre man längere Zeit auf sich wirken lassen sollte, gruppieren sich Bauwerke wie etwa die Semperoper, der Zwinger mit seiner schönen Gartenanlage, das Schloss mit Historischem und Neuem Grünem Gewölbe sowie die Kathedrale. Markante architektonische Kontraste setzen – jeweils auf ihre eigene Art – die orientalisch anmutende Yenidze und der funktional gestaltete Kulturpalast. Einzigartig ist der Fürstenzug, mit 102 Metern das längste Porzellanbild der Welt.

Entdecken
Kunsttempel wie der Zwinger-Komplex mit der Gemäldegalerie Alte Meister

Sehenswert
Ensemble um den Theaterplatz mit Schloss und Kathedrale, Fürstenzug, Verkehrsmuseum

Genießen
Darbietungen in der Semperoper und in der Yenidze

Seiten 98–117

Östliche Altstadt

Bei einem entspannten Bummel entlang der Brühlschen Terrasse flaniert man zwischen der Elbe und einer Reihe faszinierender Bauwerke. Von der Aussichtsplattform der im Jahr 2005 erneut geweihten Frauenkirche hat man aus 67 Metern Höhe eine wunderbare Aussicht. Der auch für den Striezelmarkt bekannte Altmarkt ist das historische Zentrum der Stadt. Mit der Festung Dresden verfügt das Stadtviertel auch über eine unterirdische Sehenswürdigkeit.

Entdecken
Festung Dresden, Prager Straße, Architektur rund um den Neumarkt

Sehenswert
Frauenkirche, Kreuzkirche, Festung Dresden, Albertinum

Genießen
Konzert in der Frauenkirche, Kreuzchor, Aussicht von der Brühlschen Terrasse

Seiten 118 – 137

Neustadt

Bei Einheimischen ist die Neustadt ein gefragtes Wohnquartier. Doch auch Besucher kommen bei einem Spaziergang durch das Viertel ins Schwärmen, denn die Neustadt bietet elegante Flaniermeilen wie etwa die Königstraße. Am Hotel Bellevue bewundert man die barocke Silhouette Dresdens wie einst der berühmte Maler Canaletto. Völlig anders präsentiert sich die Äußere Neustadt, ein Szeneviertel mit einem bunten Mix aus Kneipen, Ateliers und kleinen Läden zum Stöbern. Eine Welt für sich ist die Pfunds Molkerei – ein Milchladen mit Jugendstilambiente.

Entdecken

Äußere Neustadt mit Kunsthofpassage, Pfunds Molkerei

Sehenswert

Japanisches Palais, Königstraße, Dreikönigskirche, Erich Kästner Museum

Genießen

Bummel durch die Neustädter Markthalle und den Rosengarten, Canaletto-Blick

Seiten 138–157

Großer Garten

Die »grüne Lunge der Stadt« ist weit mehr als ein Park mit erhabenen Bauwerken und üppigem Skulpturenschmuck. Wo einst der Adel seinen Vergnügungen nachging, tummeln sich auf dem fast 40 Kilometer langen Wegenetz heute Spaziergänger. In Erlebniswelten wie dem Deutschen Hygiene-Museum und der Gläsernen Manufaktur, in denen man jeweils Stunden verbringen kann, kommen Besucher ins Staunen. Dies gilt auch für das Panometer mit seiner einzigartigen Raumwirkung, hier begibt man sich auf eine faszinierende Zeitreise in vergangene Epochen.

Entdecken
Deutsches Hygiene-Museum, Gläserne Manufaktur

Sehenswert
Palais im Großen Garten, Panometer, Botanischer Garten, Zoo

Genießen
Ruderpartie auf dem Carolasee, Essen auf der Terrasse des Carolaschlösschens, Fahrt mit der Parkeisenbahn

Seiten 158–175

Loschwitz

Nach dem Überqueren der Elbbrücke Blaues Wunder erreicht man mit dem Körnerplatz den zentralen Platz dieses bezaubernden Viertels. Ob man zuerst durch die von Fachwerkhäusern gesäumte Friedrich-Wieck-Straße bummelt oder mit Schwebe- oder Standseilbahn Aussichtspunkte ansteuert – man spürt auf Anhieb das romantische Flair von Loschwitz mit seinen Villen, Parks und Weinhängen. Kein Wunder, dass das Viertel seit je bei Künstlern und Literaten angesagt war. Ein eindrucksvolles Ensemble bilden die drei Elbschlösser.

Entdecken
Friedrich-Wieck-Straße, Villenviertel Weißer Hirsch, Rhododendronpark, Waldschlösschen-Areal

Sehenswert
Blaues Wunder, Schloss Albrechtsberg, Lingnerschloss, Schloss Eckberg

Genießen
Fahrten mit Standseilbahn und Schwebebahn, Aussicht vom Luisenhof

Seiten 176 – 197

Abstecher und Ausflüge

Zu den Höhepunkten vor den Toren der Stadt zählen Schlossanlagen wie Moritzburg und Pillnitz sowie der Barockgarten Großsedlitz. Die Porzellan-Manufaktur in Meißen ist weltberühmt und bietet in der Erlebniswelt einen Einblick in die Porzellanherstellung. Die 55 Kilometer lange Sächsische Weinstraße verbindet viele Weinorte miteinander. Museen widmen sich vielfältigen Themen – von Bergbau über Technik bis Astronomie. Die Dresdner Heide zählt zu den größten Stadtwäldern in Deutschland. Auch Städte wie Freiberg, Kamenz oder Bautzen sind lohnende Ausflugsziele.

Entdecken
Freiberg, Kamenz, Bautzen, Zauber des »weißen Goldes« in Meißen

Sehenswert
Barockgarten Großsedlitz, Schloss Moritzburg, Schloss Pillnitz

Genießen
Weingüter entlang der Sächsischen Weinstraße, Radeberger Exportbierbrauerei

Seiten 198 – 219

Sächsische Schweiz

In dieser geradezu märchenhaften Welt aus steil aufragenden Felsen und weiten Hochflächen nahe der Tschechischen Republik kann man wunderbar wandern – und staunen. Die berühmteste Felsformation des Gebirges ist die 305 Meter hohe Bastei. Geschichtsträchtige Städte wie Bad Schandau oder Pirna sowie alte Festungsanlagen wie Burg Hohnstein und Festung Königstein können erkundet werden. Die Felsenbühne Rathen zählt zu den eindrucksvollsten Naturtheatern Europas. Die ganze Schönheit der Region erlebt man bei einer Fahrt mit der Sächsischen Dampfschifffahrt.

Entdecken
Pirna, Bad Schandau, Miniaturpark Kleine Sächsische Schweiz

Sehenswert
Bastei, Schrammsteine, Burg Hohnstein, Festung Königstein

Genießen
Blick von der Basteibrücke, Theateraufführung in der Felsenbühne Rathen, Fahrt mit der Kirnitzschtalbahn

←

1 *Kathedrale, die größte Kirche in Sachsen*

2 *Blick vom nördlichen Elbufer auf die Frauenkirche*

3 *Barockes Palais im Großen Garten*

4 *Porzellansammlung im Zwinger – die weltweit kostbarste ihrer Art*

Bei dieser Tour erleben Sie viele der berühmtesten Sehenswürdigkeiten, spannendsten Museen und stimmungsvollsten Plätze und Straßenzüge in Altstadt und Neustadt. Auch der Große Garten und einige Orte mit spektakulärer Aussicht stehen auf dem Programm.

2 TAGE
in Dresden

Tag 1

Vormittags Einen Eindruck vom Glanz des barocken Dresden verschafft man sich vom Theaterplatz *(siehe S. 91)* mit seinem höchst imposanten Ensemble prachtvoller Bauten. Nehmen Sie sich Zeit für die kostbaren Sammlungen in Zwinger *(siehe S. 74–77)* und Schloss *(siehe S. 78–81)*. Auch Semperoper *(siehe S. 68–71)* und Kathedrale *(siehe S. 82f)* tragen zur Pracht des Platzes bei.

Nachmittags Nach dem Mittagessen im Kahnaletto auf dem Theaterkahn *(siehe S. 91)* spazieren Sie über die Brühlsche Terrasse *(siehe S. 108)* am Elbufer entlang zum Neumarkt *(siehe S. 110f)*, einem der Schmuckkästchen der Stadt. Dort besichtigen Sie die Frauenkirche *(siehe S. 102–105)*, eines der bekanntesten Wahrzeichen Dresdens. Ganz in der Nähe befinden sich das Verkehrsmuseum im Johanneum *(siehe S. 84f)* und das Albertinum *(siehe S. 106f)* – Sie haben die Wahl. Nach dem Museumsbesuch bummeln Sie vorbei am Kulturpalast *(siehe S. 87)* zum Altmarkt *(siehe S. 111)*, an dem die Kreuzkirche *(siehe S. 112)* aufragt. Von der an den meisten Tagen bis spätnachmittags zugänglichen Aussichtsplattform genießt man einen wundervollen Blick über die Stadt.

Abends Nach diesem Besichtigungsprogramm locken im Radeberger Spezialausschank (www.radeberger-spezialausschank.de) direkt an der Elbe sächsische Spezialitäten und Getränke, darunter auch Biere der berühmten Brauerei.

Tag 2

Vormittags Südöstlich der Altstadt erstreckt sich der Große Garten *(siehe S. 150–153)*, eine vielfältig genutzte Parkanlage, die sich auch wunderbar zum Flanieren eignet. Im vorderen Teil befinden sich mit dem Deutschen Hygiene-Museum *(siehe S. 142–145)* und der Gläsernen Manufaktur *(siehe S. 146f)* zwei sehr unterschiedliche Erlebniswelten, die es zu erkunden gilt.

Nachmittags Nach dem Mittagessen im Restaurant e-VITRUM der Gläsernen Manufaktur *(siehe S. 155)* fahren Sie per Straßenbahn (Linie 1 oder 2) vom Pirnaischen Platz zum Panometer *(siehe S. 148f)*. In dem ehemaligen Gasometer genießen Sie die Raumwirkung eines 360-Grad-Panoramas von Dresden in der Vergangenheit. Mit der Tram (Linie 1 oder 2, am Postplatz Umstieg in Linie 4, 8 oder 9) fahren Sie nun über die Elbe in die Neustadt. Das Japanische Palais *(siehe S. 122f)* bietet neben Ausstellungen auch Parkidylle. Dann bummeln Sie durch die Königstraße *(siehe S. 126)*, eine der prächtigsten Barockstraßen der Stadt. Zu den größten Schätzen der Dreikönigskirche *(siehe S. 126f)* zählt das 12,5 Meter lange Relief *Dresdner Totentanz*. Buntes Markttreiben bietet die Neustädter Markthalle (Mo–Sa 8–20; *siehe S. 125*).

Abends Spitzenküche und köstliche Cocktail-Kreationen in wundervollem Ambiente genießen Sie bei Pöppelmanns Bar & Dine im Hotel Bellevue.

→

1 *Kuppel der Frauenkirche*

2 *Im Verkehrsmuseum: Abteilung Schifffahrt*

3 *Themenraum Essen und Trinken im Deutschen Hygiene-Museum*

4 *Mit der Straßenbahn unterwegs*

Dresden ist ein Reiseziel für alle Jahreszeiten und bietet auch bei schlechtem Wetter jede Menge Attraktionen. Egal, für welche Kulturstätten Sie sich entscheiden – die Wege zwischen den Sehenswürdigkeiten sind angenehm kurz.

1 REGENTAG

in Dresden

Vormittags

Wenn Sie bei Regen auf längere Stadtspaziergänge verzichten wollen – kein Problem. Die Straßenbahnen und Busse bringen Sie zu den Sehenswürdigkeiten, oder Sie legen die kurzen Strecken zu Fuß zurück. Regenwetter ist natürlich Museumswetter, und da bietet die Stadt eine reiche Auswahl. Für einen Besuch der Festung Dresden *(siehe S. 109)* begibt man sich nicht nur auf eine Zeitreise ins 16. Jahrhundert, sondern auch unter die Erdoberfläche. Keinesfalls versäumen sollte man dort die virtuelle Ausstellung Festung Xperience, in der mithilfe modernster Multimediatechnik Geschichte zum Erlebnis wird. Ein Kontrastprogramm liefert das nur wenige Gehminuten entfernte Albertinum *(siehe S. 106f)*. Das in einem imposanten Bauwerk untergebrachte Kunstmuseum zeigt erstklassige Gemälde- und Skulpturensammlungen. Am Neumarkt hat man mehrere Optionen zum Mittagessen, darunter auch den PulverTurm mit seinem Gewölbekeller *(siehe S. 108)*.

Nachmittags

Nur ein paar Schritte sind es zur Frauenkirche *(siehe S. 102–105)*, von deren Aussichtsplattform in 67 Metern Höhe sich auch bei schlechtem Wetter ein wundervolles Panorama über Dresden bietet. Werfen Sie im Innenraum einen Blick auf die Bilder in der Innenkuppel und die geschwungenen Emporen. Nach Verlassen der Kirche sehen Sie das Johanneum vor sich. In diesem Gebäude ist das Verkehrsmuseum *(siehe S. 84f)* untergebracht, das rund 200 Jahre Verkehrsgeschichte in Deutschland dokumentiert. Nach Überqueren der Schlossstraße erreichen Sie das Schloss *(siehe S. 78–81)* mit hochkarätigen Sammlungen wie Historischem und Neuem Grünem Gewölbe. Der Theaterplatz *(siehe S. 91)* beeindruckt auch bei Regen. Bauten aus Renaissance, Barock und Klassizismus bilden ein geradezu atemberaubendes Ensemble. Hier bieten sich mehrere Optionen: Für weiteren Kunstgenuss auf allerhöchstem Niveau locken die Sammlungen im Zwinger *(siehe S. 74–77)*, wo man sich im Zwinger Xperience *(siehe S. 76)* auch auf eine genauso spannende Erlebnisreise wie in der Festung Dresden begeben kann. Alternativ können Sie mit der Straßenbahn (Linie 4) zum Deutschen Hygiene-Museum *(siehe S. 142–145)* fahren, in dessen Gläsernem Labor man eigenhändig experimentieren kann.

Abends

Beim Abendessen im Sophienkeller *(siehe S. 93)* im Taschenbergpalais beim Theaterplatz werden Sie in die glanzvolle Zeit des Barock entführt. Ein ganz besonderes Erlebnis in Dresden ist der Besuch einer Vorstellung in der Semperoper *(siehe S. 68–71)*, die Tickets sollte man lange im Voraus reservieren. Und nach dem Musikgenuss findet sich in der Nähe sicher eine schöne Bar.

1

2

3

5 TAGE

in der Sächsischen Schweiz

Tag 1

Die Sächsische Schweiz ist sehr gut erreichbar. Am flexibelsten ist man mit dem eigenen Auto, doch auch mit Bahn und Bus gelangt man in viele Orte. Die wohl entspannteste und stimmungsvollste Art der Anreise in die Sächsische Schweiz ist jedoch die Fahrt mit einem Raddampfer der Sächsischen Dampfschifffahrt *(siehe S. 227)*. Die Route führt von Dresden auf der Elbe über einige Stationen nach Pirna, Stadt Wehlen, Kurort Rathen, Königstein und Prossen, bevor sie in Bad Schandau endet.

Bad Schandau ist der letzte größere Ort vor der Grenze zur Tschechischen Republik und einer der besten Ausgangspunkte für den Aufenthalt. Im dortigen Nationalparkzentrum Sächsische Schweiz bekommt man detaillierte Informationen über die Region. Neben Ausstellungen gibt es dort spannende Erlebnisbereiche. Abends können Sie sich in der Toskana Therme (www.toskanaworld.net) entspannen, im angegliederten Ristorante Toskana essen und im Hotel Elbresidenz übernachten (zwei Nächte) – alles unter einem Dach.

Tag 2

Nehmen Sie einen gut gefüllten Picknickkorb mit. Am Kurpark in Bad Schandau startet die seit 1898 betriebene Kirnitzschtalbahn *(siehe S. 213)*, eine Fahrt mit dieser Schmalspurbahn ist ein Erlebnis. Die Bahn verkehrt täglich – von April bis Oktober etwa halbstündlich, von November bis März stündlich. Die rund acht Kilometer lange Strecke verläuft durch das Tal der Kirnitzsch, eines Nebenflusses der Elbe. Während der etwa 30-minütigen Fahrt genießen Sie bei gemächlichem Tempo die landschaftliche Schönheit des Tals. Sie können die Fahrt jederzeit unterbrechen. Von mehreren Stationen führen Wanderwege zu den Schrammsteinen *(siehe S. 213)*, von der Endstation Lichtenhainer Wasserfall führt eine Wanderroute zum Kuhstall, einer weiteren bizarren Felsformation.

Diese Ziele eignen sich wunderbar für ein Picknick inmitten eindrucksvoller Natur. Nach der Rückkehr bummeln Sie noch ein wenig durch Bad Schandau, für ein Abendessen wäre diesmal das Restaurant Gambrinus *(siehe S. 209)* eine Option.

4

1 *Marktplatz von Pirna mit Rathaus (links) und Marienkirche* ↑

2 *Kurort Rathen an der Elbe*

3 *In der Felsenwelt der Bastei*

4 *Blick über Hohnstein auf Burg Hohnstein*

Tag 3

Nach dem Frühstück fahren Sie nach Königstein. Nach der Ankunft sollte man die Festung Königstein *(siehe S. 208f)* besichtigen. Die im 13. Jahrhundert erstmals erwähnte Anlage blickt auf eine sehr wechselvolle Geschichte zurück, machen Sie sich bei einer Führung auf Schauergeschichten gefasst. Ob Erlebnisrestaurant oder historischer Ausschank – in der Burg ist auch fürs leibliche Wohl gesorgt. Das Felsenlabyrinth Langenhennersdorf *(siehe S. 215)* mit seinen fast märchenhaft wirkenden Felsformen fünf Kilometer südwestlich von Königstein ist eine Welt für sich. Übernachten Sie im Hotel Lindenhof (www.lindenhof-koenigstein.de).

Tag 4

Auf oder entlang der Elbe führt der Weg nach Rathen. Die vier Kilometer nordöstlich auf einem Sandsteinfelsen thronende Burg Hohnstein *(siehe S. 208)* aus dem 12. Jahrhundert lohnt ebenfalls eine Besichtigung. Von der Terrasse des Burgcafés hat man eine schöne Aussicht. Anschließend lockt mit der Bastei *(siehe S. 206f)* die wohl berühmteste Felsformation der Region, man erreicht sie von Rathen über einen gut markierten Wanderweg. Vor allem von der Basteibrücke und der 2023 eröffneten schwebenden Besucherplattform hat man grandiose Aussichten. Um dies noch lange auszukosten, übernachten Sie im Berghotel Bastei *(siehe S. 215)* und genießen dort zum Blick auf die Bastei Gastronomie vom Feinsten. Alternativ können Sie sich abends eine Theatervorstellung in der Felsenbühne Rathen *(siehe S. 208)* ansehen, Tickets sind frühzeitig zu reservieren.

Tag 5

Nächstes Ziel ist Stadt Wehlen *(siehe S. 214)*. Zu den lohnendsten Sehenswürdigkeiten gehören Burg Wehlen und der Miniaturpark Kleine Sächsische Schweiz, ein Modellpark mit stark verkleinerten Nachbildungen der Attraktionen der Region. Statten Sie zum Abschluss noch Pirna *(siehe S. 204f)* einen Besuch ab, bummeln Sie durch die Gassen im Zentrum und speisen Sie zum Abschluss im Lazy Laurich *(siehe S. 209)*.

Jahrhundertwende
An der Wende vom 19. zum 20. Jahrhundert entstanden viele Bauten. Wie eine Moschee mit Kuppel und Minarett wirkt die Tabakfabrik Yenidze *(siehe S. 92f)*. Der Hauptbahnhof *(siehe S. 113)* bereichert das Stadtbild ebenso wie das Schauspielhaus *(siehe S. 90)*, dessen Fassade auch Elemente des Jugendstils prägen.

←
Yenidze: ein gelungener Mix aus orientalischem Dekor und Jugendstil

DRESDENS ARCHITEKTUR

Die Strahlkraft der Elbmetropole basiert auch auf ihrer einzigartigen Architektur. Vor allem unter August dem Starken entstanden glanzvolle Bauwerke, die den Ruf Dresdens als »Perle des Barock« begründeten. Zudem wird die Silhouette der Stadt von Bauten früherer und späterer Epochen geprägt.

Barock
Diese Kunstepoche brachte in Dresden ganz besonders prachtvolle Gebäude hervor. Zu den Musterbeispielen des »Dresdner Barock« gehört der Zwinger *(siehe S. 74–77)*: Das Meisterwerk barocker Baukunst – einst Symbol höfischer Macht und Pracht – birgt kostbare Sammlungen. Hauptachse des Barockviertels in der Neustadt ist die Königstraße *(siehe S. 126)*.

Zeitgenössische Architektur

Bauwerke der letzten Jahrzehnte komplettieren die architektonische Vielfalt der Stadt. Ein wesentliches Kennzeichen des Internationalen Congress Centers *(siehe S. 92)* ist die asymmetrische Gestaltung mit geschwungenen Linien. Auch das von zwei gläsernen Kuben flankierte Glaskugelhaus *(siehe S. 113)* – ein beliebtes Shopping-Center am Wiener Platz – setzt moderne Akzente in der Altstadt. Die Gläserne Manufaktur *(siehe S. 146f)*, eine futuristisch anmutende Glas-Stahl-Konstruktion, ist Produktionsstätte für luxuriöse Limousinen.

Das Internationale Congress Center mit weit ausladendem Vordach

Renaissance

Die im Zweiten Weltkrieg schwer beschädigte Semperoper *(siehe S. 68–71)* wurde nach Originalplänen im Stil der Renaissance wiederaufgebaut. Der Jägerhof *(siehe S. 132)*, ältestes Baudenkmal der Neustadt, zeigt noch einige Elemente der Renaissance. Dresdens frühestes Denkmal dieser Epoche war das 1555 angefertigte, mittlerweile durch eine Kopie ersetzte Moritzmonument *(siehe S. 109)*.

Semperoper: Beim Wiederaufbau orientierte man sich an den ursprünglichen Plänen

Der barocke Zwinger mit dem Zwingerteich im Innenhof

Brücken

Markante architektonische Akzente im Stadtbild setzen auch die Brücken über die Elbe. Besonders eindrucksvoll ist der 280 Meter lange Elbübergang Blaues Wunder *(siehe S. 164)*. Er wurde 1893 fertiggestellt und verbindet die Villengegend Blasewitz am linken mit Loschwitz am rechten Elbufer.

Blickfang: das bei Dunkelheit illuminierte Blaue Wunder (Loschwitzer Brücke)

Caspar David Friedrich, Meister der Romantik

Caspar David Friedrich (1774–1840), bedeutendster Maler der deutschen Romantik, stellte Natur als Allegorie menschlichen Lebens dar. 1798 zog er nach Dresden. Bilder von Friedrich sind im Kupferstich-Kabinett des Schlosses *(siehe S. 80f)* und in der Galerie Neue Meister des Albertinums *(siehe S. 107)* zu sehen. Beide zeigen 2024 anlässlich seines 250. Geburtstags Sonderausstellungen.

→

Das Große Gehege *(um 1832) von Caspar David Friedrich befindet sich im Albertinum*

DRESDEN FÜR KUNSTFANS

Dresden zählt zu den renommiertesten Kunstmetropolen in Mitteleuropa. Die Stadt brachte namhafte Künstler verschiedenster Epochen hervor – von Romantik bis Expressionismus. Sie schufen stilbildende Werke, von denen viele in den Dresdner Museen und Sammlungen zu bewundern sind.

Die Brücke – Künstlergruppe aus Dresden

Die Brücke wurde 1905 von den vier Architekturstudenten Ernst Ludwig Kirchner, Erich Heckel, Karl Schmidt-Rottluff und Fritz Bleyl in Dresden gegründet, später traten ihr Emil Nolde, Max Pechstein und Otto Mueller bei. Die Bedeutung des Namens der Gruppe ist bis heute unklar. Kontrastreiche Farben, kantige Formen, impulsive Pinselführung und Aufhebung traditioneller Proportionen und Perspektiven kennzeichnen das Werk der Mitglieder, die dem Expressionismus in der deutschen Malerei enorme Impulse gaben. Im Jahr 1913 löste sich die Gruppe auf.

←

Poster von Kirchner zu einer Ausstellung der Dresdner Künstlergruppe Die Brücke

Gemäldegalerie Alte Meister

Die in der Sempergalerie des Zwingers untergebrachte Gemäldegalerie Alte Meister *(siehe S. 72f)* zählt zweifellos zu den berühmtesten Gemäldesammlungen weltweit. Bei einem Rundgang durch die drei Stockwerke erhalten Besucher anhand von Meisterwerken der einzelnen Kunstepochen einen hervorragenden Überblick über rund sechs Jahrhunderte europäischer Malerei. Vertreten sind zahlreiche stilbildende Künstler, darunter etwa Raffael, Tizian und Rembrandt.

Neben einem reichen Bestand an Gemälden umfasst die Sammlung auch Skulpturen aus der Antike und vom Mittelalter bis zum Barock sowie eine Kollektion von Wandteppichen.

← *Niederländische Malerei in der Gemäldegalerie Alte Meister*

Grünes Gewölbe

Die Schätze des Grünen Gewölbes *(siehe S. 80)* verteilen sich auf zwei Bereiche: Das Historische Grüne Gewölbe ist ein barockes Gesamtkunstwerk, im Neuen Grünen Gewölbe stehen Einzelobjekte im Vordergund. Bei einem Einbruch 2019 wurden aus dem Historischen Grünen Gewölbe Kunstwerke und Schmuckstücke mit mehr als 4000 Diamanten gestohlen.

↑ *Vitrinen mit kostbaren Kunstobjekten, Neues Grünes Gewölbe*

Neue Sachlichkeit

In den 1920er Jahren entwickelte sich die Kunststadt Dresden zu einem bedeutenden Zentrum der Malerei der Neuen Sachlichkeit. Zu den Protagonisten dieser Stilrichtung gehörte Otto Dix. Mit kühler Distanz dokumentierten die Maler ihre Zeit in Gemälden, ein Thema waren Milieus der Großstadt.

Schloss Moritzburg - Barock in Vollendung

Das prachtvolle Bauwerk *(siehe S. 178f)* bildet mit seiner ausgedehnten, weitgehend symmetrisch gestalteten Gartenanlage ein barockes Gesamtkunstwerk. In den vier kleinen Teichhäusern kann man heute stilvoll übernachten. Schloss Moritzburg und seine Umgebung waren eine geradezu märchenhafte Kulisse für den Film *Drei Haselnüsse für Aschenbrödel* (1973). Zu diesem Kultfilm zeigt das Schloss im Winter eine mehrmonatige Ausstellung. Sehenswert ist auch die Barockausstellung.

↑ *Schloss Moritzburg ist auch im Winter ein beliebtes Ausflugsziel*

DRESDENS SCHLÖSSER

Dresden und seine Umgebung bergen eine Vielzahl profaner Prachtbauten, Dokumente kurfürstlichen und königlichen Repräsentationswillens. Die Schlösser zeigen sich als außergewöhnliche Ensembles aus Architektur und Gartenbaukunst. Einige dieser Bauwerke präsentieren heute Kunstschätze.

Schloss Pillnitz

Die an der Elbe gelegene Schlossanlage *(siehe S. 180f)* vereint barocke und fernöstliche Architektur. Hier residierte der sächsische Hof im Sommer. Die weitläufigen Gärten laden zum Flanieren ein, tropische Pflanzen verleihen ihnen exotisches Flair. Im Schlossmuseum erfährt man viel über den höfischen Alltag, auch das Kunstgewerbemuseum lohnt einen Besuch.

← *Mit ihren geschwungenen Dächern gleichen die Palais der Schlossanlage ostasiatischen Pagoden*

Juwel des Frühbarock: Palais im Großen Garten

Das einst für höfische Vergnügungen und nicht als Residenz genutzte Palais *(siehe S. 152)*, Dresdens frühester Barockpalast, steht am Schnittpunkt sich kreuzender Sichtachsen. Im Palais ist eine Skulpturenausstellung untergebracht.

→

Aufwendiger plastischer Schmuck ziert die Fassade des Palais im Großen Garten

Festung Königstein

Zum Schutz der Handelswege wurden in der Sächsischen Schweiz mehrere Burgen errichtet. Zu den wehrhaftesten gehörte neben Burg Hohnstein und Burg Stolpen auch die Festung Königstein *(siehe S. 208f)*. Dieses einzigartige Zeugnis europäischer Festungsbaukunst blickt auf eine bewegte Geschichte zurück – sie war Schauplatz ausschweifender höfischer Feste, lange Zeit aber auch ein berüchtigtes Gefängnis.

←

Die Festung Königstein thront eindrucksvoll auf einem Felsplateau der Sächsischen Schweiz

Elbschlösser am Loschwitzer Elbhang

Die drei Elbschlösser *(siehe S. 170f)* sind Perlen sächsischer Schlossarchitektur. Schloss Albrechtsberg, die westlichste der drei Anlagen, präsentiert sich mit Ecktürmen und einem vorgeschobenen Mittelbau. Es wurde im Stil einer italienischen Renaissance-Villa erbaut. Das Lingnerschloss in der Mitte des weit gespannten Ensembles ist eine zweitürmige Villa im Stil des Spätklassizismus. Das im Stil der Tudor-Gotik gehaltene Schloss Eckberg mit dem 25 Meter hohen Aussichtsturm erinnert an ein englisches Castle.

←

Schloss Eckberg, das östlichste und jüngste der drei Elbschlösser

Gründerzeit bis Anfang 20. Jahrhundert
Ende des 19. Jahrhunderts erlebte die Stadt einen Aufschwung. Rasch wachsende Vorstädte wurden eingemeindet, die Einwohnerzahl stieg rasant: 1875 lebten rund 200 000 Menschen in der Stadt, um 1900 bereits eine halbe Million. Die Entwicklung zur Metropole wurde auch durch zügigen Ausbau des Verkehrsnetzes ermöglicht. Der Aufbruch erfasste auch die Kunstszene: 1905 wurde in Dresden die Künstlergruppe Die Brücke *(siehe S. 30)* gegründet.

→

Villa von 1898 mit großer Gartenanlage – Ausdruck des Wohlstands jener Zeit

DRESDEN FÜR GESCHICHTSFANS

Faszination Geschichte: Ab dem 15. Jahrhundert war die Stadt Residenz der Dynastie der Wettiner. Dresden erlebte glanzvolle wie tragische Zeiten – im 18. Jahrhundert war die Stadt leuchtendes Zentrum für Kunst, Architektur und Wissenschaft, 1945 wurde sie im Bombenhagel verwüstet.

Zweiter Weltkrieg
Später als viele andere deutsche Städte war Dresden Ziel von Bombardierungen. In der Nacht vom 13. auf den 14. Februar 1945 – kurz vor Ende des Zweiten Weltkriegs – wurde bei Angriffen britischer und amerikanischer Bomberverbände eine Fläche von rund 15 Quadratkilometern zerstört, darunter das gesamte Stadtzentrum. Offiziell starben rund 25 000 Menschen in dem Inferno – eine genaue Zahl der Opfer konnte nie ermittelt werden, da sich damals viele Kriegsflüchtlinge in Dresden aufhielten.

←

Ruinen um den Hausmannsturm nach den Bombardierungen vom Februar 1945

Geschichte virtuell erleben

An mehreren Orten können Besucher die so bewegte wie spannende Geschichte der Stadt hautnah miterleben – Glanzzeiten wie Schreckenstage. Virtuelle Ausstellungen mit 360-Grad-Projektionen und modernen Soundsystemen wie Festung Xperience *(siehe S. 109)* und Zwinger Xperience *(siehe S. 76)* bieten multimediale Erlebnisse. Bei TimeRide (www.timeride.de/dresden) ist man mithilfe von VR-Brillen mitten im Geschehen. Aus Malerei und Computertechnik entstand das Panoramabild im Panometer *(siehe S. 148f)*.

Augusteisches Zeitalter und Königreich Sachsen

Im 1694 beginnenden Augusteischen Zeitalter wurde Dresden eine Metropole für Kunst und Architektur. Der Hofstaat verschlang Unsummen zulasten der wirtschaftlichen Entwicklung und der politischen Unabhängigkeit. Erst nach Gründung des Königreichs Sachsen (1806) ging es im Zuge der Industrialisierung wieder aufwärts. Das Königreich bestand bis 1918.

→

Im Dresdner Schloss residierten einst sächsische Herzöge, Kurfürsten und Könige

Dresden in der DDR

Nach dem Krieg waren der Bau von Wohnhäusern (insbesondere Plattenbauten) und die Instandsetzung der zerstörten Infrastruktur vorrangige Aufgaben. Vom kleinteiligen Grundriss des alten Dresden blieb wenig erhalten, es entstanden breite Haupttrassen, die sich für Aufmärsche (z. B. am 1. Mai) eigneten. Dresden wurde sächsische Zentrale des Stasi-Überwachungsapparats.

←

Trakt im ehemaligen Stasi-Gefängnis Bautzner Straße, heute eine Gedenkstätte (siehe S. 169)

Dresdner Stollen (»Striezel«)

Keine sächsische Delikatesse ist so bekannt wie der früher als »Striezel« bezeichnete Dresdner Stollen. Vor und in der Adventszeit herrscht Hochbetrieb in den Backstuben. Natürlich hat jeder Bäcker »sein« Rezept, basierend auf den Zutaten Mehl, Butter, Zucker, Rosinen, Zitronat, Mandeln, Hefe, Salz, Zitronenschale und Milch. Dresdner behaupten, der beste Ort zum Testen sei eindeutig der Striezelmarkt *(siehe S. 111)* auf dem Altmarkt.

→ *Dresdner Stollen – traditionsreiches und weltweit geschätztes Gebäck*

DRESDEN FÜR FOODIES

Sachsen sind leidenschaftliche Kaffeetrinker, entsprechend groß ist die Auswahl an Cafés, in denen man Kaffee und süße Köstlichkeiten genießt. Die traditionelle sächsische Küche bietet viele Fleischspezialitäten, vegetarische und vegane Restaurants ergänzen das gastronomische Angebot.

Kaffeespezialitäten im 2022 eröffneten cafecello in der Neustadt ↑

Gemütliche Cafés

In Dresden gibt es viele Cafés, in denen man eine Tasse Kaffee trinken oder eine Kleinigkeit essen kann. Typisch ist das ebenso üppige wie verführerische Angebot an erstklassiger Konditorenkunst. Die ganze Palette an Leckereien aus der Sachsenmetropole führt das Café Kreutzkamm am Altmarkt (www.kreutzkamm.de). Neben Kuchen und Torten gibt es dort das ganze Jahr über auch weihnachtliche Leckereien wie Baumkuchen. Ein anderes Konzept verfolgt das Laden-Café aha (www.ladencafe.de): Es serviert Gerichte, deren Zutaten aus ökologischem Anbau stammen. Muße nach dem Kunstgenuss bieten die Dresdner Museumscafés.

Melitta – Dresdner Erfindung

Die Erfindung der Filtertüte im Jahr 1908 durch die Dresdnerin Melitta Bentz revolutionierte die Zubereitung von Kaffee. Die Tüftlerin ließ sich ihre Idee patentieren und gründete eine Firma, um das von ihr entwickelte Produkt in Serie fertigen zu lassen. Seither sind Filtertüten von Melitta in den typischen rot-grünen Packungen bekannt. Die Melitta-Unternehmensgruppe produziert auch Kaffee und Haushaltswaren.

Vegetarisch und vegan

Das Angebot an Lokalen mit fleischlosen Gerichten wird auch in Dresden immer größer. Sehr viel Wert wird dabei auf die Verwendung regionaler und saisonaler Zutaten gelegt. Vegetarische, vegane und glutenfreie Speisen serviert etwa das Restaurant brennNessel (www.brennnessel-dresden.de). Das Motto des Restaurants Falscher Hase (www.falscher-hase.com) lautet »vegan meals & deals«.

← *Die Vegane Fleischerei bietet ohne tierische Produkte zubereitete Versionen von Fleischgerichten*

Sächsische Spezialitäten

Typisch für die sächsische Küche sind deftige Fleischgerichte mit würzigen Saucen. Zu den Favoriten gehören Sächsischer Sauerbraten mit Klößen sowie Krautrouladen mit Salzkartoffeln oder Kartoffelpüree. Im Winter, aber nicht nur zu Weihnachten, lässt man sich in Sachsen gerne Gänsebraten schmecken.

↑ *Sauerbraten mit Klößen zählt zu den Spezialitäten der sächsischen Küche*

Dampferfahrt auf der Elbe

Wegen ihrer geradezu altertümlichen, aber spannenden Mechanik sind Raddampfer auch für junge Passagiere eine Attraktion. Die Schiffe verkehren zwischen Sächsischer Weinstraße und Sächsischer Schweiz und damit weit über Dresden hinaus. Unterwegs gibt es ständig jede Menge Neues zu entdecken.

→

Mit einem Raddampfer der Sächsischen Dampfschifffahrt auf der Elbe unterwegs

DRESDEN FÜR FAMILIEN

Dresden eignet sich bestens für einen Familienurlaub. Nicht nur Erwachsene finden in der Stadt und ihrer Umgebung jede Menge Unterhaltung, auch für Kinder ist viel geboten. Möglichkeiten für Spiel und Spaß eröffnen sich an vielen Ecken - ob in Museen, im Schwimmbad, im Zoo oder auf der Elbe.

Museen für Kinder

Einige Dresdner Museen sind wahre Erlebniswelten für die ganze Familie. Das Kinder-Museum *(siehe S. 142)* etwa spricht alle Sinne der Besucher an. Das Erich Kästner Museum *(siehe S. 128)* befasst sich auf höchst originelle Weise mit dem seit Generationen berühmten Kinderbuchautor. Und der Experimentierraum im Verkehrsmuseum *(siehe S. 84f)* ist ein Muss für junge Entdecker.

Im Kinder-Museum, einem Erlebnisbereich des Deutschen Hygiene-Museums ↑

Entdeckertipp
Schnitzeljagd

Rätsel lösen, Spannendes erfahren und dabei viel Spaß haben (www.stadtspiel-schnitzeljagd.de/dresden).

Parkeisenbahn und Schwebebahn

Ein Spaß im Großen Garten ist eine Fahrt mit der Parkeisenbahn *(siehe S. 151)*, Kinder können hier nach einer Einweisung als Lokführer aktiv werden. Auch eine Fahrt mit der weltweit ältesten Schwebebahn *(siehe S. 167)* in Loschwitz ist ein Erlebnis.

→

Eine 30-minütige Fahrt mit der Parkeisenbahn ist ein großes Vergnügen

Zoo

Unter den Dresdner Parks wartet vor allem der Große Garten *(siehe S. 138–157)* mit vielen Attraktionen für Kinder auf. Mehr als 1100 Tiere von allen Kontinenten sind im Zoo *(siehe S. 153)* zu bestaunen. Tiere in den Streichelgehegen können mit bereitgestellter Nahrung gefüttert werden. Ein besonderes Highlight: Mit der Tunnelrutsche geht es rasant in den »Zoo unter der Erde«.

←

Viele Besucher des Zoos schauen bei den Mandrills vorbei, bei diesen Urwaldpavianen ist immer viel los

Badespaß für die ganze Familie

Wasserratten haben die Wahl zwischen mehreren Frei- und Hallenbädern. Sehr beliebt ist das Erlebnisbad Elbamare (www.elbamare.de). Während die Kinder sich auf der 80-Meter-Rutsche vergnügen, können Eltern ihre Bahnen ziehen oder im tropischen Liegegarten entspannen.

→

Riesenrutsche im Stauseebad Cossebaude, einem populären Freibad

Kinos
Als Kulturstadt bietet Dresden auch für Cineasten ein umfangreiches Angebot. Das Spektrum an Filmtheatern ist entsprechend bunt: Neben großen Häusern wie Rundkino und UFA-Kristallpalast *(beide siehe S. 113)* gibt es einige Programmkinos, in denen Arthouse-Fans auf ihre Kosten kommen. Zu den gefragtesten gehört das Thalia in der Neustadt.

←

Thalia – ein für seine Qualität schon mehrfach ausgezeichnetes Programmkino

DRESDEN AM ABEND

Ob Kino, Theater oder Konzert: Das Kulturangebot in Dresden bietet eine große Auswahl für jeden Geschmack. Nachtschwärmern stehen ebenfalls viele Türen offen, in den oft bis in die Morgenstunden geöffneten Bars und Clubs wird jeder Musikgeschmack bedient.

TOP 3 **Angesagte Bars & Clubs**

Newtown Bar
Große Auswahl an Cocktails, Longdrinks und Whiskeysorten. Happy Hour von 18 bis 21 Uhr.

GrooveStation
Funk, Hip-Hop, Indie, House and much more. Ein Kultclub abseits des Mainstreams.

Club Koralle
In diesem Urgestein der Dresdner Clubkultur sorgen Technosounds für unvergessliche Nächte.

Theater
Dresden rühmt sich zu Recht einer langen und erfolgreichen Theatertradition. Klassische und moderne Stücke stehen im Schauspielhaus *(siehe S. 90)* auf den Programm. Sprech-, Musik- und Tanztheater bietet das Societaetstheater *(siehe S. 127)*, ähnlich vielfältig ist das Repertoire etwa im Theater Meißen (www.theater-meissen.de).

→

Das Geheimnis der Hebamme – *Inszenierung des Theaters Meißen*

Bars

Jedes Hotel der gehobenen Preisklasse verfügt über mindestens eine Bar, wie etwa das Hotel Suitess mit dem Gin House (www.dresden-ginhouse.de). Doch auch außerhalb der Hotels findet man problemlos die richtige Bar für einen schönen Abend oder einen Absacker. Das Nachtleben spielt sich vor allem in der Äußeren Neustadt ab, *dem* Dresdner Szeneviertel. Zu den angesagtesten Locations dort gehört das Madness (www.madness-dresden.de) – eine Option, um den Tag (oder die Nacht) ausklingen zu lassen.

→

Bar mit Terrasse im Dresdner Szeneviertel Äußere Neustadt

Oper und klassische Musik

Von unvergleichlicher Strahlkraft für die Rolle Dresdens als Musikmetropole ist die Semperoper *(siehe S. 68–71)*, eines des schönsten Opernhäuser der Welt. Aufführungen in diesem ehrwürdigen Haus zählen zu den begehrtesten kulturellen Veranstaltungen der Stadt. Die Semperoper ist Hauptspielstätte der Sächsischen Staatsoper Dresden und der Sächsischen Staatskapelle. Tickets sind frühzeitig zu buchen.

←

Semperoper – ein zentrales Wahrzeichen der Kulturmetropole Dresden

Nachtwächtertour

Abends entfacht die Altstadtkulisse einen ganz besonderen Zauber. Dresden im Schein einer Laterne erlebt man bei einem heimeligen Rundgang mit einem Nachtwächter, deren Stunde nach Einbruch der Dunkelheit schlägt. Dabei erfährt man schaurige Geschichten aus der langen Historie Dresdens. Die 90-minütigen Touren mehrerer Anbieter starten um 21 Uhr (Jan – März: 18), Treffpunkt ist der Theaterplatz (www.dresden.de).

→

Stimmungsvoll: die im Abendlicht prächtig illuminierte Frauenkirche

Elbpromenaden und Canaletto-Blick

Ein Spaziergang an den Elbpromenaden am Neustädter Ufer des Flusses *(siehe S. 132)* ist nicht nur entspannend, sondern auch inspirierend. Die Aussicht auf die Prachtbauten der Altstadt ist fantastisch. Der Canaletto-Blick entspricht der Perspektive, die der Hofmaler einst vor Augen hatte *(siehe S. 124)*.

←

Blick von den Elbpromenaden auf die Silhouette der Altstadt

GRÜNES DRESDEN

Dresden gehört zu den grünsten Städten Europas. Auch abseits des Großen Gartens erstrecken sich zu beiden Seiten der Elbe idyllische Parks und Gartenanlagen. Sie laden zu Spaziergängen, bei denen man nicht nur bunte Pflanzenvielfalt, sondern über Sichtachsen auch imposante Ausblicke genießt.

Blumenbeete

Die Stadt Dresden legt sehr großen Wert auf die Gestaltung und Pflege ihrer Grünanlagen. Die von Frühling bis Herbst erfolgende saisonale Bepflanzung der zahlreichen Blumenbeete ist immer abwechslungsreich, farbenfroh und wird jährlich verändert. So kreieren die Stadtgärtner ständig neue Pflanzbilder, die man bei einem individuellen Stadtbummel oder bei den Dresdner Gartenspaziergängen *(siehe S. 43)* ausgiebig bewundern kann.

Garten-spaziergänge

Bei einem geführten (kostenlosen) Spaziergang (etwa Ende Mai – Mitte Sep) kann man die bunte Vielfalt der Stadtbegrünung kennenlernen. Die Routen führen u. a. durch Gärten sowie über innerstädtische Freiflächen (www.dresden.de).

↑ *Rosenzauber: Zur Blütezeit bietet der Rosengarten ein Farbenmeer*

Rosengarten

Über 100 Rosenarten gedeihen hier. Die Pflanzenpracht bildet mit den Bildhauerarbeiten ein Gesamtkunstwerk. Am besten besucht man die Anlage im Frühling oder Frühsommer *(siehe S. 131)*.

← *Gartenkunst in Vollendung vor dem Palais im Großen Garten*

Schlossparks

Von Schloss Pillnitz *(siehe S. 180f)* bis zum Japanischen Palais *(siehe S. 122f)*: Viele prachtvolle Schlösser und Palais werden von ausgedehnten Gartenanlagen umrahmt, die gemeinsam mit den illustren Bauwerken geradezu traumhaft schöne Ensembles bilden. Auch um das Palais im Großen Garten schufen Landschaftsarchitekten und -gärtner eine so repräsentative wie facettenreiche Kulisse.

↑ *Eine Augenweide: bunte Blumenbeete am Theaterplatz*

Brühlscher Garten

Die Gartenanlage *(siehe S. 109)* im östlichen Bereich der Brühlschen Terrasse verbindet das Elbufer mit der Altstadt. Bei einem Spaziergang durch diesen kleinen Park passiert man neben Bäumen und Beeten auch einige Skulpturen, die ebenfalls zum Charme des Brühlschen Gartens beitragen.

→ *Geometrisch gestaltetes Blumenarrangement im Brühlschen Garten*

Karl May, Autor von Abenteuerromanen

Karl May (1842–1912) zählt zu den meistgelesenen deutschsprachigen Schriftstellern. Berühmtheit erlangten vor allem seine Geschichten um Winnetou. Seine Bücher wurden in mehr als 30 Sprachen übersetzt, viele wurden auch verfilmt. Das Karl-May-Museum *(siehe S. 190f)* in Radebeul widmet sich seinem Leben und Werk und setzt sich zudem mit (realem) indigenem Leben auseinander.

←

Karl-May-Museum in Radebeul: Eldorado für Freunde der Wildwest-Romantik

DRESDEN FÜR BÜCHERFANS

Sachsen brachte nicht nur renommierte Künstler, sondern auch namhafte Literaten hervor, deren Bücher schon Generationen von Lesern begeisterten. In Museen kann man auf den Spuren der Autoren wandeln, die in Dresden und Umgebung einige ihrer bekanntesten Werke schufen.

Erich Kästner: Autor für kleine und große Leser

Viele denken bei dem Namen Erich Kästner (1899–1974) an den Autor von Kinderbüchern wie *Emil und die Detektive*, *Pünktchen und Anton* oder *Das fliegende Klassenzimmer*. Doch der mit vielen Preisen ausgezeichnete Schriftsteller verfasste auch Drehbücher (u. a. für den Film *Münchhausen*), Essays, Glossen und gesellschaftskritische Gedichte. Da seine Werke im Dritten Reich verboten wurden, schrieb er in jener Zeit unter einem Pseudonym weiter. Das Erich Kästner Museum *(siehe S. 128)* setzt dem Schriftsteller ein Denkmal.

→

Fassade des Erich Kästner Museums in der Dresdner Neustadt

Buchmuseum der Landesbibliothek

Eine Fundgrube für Bücherwürmer! Im Buchmuseum der Sächsischen Landesbibliothek *(siehe S. 192)* kann man auf Entdeckertour gehen und dabei zahllose Raritäten und Kostbarkeiten ausfindig machen. Ob Handschriften der Maya oder aus dem Orient, Dürer-Skizzenbuch oder Inkunabeln, Grafikmappen oder Stammbücher – das Sortiment umfasst mehr als acht Millionen Objekte. Zum Inventar gehören neben Druckwerken auch digitale Medien, in der Mediathek etwa findet man historische und zeitgenössische Ton- und Filmaufnahmen.

←

Druckwerke aus dem umfangreichen Sortiment des Buchmuseums

Goethe und Schiller in Dresden

Die beiden berühmtesten deutschen Dichter und Denker haben auch in Dresden Spuren hinterlassen. Beide waren gern gesehene Gäste der Künstlerkolonie Loschwitz *(siehe S. 165)*. Über Dresden schrieb Goethe: »Es ist ein unglaublicher Schatz aller Art an diesem schönen Orte.« Schiller lebte einige Jahre im Schillerhäuschen. Mehrere Denkmäler in Dresden erinnern an die Literaten.

↑ *Im Schillerhäuschen* (Detail)*; Schillerdenkmal am Restaurant SchillerGarten*

DAS JAHR IN DRESDEN

Die renommierte Kunst- und Kulturstadt Dresden sowie ihre Umgebung präsentieren sich das ganze Jahr über von ihrer festlichen Seite. Jede Jahreszeit hat ihre eigenen Feierlichkeiten und Events, die einen Besuch der Elbmetrople zu einem Erlebnis machen.

Frühling

Bereits im Frühling beginnt in Dresden die Open-Air-Saison für Veranstaltungen in der Stadt und auf der Elbe. Die ersten Straßenfeste locken mit einem bunten Kulturprogramm, bei Spaziergängen am grünen Elbufer erfreut man sich an der Blütenpracht der Wiesen, Parks und Gärten. Highlights sind vor allem das Filmfest Dresden (Apr), die Flottenparade (1. Mai) und die Karl-May-Festtage Radebeul (Mai).

1 *Frühjahrsmarkt in Dresden*

Sommer

Im Sommer zieht es die Dresdner nach draußen, viele Veranstaltungen finden im Freien statt – auch in den Abend- und Nachtstunden. Sehr großer Andrang herrscht vor allem beim

Festival Sandstein und Musik

Das Musikfest (März–Dez) bietet ein großes Angebot an hochkarätigen Konzerten in zahlreichen Orten der Sächsischen Schweiz. Zu den Schauplätzen gehören insbesondere Schlösser, Kirchen, Burgen und Gärten.

1

2

Elbhangfest zwischen Loschwitz und Pillnitz (Juni), bei der Dresdner Schlössernacht (Juli), beim SchaubudenSommer in der Neustadt (Juli), bei den Filmnächten am Elbufer (Juli/Aug) und beim Dresdner Stadtfest Canaletto (Aug).

2 *SchaubudenSommer*

Herbst

Der Herbst ist vor allem die Zeit der Weinfeste und Kunsthandwerksmärkte. Beides zusammen und dazu Theateraufführungen erlebt man beim Herbst- und Weinfest Radebeul (Sep), das gemeinsam mit dem Internationalen Wandertheaterfestival veranstaltet wird. Die Neustadt ist Kulisse für den Keramikmarkt Dresden (Sep). Für Pferdefreunde lohnt sich ein Abstecher zu dem Hengstparaden im Landgestüt Moritzburg (Sep).

3 *Herbst- und Weinfest Radebeul*

Winter

Auch die kalte Jahreszeit bietet stimmungsvolle Ereignisse. Mit einem großen Angebot an Kunsthandwerk (u. a. aus dem Erzgebirge) und winterlichen Spezialitäten wie Dresdner Christstollen, Pfefferkuchen und Glühwein locken die Weihnachtsmärkte in Altstadt, Neustadt und Loschwitz. Ein Anziehungspunkt ist auch das Dresdner Stollenfest (Dez).

4 *Umzug beim Dresdner Stollenfest; Semper-Opernball* (Detail)

TOP 5 Musik- und Tanzfeste

SemperOpernball
Bei diesem Highlight im europäischen Ballkalender wird auch vor der Oper getanzt *(Feb)*.

Internationales Dixieland Festival
US-Südstaaten-Flair in Sachsen *(Mai)*.

Dresdner Musikfestspiele
Klassik, Jazz, Weltmusik und mehr auf vielen Bühnen *(Mai–Juni)*.

Moritzburg Festival
Eines der international führenden Kammermusikfestivals *(Aug)*.

Jazztage Dresden
Fest, das die Bandbreite des Genres präsentiert – von Latin Jazz bis Modern Jazz *(Okt/Nov)*.

1

KURZE GESCHICHTE

Die aus einer slawischen Siedlung hervorgegangene Stadt war jahrhundertelang Machtzentrum der Wettiner. Durch die Baukunst jener Zeit wurde der »Mythos Dresden« begründet. Wiederholte Zerstörungen machten all die Pracht zunichte, bis vieles im »neuen« Dresden wiedererrichtet wurde.

Von der Landnahme bis zu den Wettinern

Erste Siedlungen im Gebiet des heutigen Dresden lassen sich ab dem 6. Jahrtausend v. Chr. belegen. Zur Zeit der Völkerwanderung zogen die dort siedelnden germanischen Stämme nach Westen. Ihnen folgten im 6. Jahrhundert die westslawischen Sorben. Im 10. Jahrhundert wurden die Sorben bei der deutschen Ostkolonisation unterworfen. Machtzentrum war die 929 unter König Heinrich I. angelegte Burg Meißen. 1089 bekam Heinrich von Eilenburg die Markgrafschaft Meißen als Lehen übertragen, damit begann die Herrschaft der Wettiner. 1144 errangen die Markgrafen von Meißen die Herrschaft über die Region.

Schon gewusst?

Die Wettiner lenkten ab 1089 die Geschicke Sachsens mehr als 800 Jahre lang.

Chronik

6. Jh. n. Chr.
Sorben besiedeln das fruchtbare Elbtal

Burg Meißen

929
Heinrich I. lässt Burg Meißen errichten

10. Jh.
Unterwerfung der Sorben im Rahmen der Ostkolonisation

1089
Beginn der Herrschaft der Wettiner

1144
Meißner Markgrafen erlangen die Herrschaft über die Region

Gründung und Entwicklung der Stadt

Im 12. Jahrhundert erlebte Sachsen vor allem durch den Abbau von Silbererz bei Freiberg einen rasanten Aufschwung. Enorm wichtig für den Handel war Dresdens Lage am Fluss sowie am Schnittpunkt von Handelsrouten. Der beachtliche Brückenzoll war eine zentrale Einnahmequelle der Wettiner. Erstmals urkundlich erwähnt wurde »Dresdene« am 31. März 1206. Dieses Datum gilt als Tag der Gründung Dresdens, dem 1292 die Stadtrechte verliehen wurden. Wirtschaftlich bedeutend wurden die Tuchmacher, die sich als größte Handwerkerzunft in Dresden um 1380 eine Zunftordnung gaben. Im Jahr 1400 erließ die Stadt die »Dresdner Willkür« genannte Rechtssatzung.

Residenzstadt Dresden

Parallel zum Ausbau als Wirtschaftsstandort wurde die Stadt politisches Machtzentrum Sachsens. 1464 wurde die Residenz von Meißen nach Dresden verlegt, in der neuen Residenzstadt entstanden zahlreiche Repräsentationsbauten. Beim Großbrand 1491 ging die halbe Stadt in Flammen auf. Nach dem Wiederaufbau erlebte Dresden auch eine kulturelle Blütezeit.

1 *Fürstenzug – 102 Meter langes Porzellanbild* ↑

2 *König Heinrich I., Herzog von Sachsen*

3 *Schloss: Residenz und Machtzentrum des Adelsgeschlechts der Wettiner*

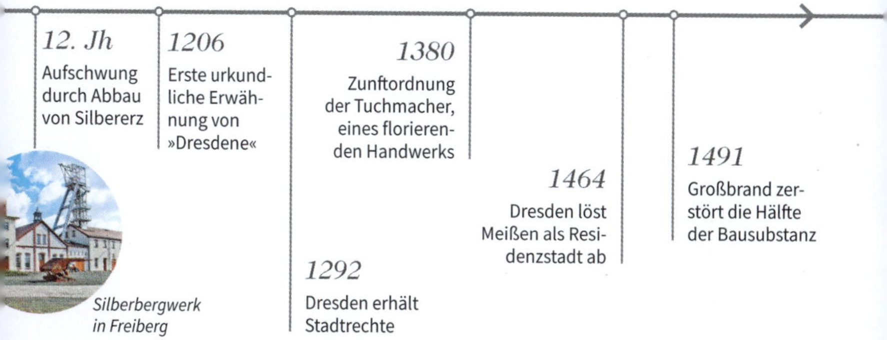

Silberbergwerk in Freiberg

1

2

Augusteisches Zeitalter

Mit dem Amtsantritt von Kurfürst Friedrich August I. (»August der Starke«) begann 1694 die klassische Periode Dresdens, die bis zum Beginn des Siebenjährigen Kriegs 1756 dauerte. Die verschwenderische Großzügigkeit des absolutistisch regierenden Herrschers manifestierte sich in rauschenden Hoffesten, aber vor allem in einer Vielzahl prunkvoller Barockbauten (u. a. Zwinger, Frauenkirche, Japanisches Palais, Schloss Pillnitz), die Dresdens Ruf als Metropole der Kunst und Architektur begründeten. Außenpolitisch war August I. weniger erfolgreich: Im Nordischen Krieg war Sachsen 1706 von schwedischen Truppen besetzt, unter seinem Sohn und Nachfolger Friedrich August II. erlitt Dresden im Siebenjährigen Krieg (1756 – 63) durch preußischen Artilleriebeschuss schwere Schäden.

Königreich Sachsen

Nach der Besetzung durch französische Truppen und dem Beitritt zum Rheinbund wurde Sachsen 1806 Königreich. 1813 rückten russische Truppen in Dresden ein. Durch Beschluss des Wiener Kongresses 1815 musste Sachsen Teile seines Territori-

Gottfried Semper

1834 kam der in Hamburg geborene Architekt Gottfried Semper (1803 – 1879) nach Dresden und prägte die folgende Blütezeit der Baukunst und damit das Stadtbild der Elbmetropole entscheidend mit.

Chronik

1694–1733
Ära von August dem Starken

August der Starke

1706
Besetzung Sachsens durch schwedische Truppen

1756–63
Siebenjähriger Krieg; Schäden durch preußische Artillerieangriffe

1806
Sachsen wird Königreich

1813
Einmarsch russischer Truppen in Dresden

3

4

ums an Preußen abtreten, blieb aber weiterhin Königreich. In der 1831 verabschiedeten ersten Verfassung Sachsens wurden die königlichen Rechte eingeschränkt, den Bürgern wurde ein beschränktes Wahlrecht eingeräumt. Die Industrialisierung der Stadt schritt voran: Im Jahr 1837 ging mit der *Königin Maria* das erste Elbe-Dampfschiff auf Jungfernfahrt, 1839 wurde auf der Strecke Dresden – Leipzig mit der *Saxonia* die erste Dampflokomotive Deutschlands in Betrieb genommen – beide Verkehrsmittel waren in Dresden-Übigau produziert worden.

1 *Darstellung des Dresdner Maiaufstands* ↑

2 *Die beeindruckende Semperoper*

3 *Loschwitz mit Villen und Schwebebahn*

4 *Blaues Wunder – Dresdens fünfte Elbbrücke*

Revolution und Gründerzeit

Von den Wirren der Revolution von 1848/49 mit dem Dresdner Maiaufstand (3. – 9. Mai 1849) erholte sich die Stadt rasch und wurde ein florierender Produktionsstandort. Das Wirtschaftswachstum fand seinen architektonischen Ausdruck im Bau vieler Villen (u. a. in Loschwitz). Ende des 19. Jahrhunderts entstanden gründerzeitliche Bauten wie Albertinum, Kunstakademie und Sekundogenitur. 1893 wurde die Elbbrücke Blaues Wunder eröffnet, zugleich ging die erste elektrische Straßenbahn in Betrieb. 1912 eröffnete das Festspielhaus Hellerau.

1831
Sachsen erhält erstmals eine Verfassung

1837
Erstes Elbe-Dampfschiff

1839
Eisenbahnstrecke Dresden – Leipzig

1849
Dresdner Maiaufstand

1893
Blaues Wunder und erste elektrische Straßenbahn

1912
Eröffnung des Festspielhauses Hellerau

Festspielhaus Hellerau

1

2

Untergang im Bombenhagel

Nach dem Ersten Weltkrieg (1914–18) zwang die Novemberrevolution von 1918 Friedrich August III., den letzten sächsischen König, zur Abdankung. In der Reichspogromnacht (9. Nov 1938) ging die von Gottfried Semper erbaute Synagoge in Flammen auf. Von den 20 000 Juden, die 1933 in Dresden gelebt hatten, überlebten weniger als 200. Im Zweiten Weltkrieg (1939–45) blieb Dresden länger als viele andere deutsche Großstädte von Zerstörungen verschont. Doch in der Nacht vom 13. auf den 14. Februar – wenige Monate vor Kriegsende – wurde die Stadt in Schutt und Asche gelegt. Viele Kulturdenkmäler stürzten in sich zusammen oder blieben – wie etwa das Schloss oder der Zwinger – als ausgebrannte Ruinen zurück.

Dresden in der Nachkriegszeit

Am 8. Mai 1945 marschierte die Rote Armee in die Stadt ein. 1952 erfolgten die Auflösung des Landes Sachsen und die Gründung der Bezirke Dresden, Leipzig und Karl-Marx-Stadt. Dresden wurde Bezirkshauptstadt. Bis 1963 war die Rekonstruktion des Zwingers abgeschlossen, auch Bauwerke wie

Dresdner Sezession

Nach Ende des Ersten Weltkriegs setzte Dresden im künstlerischen Bereich wesentliche Akzente: Berühmte Maler wie etwa Oskar Kokoschka oder Otto Dix wirkten an der Kunstakademie. Dix zählte auch zu den Begründern der 1919 gegründeten Dresdner Sezession, die eine expressionistische, gesellschaftskritische Kunst vertrat.

Chronik

1918
Abdankung des letzten sächsischen Königs

9. Nov 1938
Reichspogromnacht (Zerstörung der Synagoge)

Ruinen nach der Bombardierung

13./14. Feb 1945
Schwere Zerstörungen durch Bombenangriffe der Alliierten

8. Mai 1945
Einmarsch der Roten Armee in Dresden

1952
Auflösung des Landes Sachsen

1963
Rekonstruktion des Zwingers vollendet

3

4

Albertinum und Sekundogenitur waren wiederhergestellt. 1985 wurde die Semperoper mit einer Aufführung von Carl Maria von Webers *Der Freischütz* wiedereröffnet.

Dresden seit der Wende

Nach dem Beitritt der DDR zur Bundesrepublik 1990 wurde der Freistaat Sachsen mit Dresden als Hauptstadt (erneut) gegründet. Man förderte die Entwicklung durch Ansiedlung von Hightech-Betrieben. Auch die 2002 eröffnete Gläserne Manufaktur und das 2004 fertiggestellte Internationale Congress Center Dresden (ICD) werten den Wirtschaftsstandort Dresden auf.

Die Frauenkirche wurde 2005 feierlich geweiht. 2007 begann der Bau der Waldschlösschenbrücke (Fertigstellung 2013). Daraufhin wurde dem Dresdner Elbtal 2009 der Status einer Welterbestätte aberkannt. Mit Verlegung der Rüstkammer vom Zwinger ins Schloss (2013) und der dortigen Wiedereröffnung der königlichen Paraderäume (2019) wurde dessen Umgestaltung weitestgehend abgeschlossen. 2015 wurde die Stadt für ihre besonderen Verdienste um den europäischen Gedanken vom Europarat mit dem Europapreis ausgezeichnet.

1 *Verwüstung nach dem Bombardement* ↑

2 *Blick über die Kulturlandschaft Elbtal*

3 *Die Gedenkstätte Bautzner Straße ist in einem ehemaligen Stasi-Gefängnis untergebracht.*

4 *Frauenkirche nach dem Wiederaufbau*

1985
Wiedereröffnung der Semperoper

1990
Dresden wird Hauptstadt des Freistaats Sachsen

2002
Eröffnung der Gläsernen Manufaktur

2004
Dresdner Elbtal wird UNESCO-Welterbestätte

2005
Frauenkirche wird geweiht

2013
Fertigstellung der Waldschlösschenbrücke (Baubeginn 2007); der Bau hatte 2009 zur Aberkennung des UNESCO-Welterbetitels geführt

2015
Dresden erhält den Europapreis

Fürstenzug: Dokument der Wettiner-Herrschaft

Das Fürstengeschlecht der Wettiner regierte Sachsen von 1089 bis 1918 und lenkte damit die Geschicke des 1206 erstmals urkundlich erwähnten Dresden über einen Zeitraum von mehr als 800 Jahren. 1464 erkoren die wettinischen Herrscher die Stadt zu ihrer Residenz. Die Rolle Dresdens als politisches Machtzentrum spiegelte sich in der Errichtung vieler repräsentativer Bauwerke wider. Ab 1806 regierten die Wettiner als Könige. Nach der Novemberrevolution 1918 dankte mit Friedrich August III. der letzte König aus der Dynastie der Wettiner ab.

Vorhut (u. a. Fanfarenbläser, Herolde, Bannerträger, Spielleute und Soldaten)

1307–24 Friedrich der Gebissene

1324–49 Friedrich II. der Ernsthafte

1349–81 Friedrich III. der Strenge

1381–1428 Friedrich I. der Streitbare

1464–86 Ernst

1428–64 Friedrich der Sanftmütige

1486–1500 Albrecht der Beherzte

1586–91 Christian I.

1591–1611 Christian II.

1611–56 Johann Georg I.

1656–80 Johann Georg II.

1691–94 Johann Georg IV.

1680–91 Johann Georg III.

1733–63 August III.

1694–1733 Friedrich August I. (»August der Starke«)

1763 Friedrich Christian

1827–3 Anto der Gütig

1763–1 Friedrich August der Gerec

Das 102 Meter lange Porzellanbild an der Fassade des Langen Ganges (Augustusstraße), das größte seiner Art weltweit, wurde zwischen 1904 und 1907 aus Fliesen der Meissener Porzellan-Manufaktur *(siehe S. 186f)* gefertigt. In chronologischer Reihe sind 35 überlebensgroße Markgrafen, Herzöge, Kurfürsten und Könige des über 800 Jahre herrschenden Fürstenhauses sowie zahlreiche weitere Personen zu sehen *(siehe auch S. 86)*.

»Lebendiger Fürstenzug«

Zur 800-Jahr-Feier der Stadt wurde das Wandbild zum Leben erweckt – am 27. August 2006 feierte der »Lebendige Fürstenzug« Premiere. Der Aufwand (u. a. Herstellung originalgetreu angefertigter Kostüme, Perücken und Rüstungen für die 94 Mitwirkenden) lohnte sich: Den Umzug erlebten rund 1,5 Millionen Besucher.

1127–56 Konrad der Große

1156–90 Otto der Reiche

1190–95 Albrecht der Stolze

1195–1221 Dietrich der Bedrängte

1221–88 Heinrich der Erlauchte

1288–1307 Albrecht II. der Entartete

1486–1525 Friedrich der Weise

1525–32 Johann der Beständige

1532–47 Johann Friedrich der Großmütige

1500–39 Georg der Bärtige

1539–41 Heinrich der Fromme

1547–53 Moritz

1553–86 August I.

1836–54 Friedrich August II.

1854–73 Johann

1873–1902 Albert

1902–04 Georg

Nachhut (u. a. Studenten, Künstler, Wissenschaftler und Bauern)

DRESDEN & DIE SÄCHSISCHE SCHWEIZ
ERLEBEN

Zwingerhof mit Gartenanlage

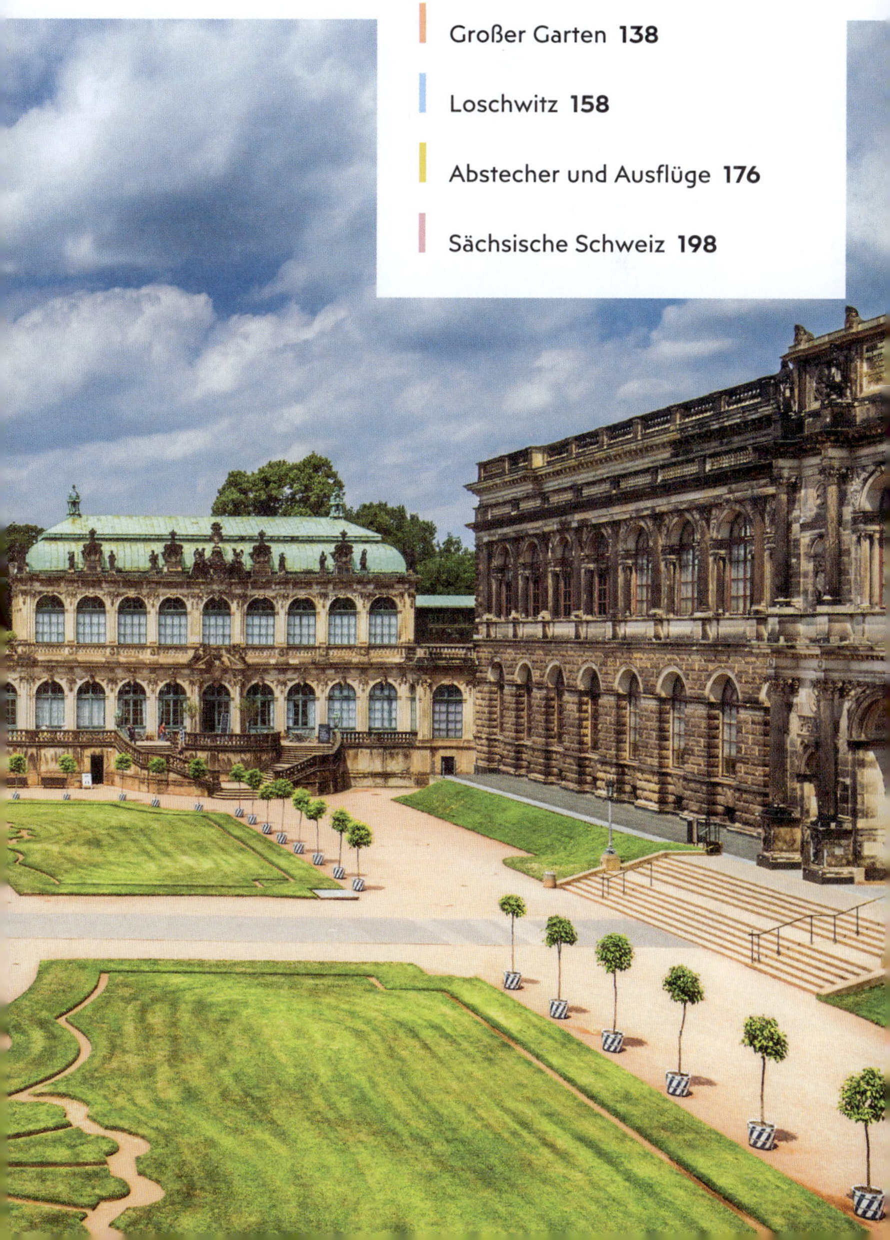

Marienbrücke bis Carolabrücke

An den Ufern dieses Flussabschnitts befinden sich viele der beeindruckendsten Sehenswürdigkeiten Dresdens – sowohl in der Altstadt am südlichen Ufer als auch in der Neustadt im Norden. Hier im Stadtzentrum entfaltet sich die barocke Pracht der Elbmetropole. Neben all den erhabenen Kulturstätten von Weltrang ziehen besonders im Sommer Events wie die Filmnächte am Elbufer Dresdner und Besucher in Scharen an.

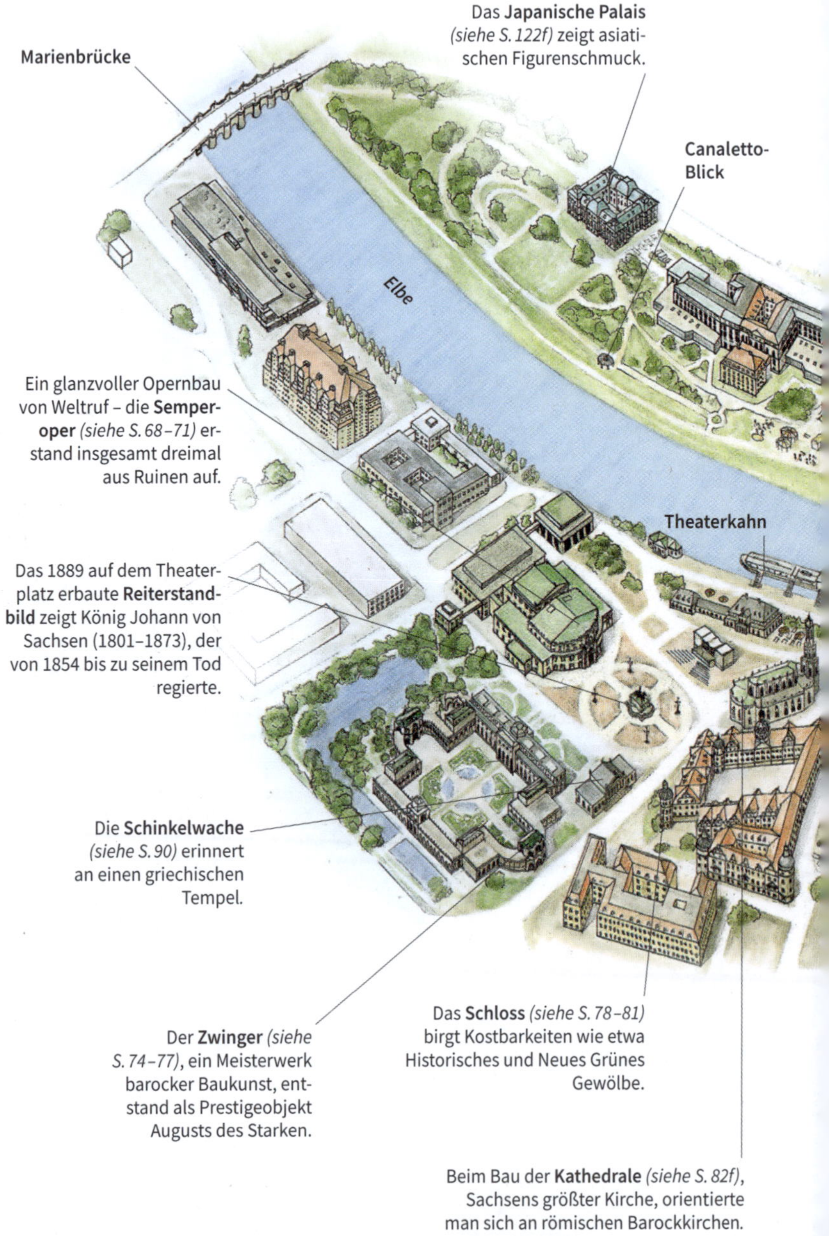

Zur Orientierung
Siehe Stadtteilkarten S. 66f, S. 100f, S. 120f

↑ *Die Sehenswürdigkeiten der Altstadt* (links) *prägen die Skyline Dresdens, doch auch die Neustadt bietet viele Attraktionen*

Carolabrücke bis Elbschlösser

Ausgedehnte Grünanlagen wie der Rosengarten und liebliche Weingärten tragen ebenso zum Charme dieses Flussabschnitts bei wie die drei Mitte des 19. Jahrhunderts erbauten Schlösser am Nordufer der Elbe. Mehrere Aussichtspunkte bieten einen fantastischen Blick über das Dresdner Elbtal. Von einem Rundpavillon kann man den weltberühmten »Waldschlösschenblick« genießen. An beiden Flussufern entlang führt der Elberadweg, auf dem man natürlich auch gut spazieren kann.

Die 1936 entstandene **Bronzefigur *Genesung*** des Bildhauers Felix Pfeifer (1871–1945) steht an der Hauptachse des Rosengartens *(siehe S. 131)*.

Der vor allem zur Rosenblüte prachtvolle **Rosengarten** *(siehe S. 131)* am Neustädter Elbufer wurde 1935/36 angelegt und steht unter Denkmalschutz.

Die **Waldschlösschenbrücke** *(siehe S. 173)* wurde 2013 für den Verkehr freigegeben.

Die 320 Meter lange **Albertbrücke** *(siehe S. 137)* ist der östlichste der vier Elbübergänge in der Innenstadt.

Am **Johannstädter Ufer** wurde bis 2003 das traditionsreiche Volksfest »Dresdner Vogelwiese« veranstaltet.

In der **Staatskanzlei** *(siehe S. 131)* werden die Geschicke des Freistaats Sachsen gelenkt.

Legende

– – Elberadweg

←

Das Ensemble aus Stadtarchitektur und Elblandschaft wurde 2004 von der UNESCO zum Welterbe erklärt. Wegen der Waldschlösschenbrücke wurde der Welterbestatus 2009 aberkannt (siehe S. 173)

Das traditionsreiche **Brauhaus am Waldschlösschen** *(siehe S. 173)* ist in einem Jagdhaus aus dem 18. Jahrhundert untergebracht.

An einer exponierten Stelle am Elbhang wurde 1939 dieser **Aussichtspavillon** errichtet.

Wasserwerk Saloppe *(siehe S. 172f)*, ein technisches Denkmal, ist architektonisch bemerkenswert – manche Dresdner bezeichnen es als »viertes Elbschloss«.

Zur Orientierung
Siehe Stadtteilkarte S. 160f

Weinbau wurde an den Loschwitzer Hängen bis Ende des 19. Jahrhunderts betrieben.

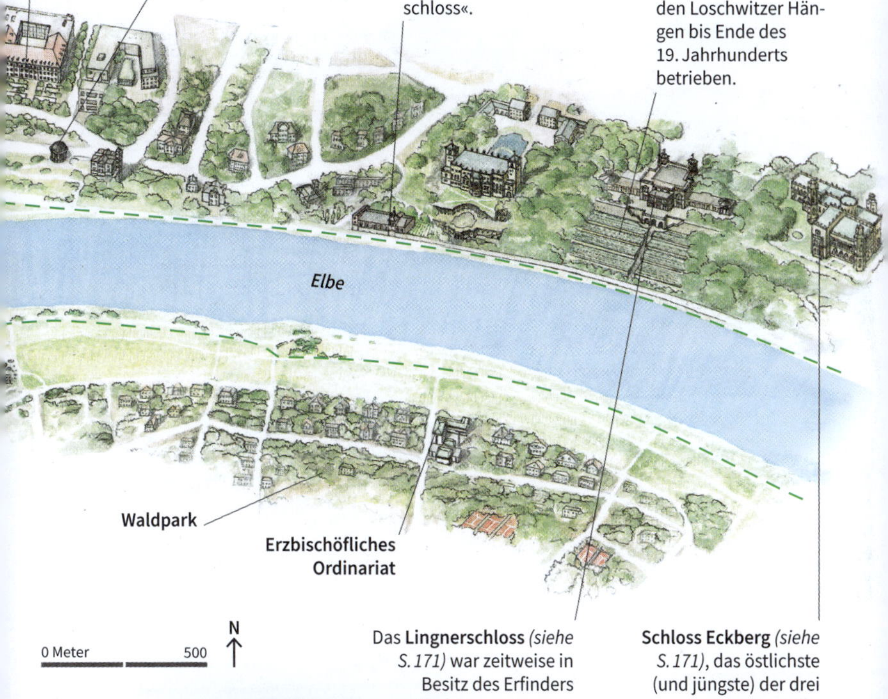

Das **Lingnerschloss** *(siehe S. 171)* war zeitweise in Besitz des Erfinders Karl August Lingner.

Schloss Eckberg *(siehe S. 171)*, das östlichste (und jüngste) der drei Loschwitzer Elbschlösser, ist mittlerweile ein nobles Hotel.

←
Das von einem weitläufigen Park umrahmte Schloss Albrechtsberg (siehe S. 170) *wurde im spätklassizistischen Stil errichtet und umfasst rund 100 Räume. Heute ist es ein gefragter Veranstaltungsort*

Blaues Wunder bis Schloss Pillnitz

Dieser Flussabschnitt außerhalb des Stadtzentrums führt durch ausgedehnte Grünanlagen und vorbei an architektonischen Wahrzeichen bis nach Schloss Pillnitz. Zu beiden Seiten der Elbe – in Loschwitz und Wachwitz am Ostufer sowie in Blasewitz am Westufer – faszinieren Villen aus der Gründerzeit. Schloss Pillnitz besticht durch seine Gartenpracht.

Die Terrasse des Restaurants **Luisenhof** *(siehe S. 166)* wird »Balkon von Dresden« genannt.

In dem um 1860 errichteten Gebäude mit Fachwerkdachgeschoss und Balkonen empfängt heute das Restaurant **Villa Marie** seine Gäste.

Die **Sandsteinskulptur** *Die Welle* des Dresdner Künstlers Klaus-Dieter Köhler erinnert an die »Jahrhundertflut« vom August 2002.

Von der Talstation an der Pillnitzer Straße erreicht man Oberloschwitz mit der **Schwebebahn** *(siehe S. 167)* in nur fünf Minuten. Allein schon die Fahrt ist ein Erlebnis, die Aussicht oben gibt es kostenlos dazu.

←

Das Blaue Wunder (siehe S. 164) *– auch als Loschwitzer Brücke bekannt – wurde 1893 für den Verkehr freigegeben. Es ist der fünfte und wohl bekannteste feste Elbübergang in Dresden. Die Auslegerfachwerkbrücke erhielt ihren Namen nach der Farbe des Anstrichs*

←

Zu den markantesten Bauwerken von Dresden zählt der 1969 fertiggestellte, 252 Meter hohe Fernsehturm. Die Aussichtsplattform in 148 Metern Höhe ist derzeit nicht zugänglich

Zur Orientierung
Siehe Stadtteilkarte S. 160f

Schloss Pillnitz, die repräsentative Sommerresidenz wettinischer Regenten, gehört zweifellos zu den Highlights sächsischer Schlossbaukunst (siehe S. 180f)

→

Die Fassade des **Wasserpalais von Schloss Pillnitz** zeigt einen Mix aus sächsischer Barockarchitektur und ostasiatischen Anklängen. Solche Chinoiserien waren in der Barockzeit sehr in Mode.

Zwei steinerne Sphingen (1724) bewachen die vom Wasserpalais zur Elbe hinunterführende **Freitreppe**, an der die Gondeln des sächsischen Hofs anlegten.

Die **Parkanlage** umfasst u. a. einen Englischen Garten und Heckenquartiere.

Kronentor am Eingang zum Zwinger (siehe S. 74–77)

Westliche Altstadt

Am beeindruckendsten präsentiert sich Dresden in der Altstadt, die in diesem Reiseführer in einen westlichen und einen östlichen Teil gegliedert wird. Eine Vielzahl prachtvoller, architektonisch wie kunsthistorisch interessanter und aufwendig restaurierter Bauwerke ist hier auf engstem Raum versammelt – sei es der Zwinger, das Schloss, die Semperoper oder die Kathedrale. Mehrere Museen von Weltruf wie etwa die Sammlungen im Zwinger und im Schloss begründen die kulturelle Bedeutung der Stadt maßgeblich.

Mit dem 102 Meter langen Fürstenzug weist die westliche Altstadt das größte Porzellanbild der Welt auf. Doch nicht nur Bauwerke aus Renaissance und vor allem Barock prägen den Charakter des Stadtviertels: Die im Stil einer Moschee errichtete ehemalige Tabakfabrik Yenidze zählt zu den markantesten Elementen der Stadtsilhouette, für das moderne Dresden steht insbesondere das Internationale Congress Center Dresden (ICD). Eine außergewöhnliche Bühne in der westlichen Altstadt ist der Theaterkahn auf der Elbe.

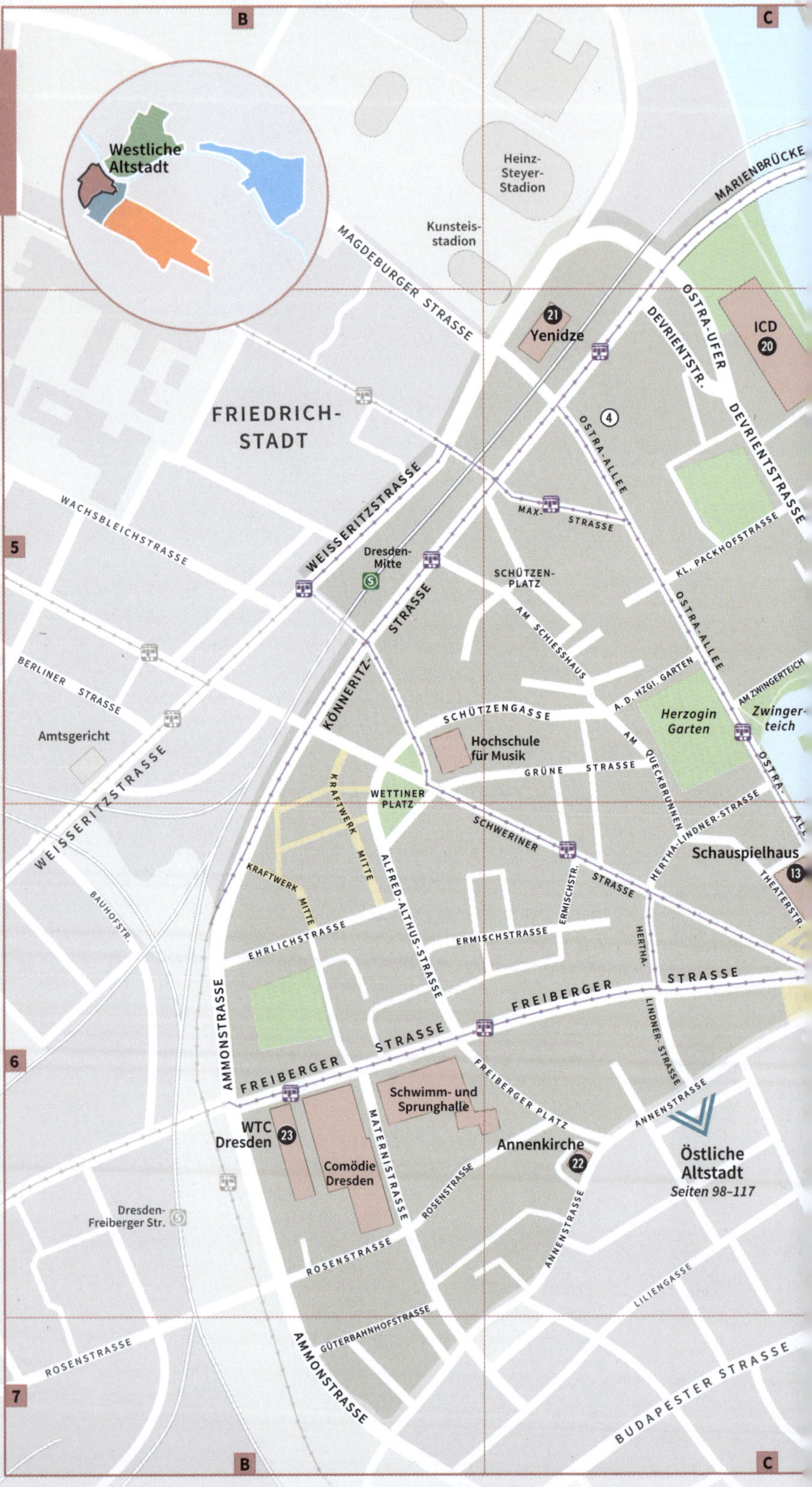

B
C
Westliche Altstadt
Heinz-Steyer-Stadion
Kunsteis-stadion
MARIENBRÜCKE
MAGDEBURGER STRASSE
OSTRA-UFER
DEVRIENTSTR.
ICD
20
21
Yenidze
FRIEDRICH-STADT
4
OSTRA-ALLEE
DEVRIENTSTRASSE
WEISSERITZSTRASSE
MAX-STRASSE
WACHSBLEICHSTRASSE
5
Dresden-Mitte
STRASSE
SCHÜTZEN-PLATZ
KL. PACKHOFSTRASSE
AM SCHIESSHAUS
BERLINER STRASSE
KÖNNERITZ-
A. D. HZGL. GARTEN
AM ZWINGERTEICH
Herzogin Garten
Zwinger-teich
SCHÜTZENGASSE
Amtsgericht
Hochschule für Musik
AM QUECKBRUNNEN
GRÜNE STRASSE
WEISSERITZSTRASSE
KRAFTWERK MITTE
WETTINER PLATZ
HERTHA-LINDNER-STRASSE
SCHWERINER STRASSE
Schauspielhaus
13
THEATERSTR.
BAUHOFSTR.
ALFRED-ALTHUS-STRASSE
ERMISCHSTR.
EHRLICHSTRASSE
ERMISCHSTRASSE
HERTHA-LINDNER-STRASSE
FREIBERGER STRASSE
AMMONSTRASSE
6
Schwimm- und Sprunghalle
FREIBERGER PLATZ
ANNENSTRASSE
WTC Dresden
23
Comödie Dresden
MATERNISTRASSE
Annenkirche
22
Östliche Altstadt
Seiten 98–117
Dresden-Freiberger Str.
ROSENSTRASSE
LILIENGASSE
GÜTERBAHNHOFSTRASSE
7
BUDAPESTER STRASSE

Westliche Altstadt
Highlights
1 Semperoper
2 Gemäldegalerie Alte Meister
3 Zwinger
4 Schloss
5 Kathedrale Sanctissimae Trinitatis
6 Verkehrsmuseum
Sehenswürdigkeiten
7 Hausmannsturm
8 Georgenbau
9 Fürstenzug
10 Stallhof
11 Kulturpalast
12 Taschenbergpalais
13 Schauspielhaus
14 Schinkelwache
15 Italienisches Dörfchen
16 Theaterplatz
17 Augustusbrücke
18 Theaterkahn
19 Sächsischer Landtag
20 ICD
21 Yenidze
22 Annenkirche
23 WTC Dresden
Restaurants
① Alte Meister
② Sophienkeller
Hotels
③ Taschenbergpalais Kempinski
④ Penck Hotel Dresden
UFERSTR.
Palais-garten
GROSSE MEISSNER STRASSE
PALAISPLATZ
Japanisches Palais
Kunsthaus Dresden
Neustadt
Seiten 118–137
Elbe
NEUE TERRASSE
Canaletto-blick
Sächsischer Landtag
BERNHARD-VON-LINDENAU-PLATZ
TERRASSENUFER
Augustusbrücke
Italienisches Dörfchen
Semperoper
Zwinger-garten
Theaterkahn
Theaterplatz
Kathedrale Sanctissimae Trinitatis
Schinkel-wache
mäldegalerie Alte Meister
Zwinger
Georgenbau
Hausmanns-turm
Fürstenzug
Stallhof
Schloss
Verkehrsmuseum
TASCHENBERG
SOPHIENSTR.
SPORERGASSE
Taschenberg-palais
SCHLOSSSTRASSE
POST-PLATZ
Kulturpalast
Östliche Altstadt
Seiten 98–117
Polizei-präsidium
WILSDRUFFER STRASSE
Landhaus
MARIENSTRASSE
ALT-STADT
SEESTRASSE
Kreuz-kirche
RATHAUS-PLATZ
ST. PETERSBURGER STRASSE
Rathaus
GEORG-PLATZ
WAISENHAUSSTRASSE
DIPPOLDIS-WALDER PLATZ
0 Meter
250
N
4
5
6
7
D

Semperoper

C5 Theaterplatz 2 4, 8, 9 +49 351 491 1705 (für Karten und Führungen); Führungen: tägl. mehrmals (außer bei Proben) semperoper.de semperoper-erleben.de sitzplatzvorschau.de/semperoper

Die Semperoper bildete den glanzvollen architektonischen Rahmen für bedeutende Epochen der Musikgeschichte. Die Hauptspielstätte der Sächsischen Staatsoper Dresden und der Sächsischen Staatskapelle ist nicht nur eines der wichtigsten historischen Bauwerke der Elbmetropole, sondern auch eines der schönsten Opernhäuser der Welt. Kunst und Musikkultur entfalten sich hier in einzigartigem Ambiente. Lang ist die Liste höchst klangvoller Namen international renommierter Sänger und Tänzer, Dirigenten und Instrumentalisten, die hier wirkten und damit den Weltruf der Semperoper begründeten.

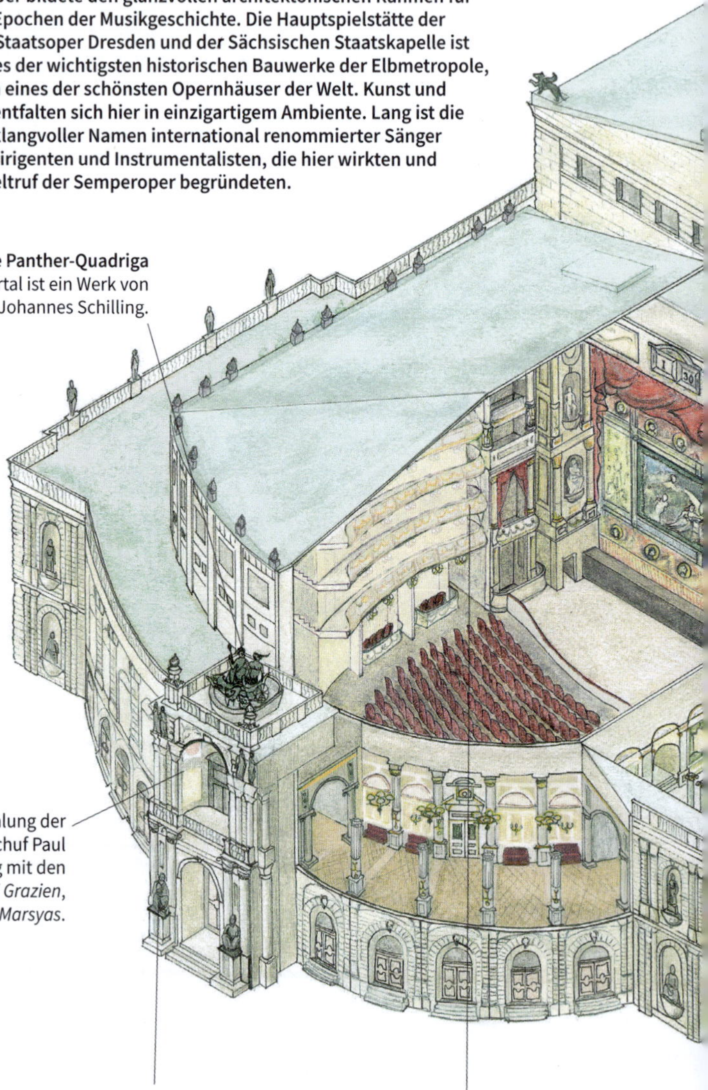

Die **bronzene Panther-Quadriga** über dem Portal ist ein Werk von Johannes Schilling.

Die Ausmalung der ***Exedra*** schuf Paul Kießling mit den Werken *Drei Grazien*, *Apollon* und *Marsyas*.

Die **Skulptur Goethes** zählt zu den markanten Plastiken, die den Eingangsbereich schmücken. Sie erinnert an die Zeit, als die Semperoper auch als Schauspielhaus diente.

Der etwa 1300 Besucher fassende **Zuschauerraum** wird für seine hervorragende Akustik gerühmt.

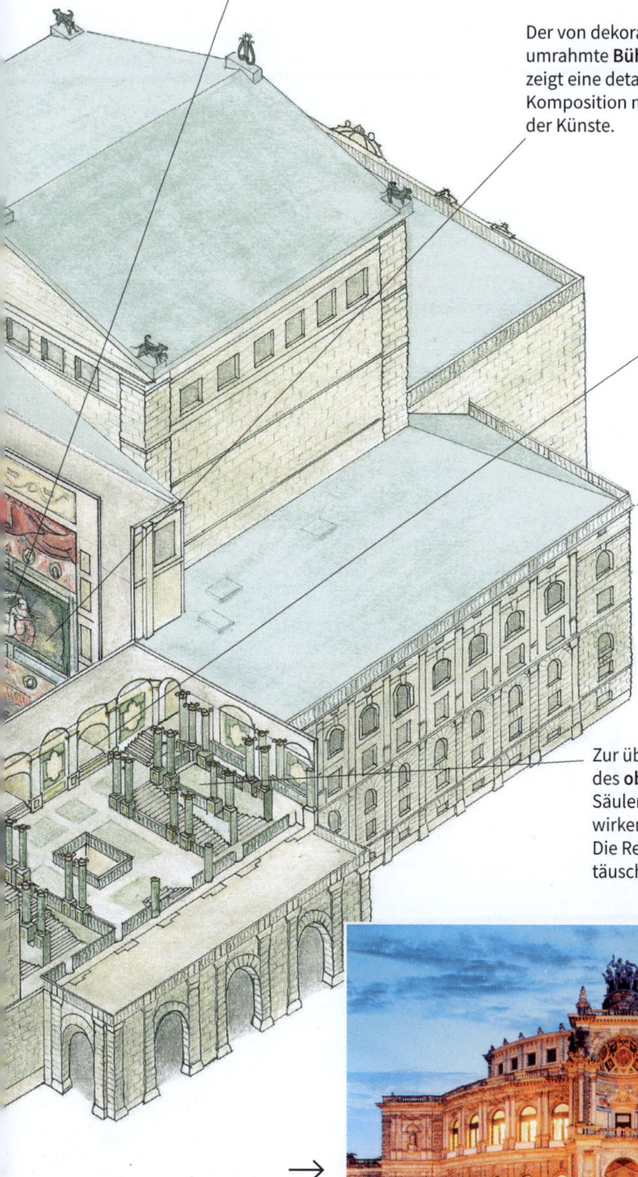

→ *Die zweigeschossige Bogenarchitektur mit dem vortretenden Portal verzaubert zu jeder Tageszeit – vor allem aber bei Dunkelheit, wenn die Fassade festlich beleuchtet wird*

Semperoper: Geschichte und Bedeutung

Das nach dem Baumeister Gottfried Semper (1803–1879) benannte Opernhaus verkörpert wie kein anderes Bauwerk die Tradition Dresdens als Musikstadt, die untrennbar mit Namen wie Carl Maria von Weber, Richard Wagner und Richard Strauss verbunden ist. Nach der Zerstörung der ersten Semperoper (Bauzeit: 1838–41) durch einen Brand 1869 konzipierte der Architekt ein zweites Opernhaus (Bauzeit: 1871–78), das in der Bombennacht vom 13./14. Februar 1945 weitgehend vernichtet wurde. Mit der originalgetreuen Rekonstruktion der zerstörten Oper entstand in den Jahren 1977–85 die »dritte« Semperoper.

Anfänge der Dresdner Operntradition

Opernaufführungen haben in Dresden eine lange Tradition. Sie nahm ihren Anfang 1627 mit der Aufführung des von Heinrich Schütz komponierten Werks *Daphne* im Torgauer Schloss Hartenfels. Auch Palais, Pavillons und Gärten des königlichen Hofes waren Aufführungsorte für Musikwerke, die meist von Heinrich Schütz – von 1617 bis 1672 Hofkapellmeister – dirigiert wurden. Ein festes Opernhaus entstand 1664–67 am Taschenberg. Es war eines der frühesten, die nördlich der Alpen gebaut wurden.

1754/55 erfolgte auf dem Gelände des heutigen Theaterplatzes der Bau eines weiteren Opernhauses, das den Namen Kleines Hoftheater erhielt. Gespielt wurden Mozart-Opern in italienischer Sprache oder etwa *Der Freischütz* von Carl Maria von Weber, der in Dresden von 1817 bis zu seinem Tod 1826 Königlicher Kapellmeister war.

Erste Semperoper

Der Baumeister Gottfried Semper, ein Mitbegründer der modernen Theaterarchitektur, gestaltete 1838–41 das Erste Königliche Hoftheater als Rundbau im Stil der italienischen Frührenaissance. Die feierliche Eröffnung des Theaters erfolgte am 12. April 1841 mit dem Schauspiel *Torquato Tasso* von Johann Wolfgang von Goethe.

Zu den Orchesterleitern an der ersten Semperoper zählte auch Richard Wagner. Die Aufführung der von ihm dirigierten 9. Symphonie von Ludwig van Beethoven im Jahr 1846 markierte einen der künstlerischen Höhepunkte in der Geschichte des Theaters.

Ein Brand zerstörte 1869 das Theatergebäude, das seinerzeit zu den eindrucksvollsten in Europa zählte, bis auf die Umfassungsmauern.

↑ *Dresdner SemperOpernball – einer der größten Opernbälle Europas*

Reich mit Säulen und Bogen geschmücktes Foyer der Oper

Zweite Semperoper
Pläne für den Bau des zweiten Königlichen Hoftheaters wurden umgehend bei Gottfried Semper in Auftrag gegeben. Die im Stil der Hochrenaissance errichtete Oper unterschied sich wesentlich von der weitaus kleineren ersten Semperoper – mit vorspringendem Portal und zweigeschossiger Bogenarchitektur hatte sie einen würdevollen Charakter. Der üppige Skulpturenschmuck an der Fassade umfasste neben der auf dem Portal thronenden Panther-Quadriga mit Dionysos und Ariadne auch Skulpturen von Goethe und Schiller (beide neben dem Eingang) sowie von Sophokles, Euripides, Shakespeare und Molière (alle in Seitennischen).

Mit Goethes *Iphigenie auf Tauris* wurde das neue Haus am 2. Februar 1878 eingeweiht. War das erste Königliche Hoftheater noch Schauspielhaus und Oper unter einem Dach, so war der Nachfolgebau in Größe und Gestaltung auf die Ansprüche der Oper zugeschnitten. Das Schauspiel wurde auf andere Bühnen der Stadt verlegt.

Die zweite Semperoper erlebte viele Uraufführungen, darunter neun Opern von Richard Strauss – u. a. *Salome* (1905), *Elektra* (1909), *Der Rosenkavalier* (1911) und *Arabella* (1933). Anfang des 20. Jahrhunderts erfolgten durchgreifende Veränderungen der Bühnentechnik, um den neuen Anforderungen der Bühnenbilder zu genügen.

Wiederaufbau
Bei den Bombenangriffen in der Nacht vom 13. auf den 14. Februar 1945 erlitt auch die Semperoper schwere Schäden. Spendenaktionen ermöglichten in den 1950er Jahren eine Rekonstruktion der Sandsteinfassade und eine Überdachung des Gebäudes. Nach Wiederherstellung der Bauhülle blieb die Frage der Innengestaltung offen. Neuen dramaturgischen Forderungen – u. a. Ensemblespiel anstelle von Startheater sowie raschere Verwandlungsmöglichkeit der Bühne – musste entsprochen werden. Dies erforderte eine bauliche Erweiterung des historischen Gebäudes. Nach langen Diskussionen entschied man sich in den 1970er Jahren für einen originalgetreuen, wenn auch großzügiger dimensionierten Wiederaufbau nach der Konzeption von Gottfried Semper. Der Zuschauerraum wurde vergrößert, die Zahl der Plätze dabei von mehr als 1700 auf rund 1300 reduziert. Zugunsten besserer Sichtverhältnisse verzichtete man nun auf den fünften Rang. Zudem wurde das Bühnenhaus um etwa zwölf Meter verbreitert.

Die Grundsteinlegung für den vom Architekten Wolfgang Hänsch geleiteten Wiederaufbau erfolgte am 25. Juni 1977. Exakt 40 Jahre nach der Zerstörung wurde die Semperoper am 13. Februar 1985 mit Carl Maria von Webers *Der Freischütz* wiedereröffnet. Schon die ersten Aufführungen bewiesen, dass die ursprüngliche, als perfekt beschriebene Akustik wieder erreicht war.

Die Semperoper heute
Die Semperoper ist das Opernhaus der Sächsischen Staatsoper Dresden und Hauptspielstätte der Sächsischen Staatskapelle. Das musikalische Spektrum ist breit gefächert und besticht durch höchstes künstlerisches Niveau. Neben der Pflege der großen italienischen Oper steht bei der Gestaltung des Repertoires auch zeitgenössische Musik im Vordergrund. Gelegentlich ist die Semperoper zudem Bühne für Liederabende und Jazzkonzerte. Anlässlich der 800-Jahr-Feier Dresdens rief man 2006 den SemperOpernball *(siehe S. 47)* wieder ins Leben. Seither findet dieses Ereignis jedes Jahr im Januar oder Februar statt.

Hinter der Semperoper lädt seit der Spielzeit 2016/17 die Spielstätte Semper Zwei mit bis zu 160 Sitzplätzen zu einer Entdeckungsreise in die Welt des Musiktheaters ein. Neben Opern für Kinder und Jugendliche werden auch moderne Kammeropern sowie Ur- und Erstaufführungen zeitgenössischer Komponisten gespielt.

Schon gewusst?

Zu Opern und Konzerten kommen jährlich rund 300 000 Gäste in die Semperoper.

2

Gemäldegalerie Alte Meister

C5 Theaterplatz 1 4, 8, 9 +49 351 4914 2000 Di–So 10–18; Führungen: Zeiten der Website entnehmen; auch Sammelticket für alle Museen im Zwinger erhältlich gemaeldegalerie.skd.museum

Diese Gemäldesammlung von unschätzbarem Wert enthält Werke der berühmtesten Maler der Welt. Das Herzstück bilden Gemälde, die von August dem Starken und seinem Sohn August III. zusammengetragen wurden. Die 1722 gegründete Gemäldegalerie war erst im heutigen Johanneum untergebracht, später brachte man die Bilder in den Zwinger-Komplex, wo die Sammlung 1855 in der von Gottfried Semper erbauten Sempergalerie ihren passenden Platz erhielt.

Gerade der Sammelleidenschaft der sächsischen Regenten verdankte Dresden im 18. Jahrhundert seine Entwicklung zu einem der führenden Kunstzentren Europas. Die Herrscher erwarben Werke höchst renommierter Künstler aus ganz Europa. Die weltweit berühmte Sammlung begeistert Besucher des von Gottfried Semper im Zwinger gestalteten Galeriegebäudes mit sechs Jahrhunderten europäischer Malerei.

Zu den Glanzlichtern der umfangreichen Sammlung zählt Raffaels *Sixtinische Madonna* (1512/13), eines der berühmtesten Gemälde der Welt. Weitere hier vertretene Meister sind u. a. Giorgione und Tizian (*Schlummernde Venus*, 1508–10), El Greco (*Die Heilung des Blinden*, um 1570), Peter Paul Rubens (*Leda mit dem Schwan*, 1600), Rembrandt (*Rembrandt und Saskia*, um 1635) und Antoine Watteau (*Das Liebesfest*, um 1718/19).

Zum Ausstellungskonzept gehört auch die farbige Wandbespannung mit rotem, blauem und grünem Stoff. Rot bildet den Hintergrund für Werke italienischer Künstler, Blau für Werke von Spaniern und Franzosen, Grün für die niederländische und deutsche Schule.

Neben Bildern faszinieren auch Skulpturen von 3000 v. Chr. bis 500 n. Chr. in der Antikenhalle sowie vom Mittelalter bis zum Barock in den Sälen der Gemäldegalerie und im Skulpturengang. Zu den bekanntesten Werken dieser so genannten Skulpturensammlung vor 1800 gehört die Reiterfigur des Marc Aurel (15. Jh.) als älteste erhaltene Kleinbronze der Renaissance.

→

Ausstellungssaal in der Gemäldegalerie; Antikenhalle (Detail)

Highlight

↑ *Blick über den Zwingerhof auf die Sempergalerie, in der die Gemäldegalerie Alte Meister untergebracht ist*

Kurzführer

Auf drei Stockwerken erhält man einen Überblick über die großen Strömungen europäischer Kunsthistorie. Im Erdgeschoss befindet sich die Antikenhalle, das Winckelmann-Forum bietet Platz für Sonderausstellungen. Im ersten Stock findet man Gemälde europäischer Künstler des 14. bis 17. Jahrhunderts, Skulpturen vor 1800 sowie Wandteppiche. Der zweite Stock widmet sich niederländischer, französischer und deutscher Malerei vor allem des 18. Jahrhunderts.

3

Zwinger

C6 Sophienstraße/Ostra-Allee/Theaterplatz 4, 8, 9 +49 351 4914 2000
Gemäldegalerie Alte Meister, Porzellansammlung, Mathematisch-Physikalischer Salon
Di–So 10–18 der-dresdner-zwinger.de

Das berühmteste Bauwerk Dresdens ist der Zwinger. Der barocke Komplex wurde in der Regierungszeit Augusts des Starken errichtet. Er beauftragte den Baumeister Matthäus Daniel Pöppelmann, der den Prunkbau 1707 entwarf, und den Bildhauer Balthasar Permoser mit der Ausgestaltung. Die Bauarbeiten dauerten von 1709 bis 1732. Den Abschluss zur Elbe bildete ab 1855 die Gemäldegalerie. Der Schlossgarten, in dem Feste und Feuerwerke stattfanden, wird von Galerien und Pavillons umrahmt, in denen Museen sind. Die seit 2021 laufende Sanierung des Zwingerhofs wird bis mindestens Ende 2024 andauern.

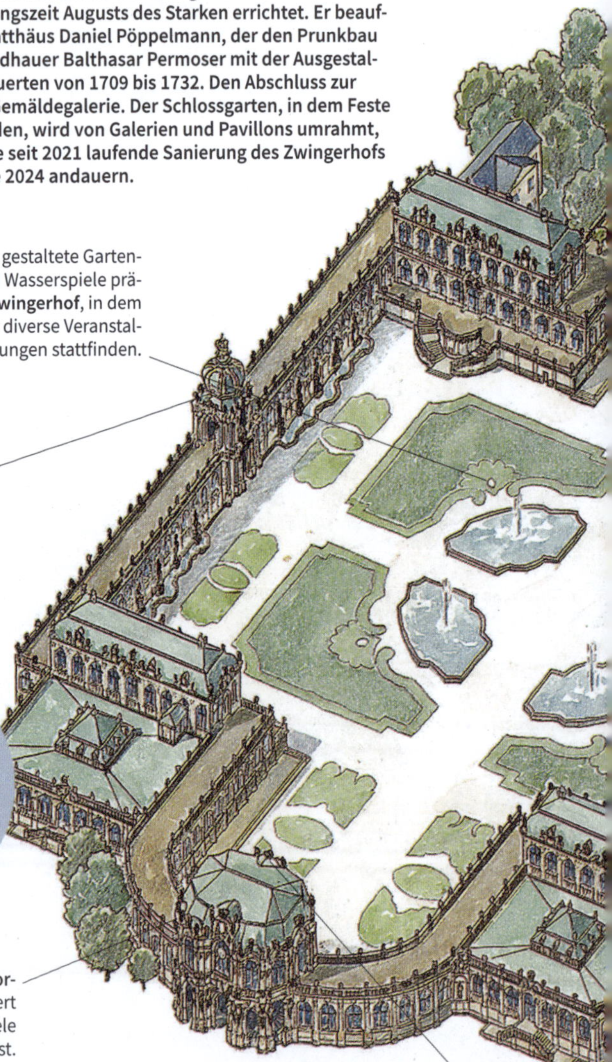

Prachtvoll gestaltete Gartenanlagen und Wasserspiele prägen den **Zwingerhof**, in dem im Sommer diverse Veranstaltungen stattfinden.

Das **Kronentor** verdankt seinen Namen der Kuppel, die auf den Eingang aufgesetzt wurde.

1719

heiratete der Kurprinz Friedrich August die Habsburger Prinzessin Maria Josepha im Zwinger.

Auch die Fassade des **Porzellanpavillons** präsentiert eindrucksvolle Beispiele barocker Bildhauerkunst. Die durch den Glockenspielpavillon erreichbare Sammlung zählt zu den größten und bedeutendsten der Welt.

Der **Glockenspielpavillon** ist eine spiegelgleiche Wiederholung des Wallpavillons, sein Glockenspiel erhielt er erst 1930. Die Porzellanglocken aus Meißen lassen 24 Melodien erklingen.

Highlight

↑ *Westfassade mit Kronentor; Wallpavillon* (Detail)

Den **Wallpavillon**, ein Meisterwerk barocker Architektur, bekrönt eine Statue des Herkules, der die Weltkugel trägt. Die Figur ist eine Referenz an August den Starken.

Die **Nymphenbad** genannte Brunnenanlage – ebenfalls ein Entwurf von Pöppelmann – wurde mit Skulpturen von Nymphen geschmückt.

Gottfried Semper entwarf den Seitenflügel, der die **Gemäldegalerie Alte Meister** *(siehe S. 72f)* beherbergt. Diese Sammlung gehört zu den meistbesuchten Attraktionen Dresdens.

Zum vielfältigen plastischen Schmuck an der Fassade gehören auch **Reliefs** wie dieses am Durchgang zum Theaterplatz, an der südöstlichen Seite des Komplexes.

Zwinger: Sammlungen

Im Zwinger sind mehrere Museen und Sammlungen der Staatlichen Kunstsammlungen Dresden untergebracht – die Porzellansammlung, der Mathematisch-Physikalische Salon und die Gemäldegalerie Alte Meister *(siehe S. 72f)*. Letztere befindet sich gemeinsam mit der Skulpturensammlung in einem nach Entwürfen von Gottfried Semper errichteten Seitenflügel. Die Sammlungen des Zwingers zeichnen sich durch hohe Qualität und Bedeutung der gezeigten Objekte aus.

Tierdarstellungen in der Porzellansammlung

Porzellansammlung

Die mit rund 20000 Objekten umfangreichste und kostbarste Porzellansammlung der Welt befindet sich im südlichen Teil des Zwingers. Aus Platzgründen kann immer nur ein Teil des riesigen Inventars ausgestellt werden, die ausgestellten Objekte wechseln regelmäßig. Diese keramische Spezialsammlung verdankt Dresden der Sammelleidenschaft von Kurfürst Friedrich August I. von Sachsen (August der Starke). Seine Begeisterung für das »weiße Gold« beschränkte sich allerdings nicht auf Produkte aus der eigenen Manufaktur in Meißen, sondern umfasste darüber hinaus viele kostspielige Importe aus China und Japan.

Die besondere Liebe des Kurfürsten galt dabei den ungefähr einen Meter hohen, blau bemalten Dragonervasen. Friedrich Wilhelm I. von Preußen hatte diese zusammen mit rund 150 chinesischen Porzellanen, die zuvor in mehreren preußischen Schlössern standen, August dem Starken überlassen – im Tausch gegen 600 sächsische Reitersoldaten (Dragoner). Diese Art des Erwerbs erlesenen Porzellans bildet jedoch die Ausnahme, die meisten der in der Porzellansammlung präsentierten ostasiatischen Objekte gelangten auf anderen Wegen nach Dresden. Viele Stücke wurden von der für den Handel mit fernöstlichen Staaten privilegierten Ostindischen Kompanie an den sächsischen Hof gebracht.

Eine Vielzahl wahrer Meisterstücke steuerte die Porzellan-Manufaktur in Meißen bei. Die Objekte reichen aus der Zeit ab 1710 (unmittelbar nach Erfindung des europäischen Hartporzellans; *siehe S. 186f*) bis zum Ende des 18. Jahrhunderts. Sie bestechen durch ihre ausnahmslos meisterhafte Qualität in Form und Bemalung. Zu den berühmtesten Objekten der Manufaktur in Meißen gehören einige mit ostasiatischen Motiven oder floralem Dekor bemalte Einzelstücke von Johann Gregorius Höroldt (1696–1775), einem bekannten Porzellanmaler.

Glanzlichter der höchst eindrucksvollen Sammlung setzen darüber hinaus Werke von Johann Joachim Kändler (1706–1775), der von August dem Starken 1731 zum Hofbildhauer ernannt wurde. Neben einer Reihe lebensgroßer Porzellantiere ragen insbesondere seine Porzellanservice heraus, die zu den Hauptwerken barocker Porzellankunst zählen und die höfische Tafelkultur jener Zeit nachhaltig beeinflussten.

Der New Yorker Architekt Peter Marino schuf die neuen Entwürfe für die Innenausstattung der beiden Bogengalerien und des Tiersaals – teils nach eigener Fantasie, teils das historische Konzept des Porzellanschlosses (Japanisches Palais) aus dem Jahr 1735 neu interpretierend.

Zwinger Xperience

Bei diesem Erlebnis begibt man sich auf eine spannende multimediale Zeitreise und erlebt dabei Geschichte hautnah. Überwältigende Projektionen, eine VR-Station und ein 360-Grad-Soundsystem präsentieren die mitreißende Historie des Zwingers als immersives Raumerlebnis. Staunen Sie über barocken Prunk und Dekadenz des verschwenderischen höfischen Lebens mit ausschweifenden Festen und glamourösen Paraden (www.zwinger-xperience.de).

Die Präsentation der Objekte in der umgestalteten Ostasiengalerie in teils historisierenden Arrangements ist dabei nicht weniger glanzvoll als die der Meissener Porzellane. So ergänzt barocker Glanz auch die ostasiatischen Ausstellungsstücke: Viele Exponate stehen auf vergoldeten Konsolen, Kaminsimsen oder prachtvoll gestalteten Tischen, die Wände von einigen Räumen sind mit kostbarer Seide bespannt – ganz im Sinne des ausgeprägten Repräsentationsbedürfnisses von August dem Starken, der sich eine gleichmäßige Akzentuierung von ostasiatischem und Meissener Porzellan wünschte.

Mathematisch-Physikalischer Salon

Die weltberühmte Sammlung wissenschaftlicher Instrumente und historischer Zeitmessgeräte ist in der Nordwestecke des Zwingers zu finden. Sie ging aus der um 1560 von Kurfürst August gegründeten Dresdner Kunstkammer hervor. Im 16./17. Jahrhundert wurden viele Werkzeuge und wissenschaftliche Instrumente aus den Reichsstädten Augsburg und Nürnberg erworben, die auf dem neuesten Stand der Technik waren und zugleich den repräsentativen Ansprüchen einer höfischen Sammlung genügten. Während der Regentschaft Augusts des Starken wurden Geräte aus allen Teilen Europas zusam-mengetragen, wodurch der Sammlungsbestand erheb-lich erweitert werden konnte. Außerdem förderte August der Starke das einheimische Gewerbe nachhaltig. So beauftragte er einige der renommiertesten sächsischen Handwerker mit der Herstellung von Messgeräten und leitete auf diese Weise die Entwicklung der blühenden Instrumentenbaukunst ein, für die Sachsen berühmt wurde.

Die Sammlung wurde bereits 1728 als eigenständiges Museum im Zwinger untergebracht und als »Königliches Cabinet der mathematischen und physikalischen Instrumente« bezeichnet. Seit 1746 trägt sie den Namen Mathematisch-Physikalischer Salon. Obwohl die Sammlung den Charakter eines Museums angenommen hatte, wurden viele der ausgestellten, technisch höchst anspruchsvollen Instrumente noch über Jahrzehnte von Wissenschaftlern genutzt.

Die Schatzkammer des Wissens bietet einen geradezu unvergleichlichen Überblick über die Entwicklung von wissenschaftlichen Instrumenten, u. a. in den Bereichen Mathematik und Physik, Geodäsie und Kartografie, Astronomie und Meteorologie.

Zu den Höhepunkten der Sammlung gehört zweifellos eine 1,18 Meter hohe Planetenlaufuhr (um 1560) des deutschen Astronomen und Instrumentenbauers Eberhard Baldewein, die den der jeweiligen Uhrzeit entsprechenden Stand einiger Planeten anzeigt. Diese monumentale, von komplexer Mechanik geprägte Uhr gilt als eine der künstlerisch herausragenden und gestalterisch aufwendigsten der frühen Neuzeit. Als Herrschaftssymbol des sächsischen Hofes sollte sie die Beherrschbarkeit der Planetenbewegungen mithilfe eines mechanischen Wunderwerks suggerieren. Kaum weniger bedeutsam ist die vom französischen Mathematiker Blaise Pascal um 1650 entwickelte »Pascaline«, die als eine der ältesten Rechenmaschinen der Welt gilt. Neben dem Original der zehnstelligen Maschine können Besucher an einem digitalen Nachbau auf einem Touchscreen eigene Berechnungen durchführen. Sehr eindrucksvoll in seiner Wirkungsweise ist auch ein arabischer Himmelsglobus (13. Jh.), der die Sternenkonstellationen darstellt. Von großem Wert für die Entwicklung der Optik waren Linsen und Hohlspiegel, von denen einige hier ausgestellt sind.

Neben ihrer wissenschaftlichen Bedeutung zeichnen sich viele der etwa 2000 Objekte aus nahezu 800 Jahren Technikgeschichte vor allem auch durch ihre bestechende künstlerische Gestaltung aus.

Das Präsentationskonzept des Museums umfasst neben der Möglichkeit der Betrachtung der wissenschaftlichen Apparate, astronomischen Geräte und Uhren auch vielfältige multimediale Anwendungen.

Objekte im Mathematisch-Physikalischen Salon

4

Schloss

C6 Taschenberg 2 4, 8, 9 +49 351 4914 2000 Residenzschloss
Mi–Mo 10–18 Hausmannsturm Apr–Okt: Mi–Mo 10–18 skd.museum

Das aus einer 1289 erstmals erwähnten Burg hervorgegangene Anwesen gehört zu den bedeutendsten Schlossanlagen der Renaissance in Deutschland. Von 1485 bis 1918 residierten hier die wettinischen Herzöge, Kurfürsten und Könige. Mit den wertvollen Sammlungen realisierten die Regenten ihre Vision von der Präsentation höfischen Stolzes und absolutistischer Macht. Im Rahmen des – mit Ausnahme des Georgenbaus – erst 1986 einsetzenden Wiederaufbaus wurden alte Grundrisse rekonstruiert, der Große Schlosshof erhielt Teile seiner markanten Sgraffito-Gestaltung wieder. Zur 800-Jahr-Feier der Stadt präsentierte sich das Schloss 2006 weitgehend wieder in altem Glanz. Vor allem das Historische Grüne Gewölbe zieht Besucherscharen an. 2010 konnte die Türckische Cammer, 2013 die vom Zwinger ins Schloss verlegte Rüstkammer eröffnet werden, 2019 erfolgte die Wiedereröffnung der Königlichen Paraderäume.

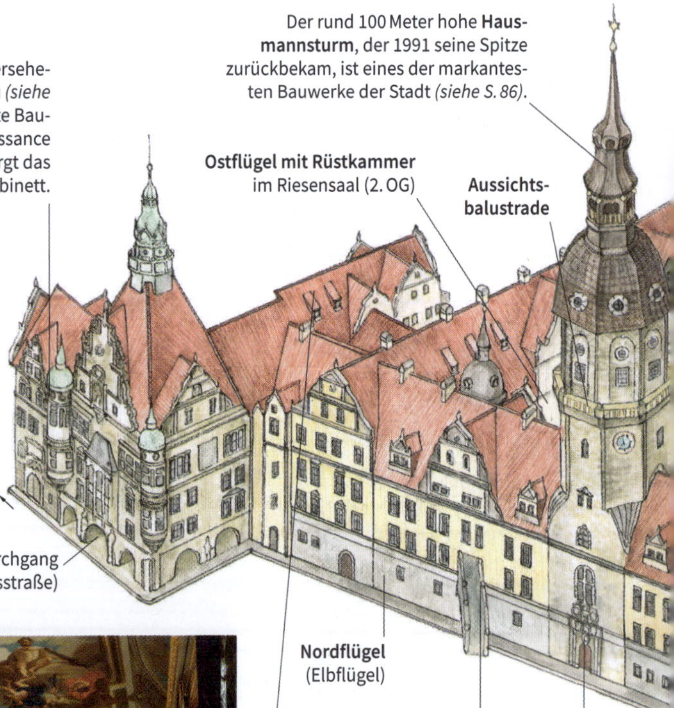

↑ *Königliche Paraderäume Augusts des Starken – früher Ort für Staatsempfänge*

Highlight

← *Ein transparentes Membrandach mit einer Kuppelhöhe von neun Metern bedeckt das 2009 eröffnete Eingangsfoyer im Kleinen Schlosshof. Hier befinden sich die Kassen, die Information und die Durchgänge zu den einzelnen Museen*

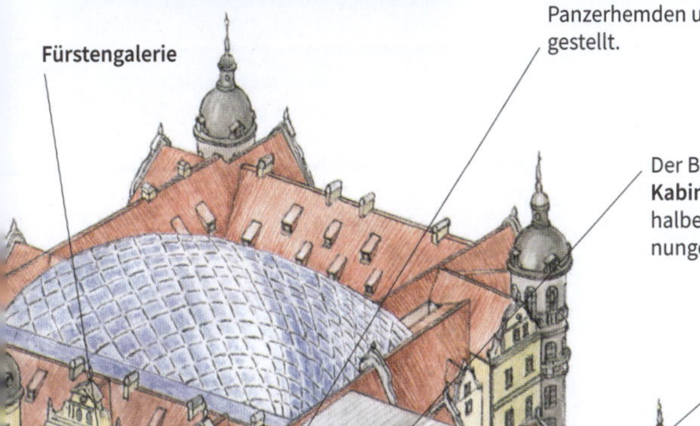

Fürstengalerie

In der **Türckischen Cammer** im Bärengartenflügel sind osmanische Waffen des 16./17. Jahrhunderts, Panzerhemden und Reitzeug ausgestellt.

Der Bestand des **Kupferstich-Kabinetts** umfasst über eine halbe Million Blätter (u. a. Zeichnungen und Holzschnitte).

Westflügel

Das **Neue Grüne Gewölbe** präsentiert Meisterwerke der Schatzkunst von der Renaissance bis zum Klassizismus.

Paraderäume von August dem Starken (2. OG)

Schlosskapelle (Schützkapelle)

Das **Historische Grüne Gewölbe** überwältigt mit seiner barocken Pracht.

← *Einst Residenz der sächsischen Könige, heute Standort berühmter Museen*

Schloss: Räume und Sammlungen

Als Zentrum für Kunst und Wissenschaft birgt das Dresdner Schloss eine Reihe von Sammlungen von Weltruhm. 1945 wurden große Teile des Schlosses weitgehend zerstört, seit Jahrzehnten ist man dabei, den Komplex zu rekonstruieren. In den letzten Jahren bekamen berühmte Museen hier wieder ihren Platz. Die Schätze des Grünen Gewölbes verteilen sich inzwischen auf zwei Ausstellungsbereiche und sind nahezu vollständig zu besichtigen. Auch die anderen Museen sind einzigartig.

Historisches Grünes Gewölbe

August der Starke ließ in diesen Räumen 1723–30 ein barockes Gesamtkunstwerk verwirklichen, das die Strahlkraft absolutistischer Macht symbolisieren sollte. 2006 erfolgte am Originalstandort – im Erdgeschoss des Westflügels – die Wiedereröffnung der Schatzkammer, die rund 3000 Pretiosen des ehemaligen Wettiner Herrscherhauses birgt. Schon beim Betreten der Räume fasziniert die Präsentation der Kunstwerke vor Spiegelwänden und auf prunkvollen Tischen.

Der Rundgang beginnt im Bernsteinkabinett. Danach führt er durch das Elfenbeinzimmer und das Weißsilberzimmer in das silbervergoldete Zimmer mit wertvollen Goldschmiedearbeiten (16.–18. Jh.). Der Pretiosensaal umfasst Gefäße aus Bergkristall sowie Edelsteinschalen und gewährt einen Blick ins Eckkabinett. Dem Wappenzimmer folgt das Juwelenzimmer, dessen Edelsteingarnituren (18. Jh.) ein Highlight der Sammlung bilden. Ihm schließen sich das Bronzenzimmer und der Raum der Renaissance-Bronzen an.

Weil die Anzahl der Besucher für das Historische Grüne Gewölbe begrenzt ist, sollte man die Eintrittskarten frühzeitig online kaufen. Bei der Buchung wird das Zeitfenster des Besuchs festgelegt.

Neues Grünes Gewölbe

Das erste Obergeschoss des Westflügels nimmt seit 2004 das Neue Grüne Gewölbe ein, in dem mehr als 1000 Meisterwerke der Schatzkunst von der Renaissance bis zum Klassizismus gezeigt werden. Während das Historische Grüne Gewölbe Besucher durch den überwältigenden barocken Eindruck in Staunen versetzt, steht im Neuen Grünen Gewölbe das Erleben einzelner Kunstobjekte im Vordergrund. Die Exponate werden hier eher zurückhaltend hinter doppelt entspiegeltem Vitrinenglas präsentiert.

Im Saal der Kunststücke mit dem Mikrokabinett findet man Werke aus der 1560 gegründeten Dresdner Kunstkammer. Besonders beeindruckt sind viele Besucher von der silbervergoldeten Daphne mit den leuchtend roten Strauchkorallen auf Kopf und Armen sowie von dem Kirschkern mit 185 geschnitzten Gesichtern im Mikrokabinett (um 1589).

Über das Kristallkabinett sowie den Ersten Raum der Kurfürsten mit der Großen Elfenbeinfregatte von Jakob Zeller (1620) und den Zweiten Raum der Kurfürsten gelangt man in den Raum der königlichen Pretiosen. Im Dinglinger-Saal mit dem Emailkabinett dominiert der Thron des Großmoguls Aurang-Zeb (1701–08) – ein Werk des Hofjuweliers Johann Melchior Dinglinger. Dem Raum der reisenden Pretiosen folgen der Neuber-Raum mit Prunkkamin (1782), der für Sonderausstellungen genutzte Sponsel-Raum und das Watzdorf-Kabinett mit dem legendären Dresdner Grünen Diamanten von 41 Karat.

Der Besuch des Neuen Grünen Gewölbes ist ohne Zeitticket möglich.

Lanzenreiter mit kompletter Ausrüstung in der Rüstkammer

Kupferstich-Kabinett

Mit über einer halben Million Werken aus acht Jahrhunderten gehört das Kupferstich-Kabinett zu den drei größten grafischen Sammlungen Deutschlands. Es wurde 1720 als Museum für Grafik und Zeichnungen gegründet und ist seit 2004 im Schloss eingerichtet. Neben der ausgesprochen hohen Qualität der Exponate besticht hier auch die Einzigartigkeit vieler Objekte.

Highlight

↑ *Überwältigende Pracht im Historischen Grünen Gewölbe*

Das Sammelgebiet umfasst grafische Blätter aller, auch moderner, Drucktechniken, Zeichnungen, Aquarelle und Fotografien von mehr als 20 000 Künstlern wie etwa Albrecht Dürer, Caspar David Friedrich, Henri de Toulouse-Lautrec, Ernst Ludwig Kirchner, Käthe Kollwitz und Pablo Picasso sowie Zeitgenossen wie Gerhard Richter. Sondersammlungen mit Bildnissen und topografischen Ansichten, besonders Sachsens, gehören ebenso zum Bestand wie Bücher und Plakate.

In Wechselausstellungen werden die Schätze des Museums gezeigt, da aus konservatorischen Gründen keine dauerhafte Präsentation der empfindlichen Stücke möglich ist. Im öffentlich zugänglichen Studiensaal können sich Interessierte die Originale zur individuellen Betrachtung vorlegen lassen.

Münzkabinett

Vom antiken Griechenland und antiken Rom bis in die Gegenwart reicht das Spektrum der rund 300 000 numismatischen Objekte, die in der Sammlung im Georgenbau verwahrt werden. Ältestes Objekt ist eine ungefähr 2600 Jahre alte Münze aus Lydien im Gebiet der heutigen Türkei. Neben Münzen sind auch Medaillen, Banknoten, historische Wertpapiere sowie Orden und Ehrenabzeichen zu sehen.

Bemerkenswert ist vor allem die vollständige Kollektion der rund 30 000 sächsischen Münzen und Medaillen, die wichtige Epochen der sächsischen Geschichte dokumentiert. Zu den Prunkstücken gehören insbesondere die Sonderprägung zur Erhöhung des Hausmannsturms *(siehe S. 86)* im Jahr 1676 und die Goldmedaille von 2006 zum 800-jährigen Jubiläum der Stadt Dresden. Darüber hinaus umfasst das Münzkabinett, das zu den beeindruckendsten Universalsammlungen Europas gehört, Medaillen- und Münzstempel sowie Geräte zur Münzprägung.

Vorträge rund um die Numismatik bringen Besuchern die Welt der Münz- und Währungsgeschichte näher.

Schon gewusst?

August der Starke liebte den Orient und inszenierte sich gern als Sultan.

Rüstkammer und Türckische Cammer

Die zuvor im Zwinger untergebrachte Rüstkammer, eine der weltweit wertvollsten Sammlungen ihrer Art, wurde 2013 an ihrem neuen Standort im Riesensaal des Schlosses eröffnet. Zwischen Rüstungen, Prunkwaffen, Reitzeug, historischen Gewändern und Turnierbildern der besten Gold- und Klingenschmiede, Kostümschneider und Maler jener Zeit wandeln Besucher hier auf den Spuren höfischer Feste, Reiterturniere und Jagden. Gleichzeitig erhält man Einblick in die militärische Realität in Sachsen zur Zeit von Renaissance und Barock.

Mit der 2010 eröffneten Türckischen Cammer weht im Dresdner Schloss ein Hauch von Orient. Die Exponate (16.–19. Jh.) dienten als Requisiten für orientalische Feste am Hofe. Prunkstück ist ein sechs Meter hohes osmanisches Zelt aus dem 17. Jahrhundert. Unter der Außenhaut aus grüner Baumwolle verbergen sich Applikationen aus farbigen Seidenstoffen und vergoldetem Leder. Mit seinen gewaltigen Ausmaßen von 20 Metern Länge und acht Metern Breite spannt sich das Zelt wie ein zweiter Himmel über den Betrachter.

5

Kathedrale Sanctissimae Trinitatis

D5 Schlossplatz 4, 8, 9 +49 351 3156 3138 Mo–Do 10–17, Fr 13–17, Sa 10–17, So 12–16; Führungen Kirche und Gruft: Mo–Fr 14, Sa, So Feiertage 13 (ohne Anmeldung); Orgelvorführungen: Mi, Sa 11:30–12; Orgelkonzerte: Zeiten der Website entnehmen Mo–Sa 18, So 7:30, 9, 10:30, 16:30 (polnisch), 18 bistum-dresden-meissen.de

Die 1980 zur Kathedrale des Bistums Dresden-Meißen erhobene Hofkirche wurde 1739–54 unter der Leitung von Gaetano Chiaveri errichtet. Den Bau einer katholischen Kirche im protestantischen Sachsen initiierte August der Starke. Er war 1697 zum katholischen Glauben übergetreten, um polnischer König werden zu können. Realisiert wurde das Projekt unter Kurfürst Friedrich August II. Mit einer Fläche von rund 4800 Quadratmetern ist der Barockbau die größte Kirche in Sachsen. Die Fassade wurde reich mit plastischem Schmuck verziert. In der Gruft stehen 49 Sarkophage der Wettiner, ein Gefäß birgt das Herz Augusts des Starken.

Das **Altarbild** *Die Himmelfahrt Christi* schuf der Hofmaler Anton Raphael Mengs. Das Gemälde beeindruckt auch in seinen Ausmaßen (10x4,50 m).

Der **Hochaltar** der italienischen Brüder Aglio besteht aus Marmor und Ornamenten aus vergoldeter Bronze. Das 4,20 Meter hohe Kreuz wird von sechs silbernen Leuchtern flankiert.

Durch den 1899 erbauten kunstvollen **Brückenübergang** gelangten Mitglieder der Königsfamilie ungesehen vom Schloss zu ihren Logen in der Kathedrale.

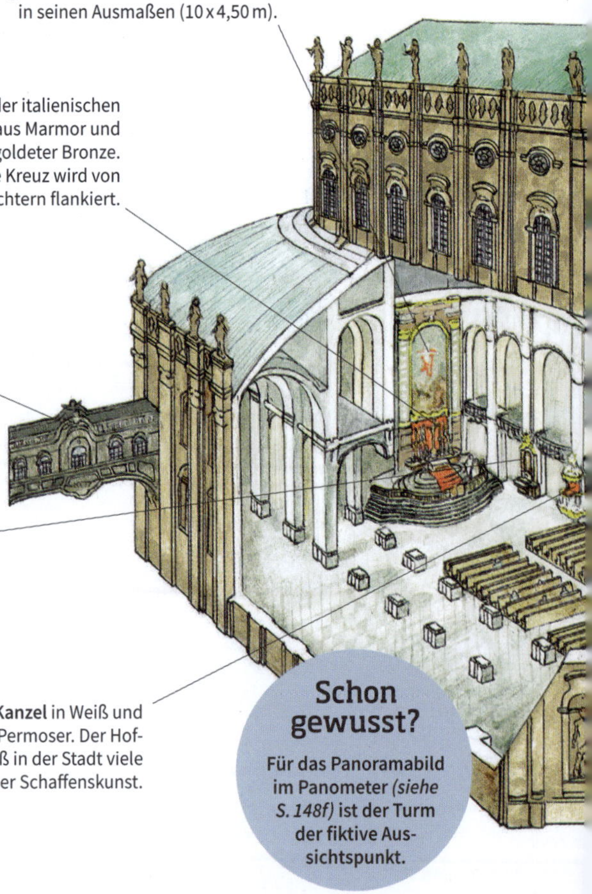

Über dem **nördlichen Nebenaltar** hängt ein 2,90 Meter großes Gemälde der Unbefleckten Empfängnis Mariens, ein Werk von Anton Raphael Mengs.

Die 1722 vollendete **Kanzel** in Weiß und Gold schuf Balthasar Permoser. Der Hofbildhauer hinterließ in der Stadt viele andere Beispiele seiner Schaffenskunst.

Schon gewusst?

Für das Panoramabild im Panometer ***(siehe S. 148f)*** **ist der Turm der fiktive Aussichtspunkt.**

Highlight

Ein markantes Element von Dresdens Silhouette ist der 86 Meter hohe **Turm**.

Die **Inschrift** am Turm würdigt Kurfürst Friedrich August II. (als August III. König von Polen), der den Bau der Kathedrale realisierte, und gibt Auskunft über das Jahr der Fertigstellung des Kirchenbaus (1754).

Die **78 Sandsteinfiguren** an der Fassade wurden vom italienischen Bildhauer Lorenzo Mattielli gefertigt. Neben Aposteln und Heiligen sind hier auch Schutzpatrone dargestellt.

↑ *Lichtdurchfluteter Innenraum mit dem reich verzierten Hochaltar und dem zehn Meter hohen Altarbild*

Unter Mattiellis **Statuen** am Turm sind u. a. Allegorien der Tugenden Glaube, Liebe, Hoffnung und Gerechtigkeit.

Der bedeutende sächsische Orgelbauer Gottfried Silbermann (1683–1753) erlebte die Fertigstellung seiner letzten und größten **Orgel** im Jahr 1755 nicht mehr.

Haupteingang

6

Verkehrsmuseum

D6 Augustusstraße 1 1, 2, 3, 4, 7, 8, 9 +49 351 864 40 Di – So 10 – 18 (auch Oster- und Pfingstmontag); Führungen: Zeiten telefonisch erfragen
verkehrsmuseum-dresden.de

Das 1956 im Johanneum eingerichtete Dresdner Verkehrsmuseum geht auf eine der ältesten technischen Sammlungen Deutschlands zurück, das 1877 eröffnete Königlich-Sächsische Eisenbahnmuseum.

Zur 750-Jahr-Feier Dresdens eröffnete das Museum 1956 mit der Ausstellung »120 Jahre sächsische Verkehrsgeschichte«. Heute dokumentiert es auf einer Fläche von ungefähr 5000 Quadratmetern rund 200 Jahre Verkehrsgeschichte in Deutschland (auf Schiene und Straße, auf dem Wasser und in der Luft). Das Museum für sämtliche Altersgruppen beschäftigt sich dabei in erlebnisreichen Zeitreisen mit sämtlichen Aspekten der Mobilität – von der Vergangenheit bis in die Zukunft.

Mitmachen ist angesagt: An vielen interaktiven Stationen wie etwa einem Flugsimulator, dem Führerstand einer Schmalspurlokomotive sowie im Zukunftslabor oder bei einer digitalen Regatta greift man aktiv ins Geschehen ein.

Schon gewusst?

Kinder lernen im Experimentierraum spielerisch die Technik hinter den Exponaten kennen.

Die Abteilung Luftfahrt zeigt u. a. frühe Flugapparate, Luftschiffe und Flugzeuge ↑

Geschichte des Gebäudes

Das Johanneum ist das älteste Ausstellungsgebäude in Dresden. Der 1591 unter Kurfürst Christian I. fertiggestellte Renaissance-Bau diente erst als Stallgebäude für die Unterbringung von Pferden und Kutschen, nach dem Ausbau (18./19. Jh.) als Schauplatz königlicher Feste, später als Gemäldegalerie, Porzellanmuseum und Rüstkammer. Seit 1956 ist er Standort des Verkehrsmuseums.

Schifffahrt

△ In dieser Abteilung mit vielen Schiffsmodellen und reichhaltigem Schiffsinterieur (u. a. einer echten Schatztruhe) werden über 1000 Jahre Geschichte der Binnen- und Hochseeschifffahrt lebendig.

Modelleisenbahn

Bei dieser Anlage – einer der weltweit größten ihrer Art – tauchen Besucher in eine faszinierende Miniaturwelt ein. Die Fahrzeuge sind im Maßstab 1:45 gebaut.

Straßenverkehr

△ Anhand von bahnbrechenden Erfindungen erlebt man hier die Geschichte von Vier- und Zweirädern – vom Oldtimer bis zum modernen Motorrad. Untrennbar mit der Geschichte des Automobilbaus in Ostdeutschland verbunden ist die Marke Wartburg, die in Eisenach produziert wurde. Aus Sachsen stammen auch Motorräder der Marke MZ. Besucher können in die Pedale eines Hochrads treten.

Schienenverkehr

◁ In Dresden wurde mit der neun Meter langen *Saxonia* die erste Dampflokomotive (Eröffnungsfahrt 1839 auf der Strecke Dresden – Leipzig) produziert. Zu den Schmuckstücken der Abteilung gehört dieser Nachbau der *Saxonia*.

7

Hausmannsturm

D6 Schlossplatz 1
4, 8, 9 +49 351 4914 2000 Apr–Okt: Mi–Mo 10–18

Der von einer barocken Haube bekrönte Turm des Dresdner Residenzschlosses ist mit 100,27 Metern Höhe eines der markantesten Bauwerke der Stadt und prägt deren Silhouette maßgeblich. Der erste Turmbau an dieser Stelle erfolgte vermutlich vor 1400. Wolf Caspar von Klengel erhöhte ihn 1674–76 durch Aufsetzen einer barocken Haube mit langer Spitze, die 1991 wiederhergestellt wurde. Im Vergleich mit den übrigen Bauten des Dresdner Schlosses scheint der Hausmannsturm ein wenig überproportioniert.

Von der Aussichtsplattform in etwa 38 Metern Höhe, die man über 222 Stufen erreicht, bietet sich ein eindrucksvolles Panorama über Dresden und die Umgebung der Stadt.

8

Georgenbau

D6 Schlossplatz 1
4, 8, 9 +49 351 4914 2000

Das früheste Bauwerk der Renaissance in Dresden ging aus dem einstigen Stadttor zur Elbbrücke hervor. 1530–35 erfolgte der Umbau zum Georgentor, Dresdens erstem Renaissance-Bau. Das mit reichem Figurenschmuck und Erkern versehene Tor wurde Mitte des 16. Jahrhunderts zugemauert und 1701 bei einem Schlossbrand zerstört. Nach dem Wiederaufbau wurden hier 1718/19 die königlichen Prunkgemächer eingerichtet. Die Umgestaltung im Stil der Neorenaissance erfolgte 1889–1901, der letzte sächsische König, Friedrich August III., bewohnte die Räume bis 1918. Mitte der 1960er Jahre wurde der Georgenbau wiederhergestellt.

Das 12,5 Meter lange Relief *Dresdner Totentanz* (1534–36) des Bildhauers Christoph Walther, Teil des einstigen Fassadenschmucks, ist seit 1990 in der Dreikönigskirche *(siehe S. 126f)* zu bewundern.

9

Fürstenzug

D6 Augustusstraße
4, 8, 9

Die 102 Meter lange und 9,5 Meter hohe Darstellung an der Fassade des Langen Ganges gilt als größtes Porzellanbild der Welt *(siehe S. 54f)*. Der Wandfries zeigt 94 überlebensgroße Figuren. Auf ihm vereint sind 35 Regenten des Geschlechts der Wettiner, die zwischen 1089 und 1918 in Sachsen herrschten – angeordnet in chronologischer Reihenfolge und angeführt von Markgraf Konrad dem Großen (reg. 1127–1156).

Neben dem »Who's who« der Wettiner Könige, Kurfürsten, Herzöge und Markgrafen sind 59 weitere Personen dargestellt. Unter ihnen sind hochrangige Vertreter aus Kunst und Wissenschaft, darunter – am Ende des Zugs – Wilhelm Walther (1826–1913), der Erschaffer des Werks. Für das gigantische, in Sgraffito-Technik erstellte Wandbild brauchte der Historienmaler fünf Jahre. Bald nach Fertigstellung 1876 erlitt es witterungsbedingte Schäden und wurde deshalb 1904–07 von den besten Porzellanmalern auf ca. 24 000 fugenlos gesetzte Keramikfliesen aus der Meissener Porzellan-Manufaktur übertragen.

1978/79 erfuhr der Fürstenzug eine umfassende Renovierung, mehrere Hundert beschädigte Fliesen wurden dabei detailgenau rekonstruiert.

Stallhof – ehemaliger Schauplatz von Reiterspielen

Taschenbergpalais

❿
Stallhof

D6 Augustusstraße 1
1, 2, 4, 8, 9

Das Areal zwischen Georgenbau und Johanneum diente nach seiner Fertigstellung 1591 als Schauplatz für Ritterturniere und Hetzjagden der höfischen Belustigung. Zu den beliebtesten Reiterspielen gehörte das Ringelstechen, bei dem die Reiter mit einer Lanze einen an Bronzesäulen hängenden Ring durchstechen mussten. Von diesen beiden 6,10 Meter hohen Säulen mussten nur die Spitzen rekonstruiert werden, von den 34 jeweils 1,46 Meter hohen Pilaren entlang der Turnierkampfbahn sind 13 als Originalstücke erhalten.

An einer Seite wird der Stallhof vom Langen Gang begrenzt, der bei Hetzjagden und Turnieren als Zuschauerraum diente. Er wird zum Hof hin von Arkaden mit toskanischen Säulen, zur äußeren Seite vom Fürstenzug geziert. Die in Silikatmalerei erstellten Bildwerke an der Innenfassade des Langen Ganges zeigen Ornamente, Waffen und Szenen aus der Herkulessage. In der Mitte ist eine Sonnenuhr zu sehen, die 1568 entstand.

Heute wird der Stallhof für verschiedenste kulturelle Veranstaltungen genutzt, u. a. für historische Ritterspiele und Theateraufführungen. In der Adventszeit findet hier ein mittelalterlicher Weihnachtsmarkt statt.

⓫
Kulturpalast

D6 Schlossstraße 2
1, 2, 4 +49 351 486 6866
kulturpalast-dresden.de

Das Gebäude an der Nordseite des Altmarkts wurde nach dreijähriger Bauzeit 1969 in Betrieb genommen. Damit erhielt der Altmarkt *(siehe S. 111)* seinen Platzcharakter zurück. Der im Stil funktionaler öffentlicher Architektur der 1960er Jahre errichtete Kulturpalast (103 x 72 m) wurde nach jahrelanger Umgestaltung 2017 wiedereröffnet. Seither bereichert der Veranstaltungsort das kulturelle Leben der Stadt wieder erheblich. Der für seine hervorragende Akustik gerühmte neue Konzertsaal verfügt über mehr als 1700 Plätze.

Der Kulturpalast ist das größte Veranstaltungszentrum der Stadt und Stammhaus der Dresdner Philharmonie. Darüber hinaus sind hier auch Gastspiele, Stars aus Rock, Pop, Jazz und Swing sowie Shows, Musicals und Ballettaufführungen zu sehen. Höhepunkte im reichen Veranstaltungskalender sind vor allem die Dresdner Musikfestspiele und das Dixieland Festival.

⓬
Taschenbergpalais

C6 Taschenberg 3
1, 2, 4, 8, 9, 11, 12 68

Nach Plänen von Johann Friedrich Karcher wurde das barocke Palais 1705–08 für Anna Constanze von Hoym (ab 1707 Gräfin von Cosel), die Mätresse von August dem Starken, errichtet. Nachdem die machtbesessene »sächsische Pompadour« jedoch auch beim Kurfürsten in Ungnade gefallen und aus dem Haus hinauskomplimentiert worden war, verlor das Anwesen seine Bedeutung als Liebesnest und diente fortan als Residenz sächsischer Kronprinzen.

Erweiterungen vollzog der Baumeister Matthäus Daniel Pöppelmann 1718–20. Im Lauf des 18. Jahrhunderts wurde der zentrale Bau um West- und Ostflügel ergänzt, Mitte des 19. Jahrhunderts wurde der Südosttrakt angefügt. Nach der Zerstörung im Jahr 1945 baute man das Palais 1992–95 nach Originalplänen im barocken Stil wieder auf.

Noch im Jahr der Fertigstellung eröffnete das Hotel Taschenbergpalais Kempinski *(siehe unten)*, das sich schnell zu einer der besten Adressen der Stadt entwickelte. Zu den Prunkstücken der luxuriösen Ausstattung gehören die Säulenhalle und die barocke Treppenanlage. Vor der zum Zwinger weisenden Seite steht der nach Plänen von Gottfried Semper angelegte neogotische Cholerabrunnen (1846) mit 18 Meter hohem Turm.

Hotels

Taschenbergpalais Kempinski
Das Hotel bietet ein luxuriöses Erlebnis im barocken Stadtzentrum.
C6 Taschenberg 3
kempinski.com/de/hotel-taschenbergpalais
€€€

Penck Hotel Dresden
Elegantes Boutique-Hotel mit modernem Design und viel Kunst.
C5 Ostra-Allee 33
artotel-dresden.at-hotels.com
€€€

Arkaden mit toskanischen Säulen am Stallhof (siehe S. 87)

Blick über den Theaterplatz auf Kathedrale (links) *und Schloss*

13

Schauspielhaus

C6 Theaterstraße 2
1, 2, 4, 8, 9, 11, 12 68
+49 351 491 3555
staatsschauspiel-dresden.de

Im Vergleich zu Bauwerken der Umgebung wirkt das 1913 eröffnete Schauspielhaus wegen seiner Bauhöhe und seiner bewegten Dachlandschaft wuchtig. Als dies offensichtlich wurde, ergänzten die Architekten William Lossow und Max Hans Kühne die Jugendstilfassade um barocke Elemente, die den Kontrast zum Zwinger etwas ausgleichen. Nach Kriegsschäden konnte der Spielbetrieb bereits 1948 wiederaufgenommen werden. Als »Großes Haus des Staatstheaters Dresden« war die Bühne Spielstätte für Oper und Schauspiel, bis die Staatsoper 1985 das Haus verließ und in der Semperoper eine neue Heimat fand.

Trotz strenger Linienführung harmoniert die Schinkelwache gut mit den überwiegend im Stil von Renaissance und Barock angelegten Gebäuden am Theaterplatz.

In den 1990er Jahren wurde der nun 800 Plätze umfassende Zuschauerraum aufwendig restauriert. Zum Repertoire gehören neben deutschen und internationalen Klassikern auch Uraufführungen moderner Stücke und experimentelle Inszenierungen.

14

Schinkelwache

C5 4, 8, 9

Nach dem Vorbild eines ionischen Tempels wurde das klassizistische Bauwerk 1830–32 an der Ostseite des Theaterplatzes errichtet. Die »Altstädter Wache« diente als Hauptwache der Dresdner Altstadt. Trotz strenger Linienführung harmoniert sie gut mit den überwiegend im Stil von Renaissance und Barock angelegten Gebäuden am Theaterplatz. Im Vergleich zur Neuen Wache in Berlin, die ebenfalls nach Plänen des preußischen Baumeisters Karl Friedrich Schinkel entstand, ist die Erscheinung schlichter, die Giebelfelder über den Säulen sind weniger auffallend geschmückt. Zum Skulpturenschmuck gehören der *Mars* von Franz Pettrich zum Theaterplatz hin und die *Saxonia* von Joseph Herrmann an der Schlossseite. Letztere befindet sich am Flachgiebel über dem Portikus, der von sechs Säulen getragen wird. Der originalgetreue Wiederaufbau der Schinkelwache nach den Kriegszerstörungen erfolgte in den Jahren 1956/57. Bereits seit 1985 ist hier die zentrale Information und Vorverkaufskasse für alle Events in der Semperoper untergebracht.

15

Italienisches Dörfchen

C5 Theaterplatz 3
4, 8, 9

Beim Italienischen Dörfchen an der Elbseite des Theaterplatzes handelt es sich um ein einziges Bauwerk – der Name erinnert nur an die Wohnquartiere der italienischen Künstler und Handwerker, die am Bau der Kathedrale *(siehe S. 82f)* 1739–54 beteiligt waren. Im Zuge des Baus der Semperoper wurden fast alle diese Häuser abgerissen.

Das neoklassizistische, 1911–13 nach Entwürfen von Hans Erlwein errichtete Gebäude entsprach der Forderung nach einem harmonischen Abschluss des Platzes zur Elbe hin. Der Dreiecksgiebel zeigt Figuren von Georg Wrba, der an der Außengestaltung maßgeblich beteiligt war. Der Wiederaufbau erfolgte 1957, bei Restaurierungsarbeiten 1994 wurde auch die prachtvolle historische Ausmalung der Innenräume wiederhergestellt.

Das gleichnamige Restaurant im Italienischen Dörfchen ist vor allem wegen des eindrucksvollen Flussblicks sehr beliebt.

16

Theaterplatz

C5 4, 8, 9

Seit seiner Anlage schwärmen Einheimische und Besucher vom Ambiente – für viele ist der Theaterplatz einer der schönsten Plätze Deutschlands, auf jeden Fall ist er der architekturhistorisch bedeutendste Platz Dresdens. Bauwerke aus Renaissance, Barock und Klassizismus bilden hier ein eindrucksvolles Ensemble. Benannt ist der Theaterplatz nach dem Hoftheater, dem Vorgänger der Semperoper *(siehe S. 68–71)*, die sich an der Westseite befindet. Im Norden wird er vom Italienischen Dörfchen, im Osten von der Kathedrale *(siehe S. 82f)* und dem Schloss *(siehe S. 78–81)* umrahmt. Südlich des Platzes erstreckt sich neben der Schinkelwache der Zwinger *(siehe S. 74–77)*.

In der Platzmitte steht das 1889 errichtete Reiterstandbild des Königs Johann von Sachsen (1801–73), der von 1854 bis zu seinem Tod regierte. Den Sockel zieren schöne Reliefs. Ein weiteres, 1860 enthülltes Denkmal in der Ecke zwischen Semperoper und Sempergalerie zeigt Carl Maria von Weber (1786–1826), der in Dresden einige Opern, darunter auch *Der Freischütz* und *Oberon*, komponierte.

17

Augustusbrücke

D5 4, 8, 9

Der seit dem 13. Jahrhundert belegte Elbübergang ist nicht nur ältester Brückenstandort Dresdens, sondern war auch eine der ältesten Steinbrücken Europas. Nach Entwürfen von Matthäus Daniel Pöppelmann entstand 1727–31 ein stabileres Brückenbauwerk, das nach seinem Bauherrn August dem Starken fortan Augustusbrücke hieß.

Wegen des regen Verkehrs zwischen linkselbischer Altstadt und rechtselbischer Neustadt und der zu geringen Höhe der Brücke für den Schiffsverkehr wurde 1907–10 ein Neubau erforderlich. Nachdem 1945 einige Bogen gesprengt worden waren, rekonstruierte man die Brücke bis 1949. Die 355 Meter lange, 17 Meter breite Verbindung zwischen Schlossplatz und Neustädter Markt hieß 1949–90 Georgij-Dimitroff-Brücke.

18

Theaterkahn

D5 Terrassenufer
4, 8, 9 +49 351 496 9450 theaterkahn-dresden.de

Am Elbufer direkt neben der Augustusbrücke können Gäste Unterhaltung und kulinarischen Genuss bestens miteinander verbinden, denn der Theaterkahn ist Theater- und Restaurantschiff in einem. Das sanft schaukelnde, aber fest vertäute Schiff ging 1994 aus einem schrottreifen Elbkahn hervor, der für seine neue Nutzung aufwendig umgebaut wurde.

Hier unterhält das Dresdner Brettl mit musikalischem Kabarett, Komödien von Erich Kästner bis Neil Simon und weiteren Theatergenres. Das Restaurant Kahnaletto serviert italienische Küche.

Augustusbrücke – Bogenbrücke über die Elbe

19

Sächsischer Landtag

C5 Bernhard-von-Lindenau-Platz 1 4, 8, 9, 11
+49 351 493 50
landtag.sachsen.de

Wenige Tage nach der Neugründung des Freistaats Sachsen am 3. Oktober 1990 mit Dresden als Landeshauptstadt wurden Landtagswahlen abgehalten, nach denen der Sächsische Landtag erstmals als Landesparlament der Bundesrepublik Deutschland zusammentrat. Die konstituierende Sitzung fand in der Dreikönigskirche *(siehe S. 126f)* statt. Pläne eines Umzugs in das Ständehaus *(siehe S. 114)*, das 1907–33 Sitz des Sächsischen Landtags war, verwarf man. So wurde das alte Landesfinanzamt zwischen Elbe und Devrientstraße (1928–31) als Landtagssitz gewählt, da an diesem Standort die Voraussetzungen für vorgesehene Erweiterungsbauten günstig waren. Das im Stil der Neuen Sachlichkeit nach funktionalen Aspekten errichtete ehemalige Landesfinanzamt war 1953–89 als Zentrale des SED-Bezirks Dresden genutzt worden.

1992–94 erfolgte an der Elbseite des Komplexes der Neubau eines Plenarsaals. Das alte Gebäude wurde unter Bewahrung seiner Struktur umgestaltet. In ihm sind Fraktionssäle, die Verwaltung des Landtags und die Landesbibliothek untergebracht. Beide Bauten sind durch Glas- und Stahlkonstruktionen miteinander verbunden, sodass sie als ein einziger Komplex erscheinen.

20

ICD

C5 Ostra-Ufer 2
6, 11 +49 351 216 1070 dresden-congresscenter.de

Das Internationale Congress Center Dresden (ICD) ist eines der modernsten Kongresszentren in Europa und steht mit seiner Architektur für das »neue« Dresden. Der von Glasfassaden, einer ansteigenden Terrasse und geschwungenen Linien geprägte Gebäudekomplex komplettiert seit 2004 das eindrucksvolle Panorama am linken Elbufer im Bereich der Altstadt, grenzt sich aber durch seine leicht wirkende Erscheinung und seine asymmetrische Gestaltung von den historischen Bauwerken ab.

Neben dem Großen Saal und fünf weiteren angrenzenden Sälen gibt es 30 Tagungsräume. Zur Ausstattung des ICD gehören Dolmetscherkabinen und eine Foyerfläche von ungefähr 5000 Quadratmetern, die gelegentlich auch für Ausstellungen genutzt wird. Das Restaurant des Kongresszentrums sorgt für das leibliche Wohl.

Zwischen dem Internationalen Congress Center und dem Sächsischen Landtag befindet sich der Erlweinspeicher, ein 1913/14 nach Plänen von Hans Erlwein erbautes Speichergebäude. In dem stattlichen Bau ist seit 2006 das Maritim Hotel Dresden untergebracht, ein nicht nur bei Teilnehmern von Kongressen im ICD beliebtes Business-Hotel.

21

Yenidze

C5 Weißeritzstraße 3
6, 10, 11 68
Infos zu Veranstaltungen:
+49 179 533 5912
yenidze-theater.de

Aus einer Erzählung aus Tausendundeiner Nacht scheint dieses an eine Moschee erinnernde prachtvolle Gebäude zu stammen, das einen Hauch von Orient in die sächsische Metropole bringt. Sein schlanker, einem Minarett gleichender Turm und die mit Mosaiken verzierte, etwa 20 Meter hohe Glaskuppel bilden einen spannungsreichen Kontrast zu den überwiegend barocken Bauwerken der Dresdner Silhouette und regen schon von Weitem die Fantasie des Betrachters an.

Was wie ein muslimisches Gotteshaus wirkt, entstand 1907–12 als Tabakfabrik, deren Schornstein als Minarett getarnt wurde. Auftraggeber für den Bau war der Fabrikant Hugo Zietz, der sich auf seinen häufigen Reisen in den Orient zur Gestaltung des Gebäudes inspirieren ließ. Benannt wurde es schließlich nach einem Anbaugebiet in der Türkei, aus dem große Tabakmengen nach Mitteleuropa gelangten. Dresden

Yenidze – Gebäude im orientalischen Stil

Eingangsbereich des ICD

produzierte zu jener Zeit mehr als die Hälfte aller in Deutschland hergestellten Zigaretten, die Yenidze war die größte Produktionsstätte der Stadt. Die bekannteste von Zietz vertriebene Marke war »Salem«, andere trugen Namen wie »Mogul« oder »Fatima«.

Der Architekt Hermann Martin Hammitzsch schuf mit dem Bauwerk Deutschlands erste Konstruktion mit Stahlbetonskelett. Interessant an der Fassade ist das effektvolle Zusammenspiel von orientalischem Dekor und Jugendstilelementen. Ab 1953 diente die Yenidze als zentrales Tabakkontor der DDR, das die Zigarettenfabriken des Landes mit Tabak versorgte.

Nach umfassender Sanierung wurde sie 1996 als Bürogebäude wiedereröffnet. Unter der Glaskuppel entstand ein Restaurant, von dem man einen wunderbaren Blick auf die Stadt hat. Das reich geschmückte Ambiente unter der Kuppel wird auch für Veranstaltungen wie Märchenlesungen, Konzerte, Darbietungen mit Tanz und viele andere Performances genutzt.

Die bunt verglaste, spitzbogige Kuppel ist nachts von innen angestrahlt – ein im Dresdner Stadtbild einzigartiger Lichteffekt.

22

Annenkirche

C6 Annenstraße
12 +49 351 495 1554
nur zu Gottesdiensten und Konzerten

Die Annenkirche wurde 1578 als erster Kirchenbau in Dresden nach Einführung der Reformation errichtet und nach Kurfürstin Anna, der Gattin von Kurfürst August von Sachsen, benannt. Nach Zerstörungen im Siebenjährigen Krieg (1756–63) wurde der heute noch erhaltene Bau 1764–69 nach Entwürfen von Johann George Schmidt im spätbarocken Stil neu errichtet. Der 57 Meter hohe Turm wurde 1823 im klassizistischen Stil angefügt, 1909 gestaltete man den Innenraum mit Elementen des Jugendstils um.

Beim Bombenhagel im Februar 1945 erlitt die Kirche zwar Schäden, war aber das einzige Gotteshaus im Stadtzentrum, das nicht ausbrannte. Etwa 1000 Menschen, die sich in die Kirche geflüchtet hatten, überlebten das Inferno. Ab 1992 erfolgte eine Generalsanierung vor allem von Dach und Außenmauern. Die Restaurierungsarbeiten wurden 1997 mit der Vollendung des Kirchturms abgeschlossen.

23

WTC Dresden

B6 Freiberger Straße 39
7, 10, 12 Freiberger Straße +49 351 2054 2054
wtc-dresden.de

Leichte Muse im Welthandelszentrum – auf den ersten Blick mag dies ein wenig widersprüchlich wirken. Doch das 1996 eröffnete World Trade Center (WTC) mit dem 53 Meter hohen, zylinderförmigen Glasturm und der 113 Meter langen, glasüberdachten Mall ist nicht nur Sitz vieler Unternehmen, Tagungszentrum und Ausstellungsgelände, sondern auch Spielstätte der **Comödie Dresden**. Diese bis 2010 unter dem Namen Komödie Dresden firmierende Bühne ist mit 643 Plätzen das größte Privattheater in Sachsen.

Sein Repertoire beschränkt sich nicht auf Komödie. Ambitionierte Eigenproduktionen zeigen die Experimentierfreudigkeit der Theatermacher. Auch Freunde von Kabarett, Comedy und Musikshows kommen bei den Darbietungen auf ihre Kosten.

Comödie Dresden
+49 351 866 410
Kasse: Mo–Sa 13–18
comoedie-dresden.de

Restaurants

Alte Meister
Café und Restaurant.
C5 Theaterplatz 1a
+49 351 481 0426
Mo altemeister.net
€€€

Sophienkeller
Speisen im Palais.
C6 Taschenberg 3
+49 351 497 260
Mo sophienkeller-dresden.de
€€€

Spaziergang westliche Altstadt

Länge 1,3 km **Dauer** 30 Min.
Straßenbahn 4, 8, 9

Der sich zur Elbe hin öffnende Theaterplatz wird von einem prachtvollen Ensemble umrahmt. Das Schloss symbolisiert die Geschichte Sachsens, die Semperoper dokumentiert die kulturelle Tradition Dresdens, der Zwinger verkörpert mit seinen vielfältigen Sammlungen die Rolle der Stadt als eine über Jahrhunderte gewachsene Metropole der Kunst. Einen architektonischen und durchaus bemerkenswerten Kontrast markiert der im funktionalen Stil der 1960er Jahre erbaute Kulturpalast.

Deutschlands bekanntestes Opernhaus, die **Semperoper** *(siehe S. 68–71)*, wurde nach seinem Baumeister benannt.

Die **Schinkelwache** *(siehe S. 90)*, das einzige klassizistische Bauwerk am Theaterplatz, erinnert an einen griechischen Tempel.

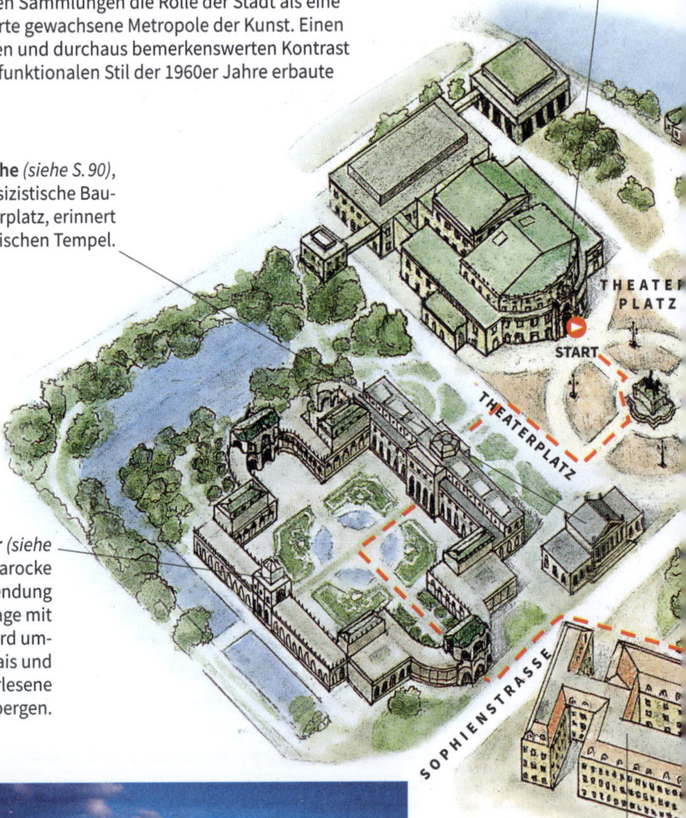

Der **Zwinger** *(siehe S. 74–77)* zeigt barocke Baukunst in Vollendung – eine Grünanlage mit Wasserspielen wird umrahmt von Palais und Pavillons, die erlesene Sammlungen bergen.

Das **Taschenbergpalais** *(siehe S. 87)* war ein »Geschenk« Augusts des Starken an seine Mätresse.

←

Abendstimmung: Blick vom Nordufer der Elbe auf die Altstadt

Die **Kathedrale** *(siehe S. 82f)* entstand 1739–54, also annähernd zeitgleich mit der evangelischen Frauenkirche.

Zur Orientierung
Siehe Stadtteilkarte S. 66f

Der **Theaterkahn** *(siehe S. 91)* dient als – wenn auch fest vertäutes – schwimmendes Theater und Restaurant.

Das **Schloss** *(siehe S. 78–81)* birgt außerordentliche Sammlungen, etwa im Grünen Gewölbe und in der Türckischen Cammer.

Der **Fürstenzug** *(siehe S. 86)*, das größte Porzellanbild der Welt, zeigt die Ahnenreihe der Wettiner, die mehr als 800 Jahre in Sachsen herrschten.

↑ *Goethe-Statue am Eingangsportal zur Semperoper*

Die prunkvolle Fassade des **Georgenbaus** *(siehe S. 86)* mit dem hohen Giebel ist von Erkern eingefasst und von zahlreichen Skulpturen geschmückt, u. a. einem vier Meter hohen Reiterstandbild.

Der funktionale **Kulturpalast** *(siehe S. 87)* ist Spielstätte der Dresdner Philharmonie und Bühne für populäre Shows. 2017 wurde der neue Konzertsaal eröffnet.

Der **Türkenbrunnen** mit der Figur der Siegesgöttin Victoria (1683) erinnert an den Sieg gegen die Türken vor Wien.

0 Meter 100 N

Spaziergang vom Zwinger zur Synagoge

Länge 2 km **Dauer** 1 Std. **Start** Postplatz

Der Spaziergang verbindet einen Streifzug zu Musterbeispielen barocker Architektur mit Flanieren an der Elbe. Das Ensemble rund um den Theaterplatz ist an Pracht kaum zu überbieten, auch der Fürstenzug ist einmalig. Von der Brühlschen Terrasse oberhalb der Elbe genießt man eine wunderbare Aussicht. Einen architektonischen Kontrast setzt die Synagoge. Entlang der gesamten Strecke erinnern Denkmäler an berühmte Dresdner.

Bei einem Bummel über den Theaterplatz beeindruckt die Fassade der **Semperoper** *(siehe S. 68–71)* besonders.

Architektonisches Kennzeichen des **Sächsischen Landtags** *(siehe S. 92)* ist die Glasfassade.

Der **Zwinger** *(siehe S. 74–77)*, ein barocker Komplex, ist das wohl berühmteste Bauwerk in Dresden.

Das **Schauspielhaus** *(siehe S. 90)* zeigt neben klassischen Stücken auch experimentelle Inszenierungen.

Im **Taschenberg-palais** *(siehe S. 87)* ist ein Luxushotel untergebracht.

← *Frauenkirche* (links) *und Kunstakademie – prachtvolle Bauten nahe dem Elbufer*

↑ *Blick über die Augustusbrücke auf Residenzschloss mit Hausmannsturm (links) und Kathedrale*

Zur Orientierung
Siehe Stadtteilkarten S. 66f, S. 100f

Der **Theaterkahn** *(siehe S. 91)* bietet einen gelungenen Mix aus Unterhaltung und Gastronomie.

Die 1971 eröffnete **Carolabrücke** ist die wichtigste Nord-Süd-Verbindung im Dresdner Straßenverkehr.

Reicher Skulpturenschmuck ziert den seit 1814 öffentlich zugänglichen **Brühlschen Garten** *(siehe S. 109)*.

Die heutige **Synagoge** *(siehe S. 110)* wurde am 9. November 2001 geweiht.

Der **Kulturpalast** *(siehe S. 87)* mit seinem gerühmten Konzertsaal ist das größte Veranstaltungszentrum der Stadt.

Im **Landhaus** *(siehe S. 111)* befinden sich das Stadtmuseum und die Städtische Galerie Dresden.

Blick auf die 91 Meter hohe Frauenkirche (siehe S. 102–105)

Östliche Altstadt

Wie die westliche Altstadt ist auch der östliche Teil in Bezug auf Architektur und Kultur ein absolutes Schmuckkästchen. Mit den Überresten der Festung bietet dieses Stadtviertel sogar unter der Erdoberfläche eine Attraktion. In der östlichen Altstadt erstreckt sich die Brühlsche Terrasse, zweifellos der beeindruckendste Abschnitt des Elbufers im Stadtgebiet. Hauptplatz des Viertels ist der Altmarkt, das historische Zentrum der Stadt.

Die Kreuzkirche zählt zu den größten Kirchenbauten in Sachsen. An Bedeutung übertroffen wird sie von der Frauenkirche, die nicht erst seit Vollendung des Wiederaufbaus 2005 als eines der wichtigsten Wahrzeichen der Stadt gilt. Die Prager Straße ist eine stets belebte Shopping-Adresse. Markante architektonische Akzente setzen darüber hinaus jüngere Bauwerke wie etwa die Synagoge und das futuristisch anmutende Glaskugelhaus am Wiener Platz. Mit dem Albertinum weist die östliche Altstadt eines der renommiertesten Kunstmuseen der Elbmetropole auf.

B
C
Semper-
oper
Östliche
Altstadt
A. D. HZGL. GARTEN
OSTRA-ALLEE
Zwinger
SCHWERINER
STRASSE
Schauspiel-
haus
POST-
PLATZ
WALLSTRASSE
Westliche
Altstadt
Seiten 64–97
6
FREIBERGER STRASSE
ANNENSTRASSE
MARIENSTRASSE
World
Trade
Center
Schwimm- und
Sprunghalle
AM
SEE
RÖHRHOFSGASSE
GASSE
JAKOBS-
Dresden-
Freiberger Str.
ROSENSTRASSE
LILIEN-
GASSE
SEILERGASSE
WEINLIGSTRASSE
GÜTERBAHNHOFSTR.
AMMONSTRASSE
JOSEPHINENSTRASSE
DIPPOLDIS-
WALDER
PLATZ
BUDAPESTER STRASSE
FALKENSTRASSE
STERNPLATZ
POLIERSTRASSE
VITZTHUMSTRASSE
STRASSE
7
FELDGASSE
REITBAHN-
WIENER PLATZ
BRESLAUER STRASSE
WIELANDSTRASSE
BAYRISCHE
STRASSE
Wiener
Platz
16
17
Haupt-
bahnhof
HOHE
KAITZER STRASSE
BERG-
FRIEDRICH-
LIST-PLATZ
8
0 Meter
250
N

Östliche Altstadt

Highlights

1. Frauenkirche
2. Albertinum

Sehenswürdigkeiten

3. Brühlsche Terrasse
4. Sekundogenitur
5. Kunstakademie
6. Festung Dresden
7. Brühlscher Garten
8. Synagoge
9. Coselpalais
10. Neumarkt
11. Landhaus
12. Altmarkt
13. Rathaus
14. Kreuzkirche
15. Prager Straße
16. Wiener Platz
17. Hauptbahnhof

Restaurants

① PulverTurm
② Gänsedieb

1

Frauenkirche

D6 Neumarkt 1, 2, 3, 4, 7, 12 62 +49 351 6560 6100 (Besucherdienst), +49 351 6560 6701 (Veranstaltungen); Kirche Mo – Fr 10 –11:30, 13 –17:30, Sa, So wechselnde Zeiten; Turm März – Okt: Mo – Sa 10 –18, So 13 –18; Nov – Feb: Mo – Sa 10 –16, So 13 –16 So 11, 18 (Orgelandachten Mo – Sa 12, Mo – Mi, Fr auch 18) frauenkirche-dresden.de

Die 1726 – 43 nach Plänen von George Bähr errichtete Frauenkirche galt als bedeutendster Steinkuppelbau nördlich der Alpen und verkörperte die Schönheit und das Selbstbewusstsein Dresdens. Nach schwersten Schäden in der Bombennacht vom 13./14. Februar 1945 stürzte der Kirchenbau ein. Als Symbol der Versöhnung stellten auch Großbritannien und die USA finanzielle Mittel für den Wiederaufbau zur Verfügung. Am 30. Oktober 2005 wurde die protestantische Kirche erneut geweiht, der 91 Meter hohe Kuppelbau komplettiert seither wieder die Stadtsilhouette.

↑ *Die geschwungene Form der fünf Emporen trägt maßgeblich zur freundlichen Atmosphäre des Kirchenraums bei. Die hölzernen Emporen gelten als Meisterwerke der Zimmermannskunst*

Das acht Meter hohe **Turmkreuz** ist ein Werk des britischen Kunstschmieds Alan Smith, dessen Vater in der Bombennacht als Pilot über Dresden eingesetzt war. Das vom Dresden Trust, einer britischen Fördergemeinschaft, gestiftete Kreuz ist ein besonderes Zeichen der Versöhnung.

Die **Aussichtsplattform** in 67 Metern Höhe bietet einen beeindruckenden Blick auf das Elbpanorama. Der oberste Abschnitt des Aufstiegs verläuft spiralförmig zwischen Innen- und Außenkuppel.

↑ *Bei den Bildfeldern der Innenkuppel orientierte man sich an den Originalen aus dem Jahr 1734*

Die Straßburger Orgelmanufaktur Daniel Kern fertigte die gewaltige **Orgel** nicht als Nachbau, sondern nur in Anlehnung an die ursprüngliche Silbermann-Orgel. Die größte der 4876 Pfeifen misst über fünf Meter, die kleinste weniger als einen Zentimeter.

Der üppig mit Ornamenten und Figurenschmuck (u. a. der Szene *Christus im Garten Gethsemane)* verzierte **Altar** entstand überwiegend aus den ca. 2000 erhaltenen Einzelstücken des Originals.

Im Einklang mit der protestantischen Glaubensauffassung steht die **Kanzel** in gebotenem Abstand zum Altar. Das Werk von George Bähr konnte detailgenau rekonstruiert werden.

Seiteneingang

Frauenkirche: Geschichte und Bedeutung

Die Frauenkirche am Neumarkt gehört zu den einzigartigen Leistungen deutscher Baukunst. Die »Steinerne Glocke« dieses Kirchenbaus scheint über den Dächern der Stadt zu schweben. Doch die 91 Meter hohe Frauenkirche mit der mächtig aufragenden Kuppel ist mehr als ein architektonisches Kunstwerk, das als Besuchermagnet wirkt. Wegen ihrer Bedeutung und Geschichte wurde sie zum Wahrzeichen der Stadt, zum Mahnmal gegen den Krieg und zum Symbol der Versöhnung.

Blick in den prächtigen Innenraum der Frauenkirche

Bau durch George Bähr

Der im 11. Jahrhundert errichtete und danach mehrfach erweitere Vorgängerbau war für die wachsende protestantische Gemeinde zu klein und Anfang des 18. Jahrhunderts zudem baufällig geworden. Der Rat der Stadt Dresden erteilte 1722 George Bähr den Auftrag zum Bau einer neuen Frauenkirche.

Die Grundsteinlegung erfolgte am 26. August 1726. Bährs Pläne sahen eine Kirche mit quadratischem Grundriss, den Abschluss des unteren Teils durch vier Ecktürme und eine von einer steinernen Laterne bekrönte Kuppel mit rundem Querschnitt vor. Der konkav geschwungene Kuppelanlauf sollte den Eindruck einer Glocke entstehen lassen – eine architektonische Leistung, der der Aufbau seinen Beinamen »Steinerne Glocke« verdankt. Für seinen kühnen Plan ließ sich Bähr von Kuppelbauten in Rom, Venedig und Florenz inspirieren und schuf mit der 91 Meter hohen Frauenkirche eine der monumentalsten protestantischen Kirchen jener Zeit.

Noch während der Bauarbeiten wurde die Frauenkirche 1734 vorzeitig geweiht. Mit dem Aufsetzen der steinernen Laterne am 27. Mai 1743 war der Kirchenbau vollendet. Der Baumeister erlebte die Fertigstellung nicht mehr. Er war 1738 verstorben, fünf Jahre bevor sein Schüler Johann George Schmidt die Arbeit nach insgesamt 17 Jahren Bauzeit abschloss. In den folgenden Jahrhunderten wurden größere und kleinere Renovierungen vorgenommen, die an der grundlegenden Struktur aber nichts veränderten.

> Entdeckertipp
> **Konzerte**
> Die wundervolle Atmosphäre und Akustik der Frauenkirche erlebt man am besten bei einem der zahlreichen Konzerte. Jedes Jahr finden hier mehr als 100 musikalische Veranstaltungen statt. Tickets bestellt man telefonisch oder online *(siehe S. 102)*.

Zerstörung im Zweiten Weltkrieg

In der Nacht vom 13. auf den 14. Februar 1945 war Dresden das Ziel von Bombenangriffen der Alliierten, bei denen u. a. das Stadtzentrum zerstört wurde. Anders als die allermeisten Gebäude in der Dresdner Innenstadt schien die Frauenkirche zunächst dem Bombenhagel und dem anschließenden Feuersturm standzuhalten. Nachdem die Brände jedoch die hölzernen Emporen und das Gestühl zerstört hatten und wegen der extremen Hitze immer mehr Sandstein von den Pfeilern abgebrochen war, konnten diese die gewaltige Last der Gewölbekonstruktion mit der rund 12 000 Tonnen schweren Kuppel nicht mehr tragen. Am Vormittag des 15. Februar 1945 stürzte die ausgebrannte Frauenkirche, die einen Tag lang aus den Trümmern aufgeragt war, in sich zusammen. Mit der gigantischen Rauchwolke schwand auch die Hoffnung der Bevölkerung, ein Stück altes Dresden erhalten zu können.

Symbol des Krieges und des Widerstandes

Nach dem Krieg sollte die Kirche wiederhergestellt werden, symbolisierte doch kein anderes Bauwerk den Glanz des alten Dresden stärker. Doch ein architektonisches Meisterwerk von dieser Größe und Qualität quasi aus dem Nichts wiederauferstehen zu lassen blieb eine Illusion. Der Wiederaufbau wurde auf unbestimmte Zeit verschoben. Für die Bebauung des Stadtzentrums im Sinne des sozialistischen Städtebaus waren die Ruine und der Trümmerberg ein Hindernis, allerdings beharrten einflussreiche Denkmalschützer erfolgreich auf deren Erhaltung.

Schließlich wurden die Überreste des Kirchenbaus zum Mahnmal gegen Krieg und Zerstörung erklärt und eine Gedenktafel angebracht. Am 13. Februar 1982 versammelten sich vor der Kirche Menschen zum stillen Gedenken. Daraus entwickelte sich eine Tradition gewaltfreier Demonstrationen von Bürgerrechtlern und Anhängern der Friedensbewegung – die Ruine der Frauenkirche wurde Symbol des Widerstands gegen das SED-Regime.

Wiederaufbau

Am 13. Februar 1990 ertönte der »Ruf aus Dresden«. In einem offenen Brief wandte sich eine Bürgerinitiative engagierter Dresdner an die Weltöffentlichkeit mit der Bitte um finanzielle Hilfe für den Wiederaufbau. Das Echo war überwältigend: Im In- und Ausland entstanden Förderkreise, die das Projekt materiell unterstützten. Leitgedanke war der Wiederaufbau der Frauenkirche nach den Entwürfen von George Bähr bei weitgehender Verwendung historischer Bausubstanz.

Im Januar 1993 begann die Enttrümmerung. Nach 17 Monaten war der 22 000 Kubikmeter große Trümmerberg abgetragen. Der Wiederaufbau begann am 27. Mai 1994, die Weihe der Unterkirche erfolgte 1996. Am 13. Februar 2000, dem 55. Jahrestag der Zerstörung Dresdens, wurde ein neues, durch britische Spenden finanziertes und von Briten gefertigtes acht Meter hohes Turmkreuz übergeben, das 2004 der Kuppel aufgesetzt wurde.

Die Weihe der wiedererrichteten Frauenkirche erfolgte am 30. Oktober 2005. Diesem bedeutenden Ereignis wohnten rund 60 000 Menschen auf dem Neumarkt bei.

Die Kosten des Wiederaufbaus beliefen sich auf rund 180 Millionen Euro. Knapp zwei Drittel davon wurden durch Spenden aus aller Welt finanziert, den Rest stellten die Stadt Dresden, der Freistaat Sachsen und der Bund zur Verfügung. Der neue Kirchenbau ist nicht eine bloße Kopie, vielmehr wurden mehr als 8000 Steinquader des Originalbaus verwendet. Insgesamt besteht der Kirchenbau zu rund 45 Prozent aus Material der 1945 zerstörten Kirche. Die dunkle Farbe der alten Steine kontrastiert mit der ansonsten hellen Farbe des Sandsteins.

Bedeutung der Frauenkirche

Nach Abschluss des Wiederaufbaus fügt sich die barocke Kuppel der 91 Meter hohen Frauenkirche wieder harmonisch wie eh und je in die Stadtsilhouette ein.

Der zentrale Sakralbau ist ein Sinnbild für den protestantischen Kirchenbau in Deutschland. Der runde Kirchenraum zeigt eine bemerkenswerte architektonische Geschlossenheit – ein Eindruck, der auch durch die klare Ausrichtung auf Altar, Kanzel und Orgel verstärkt wird. Die Position der Orgel direkt über dem Altar dokumentiert das protestantische Verständnis von Kirchenmusik als Verkündigung und Anbetung. Auch die große Distanz zwischen Altar und Kanzel entspricht protestantischer Glaubensauffassung.

Einen Überblick über das musikalische Programm *(siehe S. 104)* findet man online (www.frauenkirche-dresden.de/musik).

↑ *Die imposante Frauenkirche dominiert den Neumarkt*

Schon gewusst?

Johann Sebastian Bach bedankte sich für den Titel »Hofkompositeur« mit einem zweistündigen Konzert.

2

Albertinum

D6 Brühlscher Garten und Georg-Treu-Platz 2 3, 7 +49 351 4914 2000
Di–So 10–18; Führungen: Zeiten der Website entnehmen albertinum.skd.museum

Die architektonisch eindrucksvolle vierflügelige Anlage ging aus dem Zeughaus (1559–63) hervor, das 1884–87 zum Museum umgestaltet und nach dem Sachsenkönig Albert (1873–1902) benannt wurde. Das Albertinum ist Heimat von zwei der renommiertesten Kunstmuseen Dresdens – der Galerie Neue Meister und der Skulpturensammlung ab 1800, die zwischenzeitlich im Zwinger untergebracht waren. Beide Sammlungen bieten einen umfassenden Einblick in die Entwicklung der bildenden Künste, gezeigt werden Gemälde und Skulpturen seit dem 19. Jahrhundert. Skulpturen vor 1800 sind in der Galerie Alte Meister *(siehe S. 72f)* ausgestellt.

Expertentipp
»Schwebende« Arche

Zu den architektonischen Highlights des Albertinums zählt die Arche. Diese in 17 Metern Höhe über dem Innenhof schwebende Stahlkonstruktion gilt als Meisterwerk moderner Baukunst.

Die symmetrische Sandsteinfassade wurde im Stil der italienischen Hochrenaissance gestaltet ↑

Auch wenn die Skulpturensammlung weite Teile des Erdgeschosses einnimmt, zielt das Ausstellungskonzept im Albertinum darauf ab, Malerei und Bildhauerei nicht getrennt voneinander zu betrachten. Vielmehr werden beide in einen gemeinsamen Kontext gestellt. Deshalb treffen Gemälde und Skulpturen in vielen Ausstellungssälen aufeinander und erzeugen spannende Kontraste.

In der Galerie Neue Meister erleben Besucher Höhepunkte aus über 200 Jahren Malerei in chronologischer Ordnung. Der Gang durch die Ausstellung beginnt mit mehreren Gemälden von Caspar David Friedrich, dem bedeutendsten Künstler der deutschen Romantik, und endet mit zwei Räumen, die Bildern des aus Dresden stammenden Malers Gerhard Richter vorbehalten sind. Dazwischen sieht man u. a. Gemälde französischer Impressionisten und von Mitgliedern der Dresdner Künstlergruppe *Die Brücke*.

Highlight

Galerie Neue Meister

▽ Die Galerie spannt einen weiten Bogen von der Romantik über Realismus, Impressionismus und Expressionismus bis zur Gegenwart und zählt zu den wichtigsten ihrer Art in Deutschland. Von den rund 3000 Gemälden des gesamten Bestandes sind immer ungefähr 300 zu sehen.

Klingersaal

▽ Der in weinroter Wandfarbe gehaltene Klingersaal konzentriert sich auf die Kunst des Fin de Siècle. Benannt ist der Saal nach dem Leipziger Maler und Bildhauer Max Klinger, der hier mit mehreren Arbeiten vertreten ist.

Mosaiksaal

Der im Stil des Klassizismus gehaltene Mosaiksaal dient auch als Präsentationsfläche für zeitgenössische Kunst.

Skulpturensammlung

▽ Zu den Höhepunkten der Sammlung gehören Werke des französischen Bildhauers Auguste Rodin wie *Der Denker (links)* und des deutschen Bildhauers Wilhelm Lehmbruck (u. a. *Kniende*). Einen weiteren Schwerpunkt bilden Skulpturen in der DDR wirkender Künstler.

3
Brühlsche Terrasse
D5–6 3, 4, 7, 8, 9

Der etwa 500 Meter lange Abschnitt über dem Elbufer zwischen Schlossplatz und Brühlschem Garten wird wegen seiner fantastischen Aussicht auch als »Balkon Europas« bezeichnet. Wer hier flaniert, erfasst die einzigartige Harmonie zwischen dem Fluss und der ihn begleitenden Architektur am besten. Die prachtvolle Promenade entstand durch barocke Umgestaltung der Festungsanlagen am Elbufer der Altstadt durch Graf Heinrich von Brühl. Der Vertraute von Kurfürst Friedrich August II. hatte das Areal von diesem als Geschenk erhalten. 1739–48 ließ er für die adlige Gesellschaft u. a. einen Lustgarten und mehrere Repräsentationsbauten wie eine Gemäldegalerie, eine Bibliothek und ein Palais anlegen. Die Brühlschen Bauten mussten im 19. Jahrhundert anderen Platz machen – darunter auch Albertinum, Kunstakademie und Sekundogenitur.

Seit 1814 ist das Gelände für die Öffentlichkeit zugänglich. Auch wenn von der ursprünglichen Bebauung nichts mehr erhalten ist, bleibt ein Spaziergang ein Streifzug durch Teile der Stadthistorie.

Auf der westlichen Seite betritt man die Brühlsche Terrasse vom Schlossplatz über die 41 Stufen der 1868 vollendeten Freitreppe. Die vier Ecken dieser großzügigen Treppenanlage werden von Skulpturen geschmückt, die die allegorische Figurengruppe *Vier Tageszeiten* bilden. Unterhalb der Brühlschen Terrasse befindet sich die Hauptanlegestelle der Dampfer der Sächsischen Dampfschifffahrt *(siehe S. 227)*.

4
Sekundogenitur
D5 4, 8, 9

An der Stelle der Brühlschen Bibliothek errichtete der Hofbaumeister Gustav Fröhlich 1896/97 die Sekundogenitur. Wegen ihrer verspielten Architektur gilt sie als gelungenster neobarocker Bau in Dresden. Besonders hübsch ist der geschwungene Giebel im Eingangsbereich zur Brühlschen Terrasse hin. Das Bauwerk beherbergte bis 1931 die Bibliothek und die Kupferstichsammlung von Johann Georg, dem zweitgeborenen Prinzen. Der lateinische Name des Gebäudes (»dem Zweitgeborenen«) leitet sich davon ab. Nach der später erfolgten Auslagerung der Sammlungen war in dem Gebäude bis 1945 die Galerie Neue Meister untergebracht. Der Wiederaufbau der Sekundogenitur erfolgte 1963/64.

Restaurants

PulverTurm
Speisen im Gewölbekeller als historisches Erlebnis.
D6 An der Frauenkirche 12 +49 351 262 600 Mi
pulverturm-dresden.de
€€€

Gänsedieb
Leichte sächsische und internationale Küche.
D6 Weiße Gasse 1
+49 351 485 0905
gaensedieb.de
€€€

5
Kunstakademie
D6 Brühlsche Terrasse 1 3, 7 +49 351 440 2260
hfbk-dresden.de

Prachtbauten der Dresdner Altstadt säumen die Brühlsche Terrasse am Südufer der Elbe

Mit dem Bau der Kunstakademie 1887–94 durch Constantin Lipsius erhielt die Bedeutung Dresdens als eine der führenden Kunst- und Kulturstädte Europas besonderen architektonischen Ausdruck. Das im Stil des Historismus errichtete Gebäude ist das monumentalste an der Brühlschen Terrasse. Seine von der vergoldeten Engelsfigur *Fama* bekrönte Glaskuppel prägt das Bild des Altstädter Elbufers – und ist für den respektlosen Spitznamen »Zitronenpresse« verantwortlich, den der Dresdner Volksmund der Kunstakademie verliehen hat.

Der Skulpturenschmuck der Fassade zeigt höchste künstlerische Qualität, das Portal ist ornamental gestaltet. An der Gestaltung der Kunstakademie und des angegliederten Ausstellungsgebäudes waren zahlreiche namhafte Bildhauer beteiligt.

Die Kunstakademie ist Sitz der Hochschule für Bildende Künste, einer traditionsreichen und höchst angesehenen Lehrstätte für Malerei, Bildhauerei und Baukunst. Namhafte Künstler wie etwa Bernardo Bellotto (Canaletto), Gottfried Semper oder Oskar Kokoschka lehrten hier.

Die bei Bombenangriffen zerstörten Gebäudeflügel wurden bis 1965 wiederaufgebaut. Ab 1991 erfolgten umfangreiche Sanierungsarbeiten, bei denen man den noch fehlenden Fassadenschmuck detailgenau rekonstruierte.

Im Stil des Historismus erbaute Kunstakademie

6

Festung Dresden

D5 Georg-Treu-Platz 3, 7 +49 351 438 370 320 tägl. 10–18 festung-xperience.de

Geschichtsträchtige Bauwerke bietet Dresden sogar unter der Erdoberfläche. Auf eine Zeitreise ins 16. Jahrhundert begeben sich Besucher der ehemaligen Festungsanlage. In den Gewölben, Wehrgängen und Geschützhöfen unter der Brühlschen Terrasse verbergen sich interessante Dokumente einer Zeit, die neben den Glanzlichtern des Dresdner Barock häufig übersehen wird.

Die 1546–55 errichtete Festung war von einem Erdwall umgeben, der auf beiden Seiten von Mauern befestigt war, um ausreichend Schutz vor gegnerischen Kanonenkugeln zu bieten. Ein Wassergraben, dessen Wasserstand unabhängig vom Pegel der Elbe reguliert werden konnte, umgab die Anlage. Der Zugang zur Festung erfolgte durch tunnelartig angelegte Stadttore wie das Ziegeltor (um 1550), das älteste noch erhaltene dieser Tore.

In der Folgezeit wurde die Bastion mehrfach verstärkt. Im Lauf des 18. Jahrhunderts verlagerte sich der Schwerpunkt der Abwehr feindlicher Angriffe an die Grenzen Sachsens. Dadurch ging die Bedeutung der Dresdner Festung zurück, Teile der Anlage wurden mit Schutt aufgefüllt. Ab 1990 begann man, weite Teile der unterirdischen Anlage freizulegen, 1992 konnte das Museum Festung Dresden eröffnet werden.

In der virtuellen Ausstellung »Festung Xperience« ist das Anwesen über moderne Audiotechnik und 360-Grad-Projektionen quasi hautnah erlebbar.

7

Brühlscher Garten

D6 3, 7

Die Gartenanlage entstand am Standort des früheren Belvedere. Dieses Lusthaus im Stil der Renaissance wurde um 1590 erbaut und 1747 durch Explosion des Pulvermagazins darunter zerstört. Mehrfach errichtete man das Belvedere neu, der vierte Bau wurde 1945 zerstört. Graf Heinrich von Brühl hatte 1748/49 auf dem Gelände um das zweite Belvedere einen Garten anlegen lassen, der 1814 der Öffentlichkeit zugänglich gemacht wurde.

In der nordöstlichen Ecke befindet sich das sechs Meter hohe Moritzmonument für Kurfürst Moritz von Sachsen. Das Sandsteindenkmal ist eine im Jahr 2000 aufgestellte Kopie des 1555 angefertigten Originals von Hans Walther.

Zum Skulpturenschmuck des Brühlschen Gartens zählen der Delphinbrunnen (um 1750), zwei Sphinxfiguren (1715–79) von Johann Gottfried Knöffler und die Gedenkstele für Johann Friedrich Böttger. Peter Makolies schuf die 1,90 Meter hohe Sandsteinstele 1982, ein Medaillon aus Meissener Porzellan zeigt Böttger, der parallel zu Ehrenfried Walther von Tschirnhaus das Verfahren zur Porzellanherstellung in Europa erfand.

Coselpalais – Prachtbauwerk mit zwei Flügelbauten am Neumarkt

8

Synagoge

D6 Am Hasenberg 1
3, 7 +49 351 656 8825
Führungen: obligatorisch (Zeiten der Website entnehmen) hatikva.de

Die nach Entwürfen von Gottfried Semper 1838–40 erbaute Synagoge wurde in der Reichspogromnacht (9./10. November 1938) zerstört. Nur der vergoldete Davidstern konnte gerettet werden. Am gleichen Standort wurde am 9. November 2001 die Neue Synagoge geweiht. Die Enge des zur Verfügung stehenden Grundstücks verhinderte die bei Synagogen übliche Ausrichtung nach Osten. Man löste das Problem, indem man die 34 Steinlagen stufenweise nach oben drehen ließ. Über den Türflügeln am Eingang wurde der gerettete Davidstern angebracht. Von der Decke der Synagoge hängt ein baldachinartiges Zelt aus durchscheinendem Metallgeflecht. Als golden flirrender Vorhang umschließt es den Versammlungsraum und bildet einen starken Kontrast zur massiven Fassade. Im Innenhof zeichnen Glasscherben den Umriss der alten Synagoge nach.

Führungen organisiert HATiKVA (Bildungs- und Begegnungsstätte für jüdische Geschichte und Kultur Sachsen e.V.).

9

Coselpalais

D6 An der Frauenkirche 12 1, 2, 3, 4, 7, 12 62

Das Bauwerk neben der Frauenkirche ist ein Beispiel für die zahlreichen barocken Palais des Dresdner Hofadels. Der erste Bau (1744–46) wurde – wie viele andere Gebäude Dresdens – im Siebenjährigen Krieg (1756–63) durch die Kanonen preußischer Truppen zerstört. Der 1762 durch Julius Heinrich Schwarze fertiggestellte Neubau erfolgte im Auftrag von Graf Friedrich August von Cosel, einem Sohn von August dem Starken und der Gräfin Cosel. Nach ihm wurde das stattliche Palais benannt. Im Zweiten Weltkrieg wurde das Gebäude bis auf die beiden Flügelbauten vernichtet, die in die bis 1999 originalgetreu restaurierte Fassade integriert werden konnten.

Im Coselpalais befindet sich heute das Restaurant & Grand Café.

10

Neumarkt

D6 1, 2, 3, 4, 7, 12 62

Bei der Erweiterung der Dresdner Stadtfestung nach Osten ab 1525 entstand ein weiterer Markt, der Neumarkt. Der bereits bestehende Stadtmarkt wurde von da an Altmarkt genannt. In den Gassen um den Neumarkt errichtete man Wohnhäuser, Hotels und Palais mit ornamental gestalteten Barock- und Rokokofassaden. Mit ihren Erkern und prächtigen Portalen bildeten sie eine der schönsten Ansichten Dresdens. Eindrucksvoll dokumentiert wurde dies von Canaletto, der die Harmonie des Platzes in seinen Gemälden festhielt.

Im Februar 1945 versank der Neumarkt in Schutt und Asche. Nach dem Krieg wurden die Ruinen abgerissen, lediglich die der Frauenkirche blieb bestehen. Anschließend fristete der Platz über mehrere Jahrzehnte ein Schattendasein, obwohl einige an den Neumarkt angrenzende Gebäude wie der Kulturpalast, das Johanneum, das Landhaus und der Stallhof im Lauf der Zeit rekonstruiert wurden. Erst der Wiederaufbau der Frauenkirche hauchte dem Neumarkt neues Leben ein. Seit 2005 entstehen um den Neumarkt Bauten, deren Fassadengestaltung sich an den früheren Häusern orientiert. So wurde etwa das Hotel de Saxe originalgetreu aufgebaut und 2006 als Steigenberger Hotel de Saxe eröffnet.

Bei der Rekonstruktion einiger Barockbauten – vor allem der Einkaufspassagen – verwendete man auch zeitgemäße Stilelemente wie Glasüberdachungen. Mit dem Martin-Luther-Denkmal (2004) und dem Standbild des Kurfürsten Friedrich August II. (2006) kehrten zwei Monumente aus der zweiten Hälfte des 19. Jahrhunderts an ihren Platz zurück.

⑪

Landhaus

D6 Wilsdruffer Straße 2
1, 2, 3, 4, 7, 12 62

Bei seiner Fertigstellung 1775 war das Landhaus, das Stilelemente von Spätbarock, Rokoko und Klassizismus vereint, das erste bedeutende Verwaltungsgebäude in Dresden. Bis 1907 tagten in diesem Haus die sächsischen Landstände, anschließend zogen sie in das Ständehaus am Schlossplatz um. 1965 war der Wiederaufbau des Landhauses nach Originalentwürfen beendet, 1966 bezog das **Stadtmuseum** die Räume des Gebäudes. Es zeigt hier eine Dauerausstellung zur Geschichte der Stadt von der Gründung bis in die Gegenwart. Seit 2005 ist in dem Gebäude auch die **Städtische Galerie Dresden** zu finden.

Die klassizistische Fassade an der Landhausstraße wird von einem hohen Portal mit sechs dorischen Säulen geprägt, die Fassade an der Wilsdruffer Straße ist barock. Im Inneren beeindruckt vor allem das dreigeschossige Rokoko-Treppenhaus mit der doppelläufigen geschwungenen Treppe und den zwischen ionischen Pilastern platzierten Kolossalvasen.

Ausstellungsraum in der Städtischen Galerie Dresden

Stadtmuseum und Städtische Galerie Dresden
+49 351 488 7302
Di–So 10–18 (Fr bis 19)
stmd.de galerie-dresden.de

⑫

Altmarkt

C6 1, 2, 4

Dresdens größter und ältester Platz ist das historische Zentrum der Stadt. Auf dem 1370 erstmals erwähnten Altmarkt, dessen Name erst mit Entstehung des Neumarkts gebräuchlich wurde, herrschte das ganze Jahr über Markttreiben. Bis zum Bau des Zwingers zu Beginn des 18. Jahrhunderts fanden hier auch Turniere, Tierhatzen und andere höfische Vergnügungen statt. 1849 war der Platz Zentrum des Dresdner Maiaufstands *(siehe S. 51)*. Dann blieb er bis 1918 für politische Kundgebungen gesperrt. Vielmehr tummelte sich hier die feine Gesellschaft – man residierte am Altmarkt oder flanierte unter den Arkaden.

Nach der Zerstörung des Areals 1945 erfolgte Mitte der 1950er Jahre die Bebauung der West- und der Ostseite in traditioneller Ziegelbauweise unter Einbeziehung barocker Elemente wie Erker, Schmuckgitter und Arkaden.

An der Nordseite des Altmarkts entstand 1966–69 der Kulturpalast *(siehe S. 87)*. Die Fassaden der neuen Büro- und Geschäftshäuser zeigen keinen Bezug mehr zur Bautradition der Stadt. Der Altmarkt ist das ganze Jahr über beliebter Veranstaltungsort *(siehe Kasten)*.

Striezelmarkt

Der Dresdner Altmarkt ist Schauplatz des ältesten Weihnachtsmarkts (in der Adventszeit tägl. 10–21) in Deutschland. Der nach dem Gebäck »Striezel«, einem Vorläufer des Dresdner Stollens, benannte Markt fand erstmals 1434 statt. Rund um einen 24 Meter hohen Weihnachtsbaum mit gigantischer Beleuchtung locken Verkaufsstände mit Kunsthandwerk (u. a. Räuchermänner, Keramik, Korbwaren, Plauener Spitzen), Glühweinbuden, Märchenwald, Bastelstände und Imbissbuden. Wahrzeichen des Striezelmarkts ist die 14,61 Meter hohe Stufenpyramide mit 42 Holzfiguren.

13

Rathaus

D6 Dr.-Külz-Ring 19
1, 2, 3, 4, 7, 12 62
Aussichtsplattform wegen Bauarbeiten

Der Neubau des Rathauses gehörte Anfang des 20. Jahrhunderts zu den größten Bauvorhaben der Stadt. Trotz der besonderen Stilmischung aus Neorenaissance, Neobarock und Jugendstil wirkt das monumentale Bauwerk (1905–10) mit seinen fünf Innenhöfen harmonisch. Der exakt 100 Meter hohe achteckige Turm prägt gemeinsam mit dem nur wenig höheren Hausmannsturm *(siehe S. 86)* die Silhouette der Stadt. Auf der Spitze steht die fünf Meter hohe, mit Blattgold überzogene Figur des Rathausmanns. Die Skulptur symbolisiert die griechische Heldenfigur Herkules, der mit einer Hand sein Füllhorn ausschüttet und mit der erhobenen Rechten auf die Stadt zu seinen Füßen weist.

Nach den Zerstörungen 1945 wurde das Rathaus in vereinfachter Form wiederaufgebaut. Mit einem Fahrstuhl erreicht man die Aussichtsplattform in 68 Metern Höhe, deren Balustrade 16 Sandsteinfiguren zieren, Symbole menschlicher Tugenden.

Vor dem Ostflügel des Rathauses steht die Statue *Trümmerfrau*, erbaut zu Ehren der Frauen, die nach 1945 die Innenstadt von Trümmern befreit haben sollen. Der ursprüngliche Eisenguss, den Walter Reinhold 1952 schuf, wurde 1967 in Bronze nachgegossen.

14

Kreuzkirche

D6 An der Kreuzkirche 6 1, 2, 4
Kirche +49 351 439 3920 **Zeiten der Website entnehmen; Führungen: Di & Do nachmittags und nach Vereinbarung Konzertkasse** +49 351 439 3939
Kirchturm: Eintritt
kreuzkirche-dresden.de

Der neben der Frauenkirche *(siehe S. 102–105)* bedeutendste protestantische Kirchenbau Sachsens wurde fünfmal durch Brände oder Kriegseinwirkungen zerstört, genauso oft aber wiedererrichtet. Der erste Kirchenbau an dieser Stelle wurde im 13. Jahrhundert als Nicolaikirche erwähnt. 1539 fand hier der erste evangelische Gottesdienst in Dresden statt.

Glaskugelhaus am Wiener Platz

Das heutige Erscheinungsbild der Kreuzkirche geht auf den Bau zurück, der 1897–1900 im neobarocken Stil mit Elementen des Jugendstils errichtet wurde. Nur die Außenmauern und der 92 Meter hohe Turm überstanden die Luftangriffe 1945, das Innere brannte völlig aus. Beim Wiederaufbau 1946–55 stand die Rekonstruktion des Baukörpers im Fokus, auf den Innenschmuck verzichtete man.

Die Kirche ist mit mehr als 3000 Plätzen die größte in Sachsen. Über 259 Stufen gelangt man zur Aussichtsplattform in 54 Metern Höhe.

Rathaus mit dem 100 Meter hohen Turm

15

Prager Straße

C7 3, 7, 8, 9, 10, 11, 12
62, 66, 68 Hauptbahnhof

Die zwischen Böhmischem Bahnhof (heute Hauptbahnhof) und Altmarkt verlaufende Prager Straße wurde 1851 angelegt. Mit Geschäften und Galerien, Luxushotels und Lokalen, Kinos und Kaffeehäusern, Theatern und Tanzpalästen war sie bis 1945 die vornehmste Straße Dresdens. Nach ihrer Zerstörung entstand als neue Nord-Süd-Achse für den Straßenverkehr im Zentrum die Sankt Petersburger Straße (zur Zeit der DDR: Leningrader Straße).

Die neue Prager Straße wurde 1965–74 als Fußgängerzone angelegt, gesäumt wurde sie u. a. von einer mehr als 200 Meter langen Wohnzeile, dem Centrum Warenhaus und mehreren hoch aufragenden Hotels. Nach der Wende entstanden hier Einkaufszentren. Auf dem Platz des 2007 abgerissenen Centrum Warenhauses eröffnete 2009 die Centrum Galerie.

Zu den markantesten Bauten entlang der Prager Straße gehören das Rundkino (1970–72) mit seiner 20 Meter hohen zylinderförmigen Rotunde und der UFA-Kristallpalast (1998). Beide gehören zu den beliebtesten Filmtheatern der Stadt.

Kreuzchor

Seit mehr als 700 Jahren ist die Kreuzkirche Heimstatt des Dresdner Kreuzchores, der ältesten Musikinstitution der Stadt. Um das Jahr 1300 entstand die Kreuzschule, in der Jungen aus allen Schichten der Bevölkerung in Latein und Gesang unterrichtet wurden. Hier wurden die Chorknaben ausgebildet, aus denen schließlich der Kreuzchor hervorging. Neben der Gestaltung von Gottesdiensten standen unter anderem Auftritte bei Opernaufführungen des Hofes auf dem Programm. Internationale Tourneen machten den Chor in den letzten Jahrzehnten weltberühmt. Der Kreuzchor hat etwa 125 »Kruzianer« genannte Mitglieder, Auftritte des Chors finden an manchen Samstagen zur Kreuzchorvesper sowie in der Karwoche zu Konzerten statt (Tel. +49 351 315 3560; www.kreuzchor.de).

16

Wiener Platz

C7 3, 7, 8, 9, 10, 11
66 Hauptbahnhof

Der nördliche Vorplatz des Hauptbahnhofs hieß zu DDR-Zeiten Leninplatz und war weitgehend ungenutzt. Nach der Wende gab es ambitionierte Pläne zur Umgestaltung des nun als Wiener Platz bezeichneten Areals – man sprach von der deutschlandweit zweitgrößten (nach dem Potsdamer Platz in Berlin) innerstädtischen Baustelle. Zu den auffälligsten Bauwerken des 21. Jahrhunderts gehört das extravagante Glaskugelhaus (2005) zwischen zwei würfelförmigen Gebäuden. Ursprünglich war es als Wissenschaftszentrum geplant, doch man entschied sich für eine kommerzielle Nutzung als Shopping Area mit Gastronomie auf vier Ebenen. An der Ostseite des Wiener Platzes wurde 2006 ein weiteres Shopping-Center eröffnet. Das tortenstückförmige Gebäude mit der langen Glasfassade heißt Prager Spitze.

Der Wiener Platz ist aufgrund eines unterirdisch verlaufenden Tunnels frei von Autoverkehr.

17

Hauptbahnhof

C7–8 3, 7, 8, 9, 10, 11
66 Hauptbahnhof

Dies ist der wichtigste Bahnhof der Stadt für Fern- und Nahverkehr. Das Mittelschiff wurde ebenerdig als Kopfbahnhof angelegt, die beiden Seitenschiffe für den Durchgangsverkehr.

Der 1892–95 im Stil von Neorenaissance und Neobarock erbaute Bahnhof wurde 2001–06 u. a. nach Plänen des britischen Stararchitekten Sir Norman Foster umgebaut und erhielt ein lichtdurchlässiges Dach und eine mächtige Glaskuppel.

Hauptbahnhof (19. Jh.) mit moderner Glaskuppel

Spaziergang östliche Altstadt

Länge 1,2 km **Dauer** 30 Min. **Straßenbahn** 4, 8, 9

Die Brühlsche Terrasse ist *die* Flanier-Esplanade Dresdens. Sie verläuft oberhalb des Elbufers annähernd schnurgerade vom Ständehaus bis zur Synagoge – vorbei an prachtvollen Gebäuden und einer skulpturengeschmückten Grünanlage. Jeden Besucher der Stadt zieht es einmal hierher, viele kommen täglich vorbei. Kein Wunder, ist doch der Weg zu weiteren faszinierenden Sehenswürdigkeiten wie Albertinum oder Frauenkirche angenehm kurz. Mit diesem Kirchenbau und der Synagoge besitzt die östliche Altstadt Bauwerke, die nicht nur architektonisch beeindrucken, sondern auch Monumente der Versöhnung sind.

Ein geschwungener Giebel krönt den Eingang der **Sekundogenitur** *(siehe S. 108)*, die als gelungenster neobarocker Bau der Stadt gilt.

Reicher Figurenschmuck ziert die **Kunstakademie** *(siehe S. 108f)*, den Sitz der Hochschule für Bildende Künste.

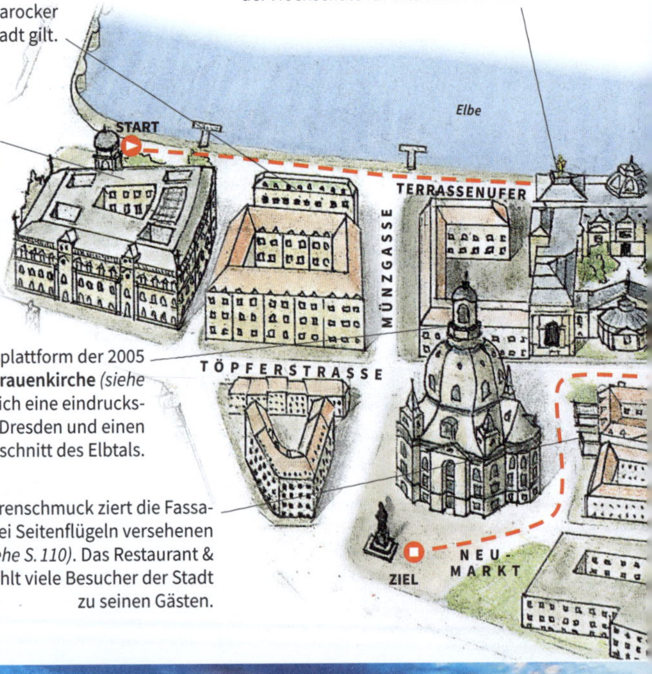

Zur Zeit der Weimarer Republik tagte hier der Sächsische Landtag, seit 2001 ist das **Ständehaus** Sitz des Oberlandesgerichts Dresden.

Von der Aussichtsplattform der 2005 erneut geweihten **Frauenkirche** *(siehe S. 102–105)* bietet sich eine eindrucksvolle Aussicht über Dresden und einen Abschnitt des Elbtals.

Reicher Figurenschmuck ziert die Fassade des mit zwei Seitenflügeln versehenen **Coselpalais** *(siehe S. 110)*. Das Restaurant & Grand Café zählt viele Besucher der Stadt zu seinen Gästen.

Panorama des Neumarkts mit der Frauenkirche

←

Leuchtend golden schimmert die Engelsfigur auf der Glaskuppel der Kunstakademie, eines der imposantesten Bauwerke an der Brühlschen Terrasse

Zur Orientierung
Siehe Stadtteilkarte S. 100f

Die **Brühlsche Terrasse** *(siehe S. 108)* erstreckt sich etwa 500 Meter am Elbufer entlang.

In der **Festung Dresden** *(siehe S. 109)* wird man auf eine unterirdische Zeitreise ins 16. Jahrhundert mitgenommen.

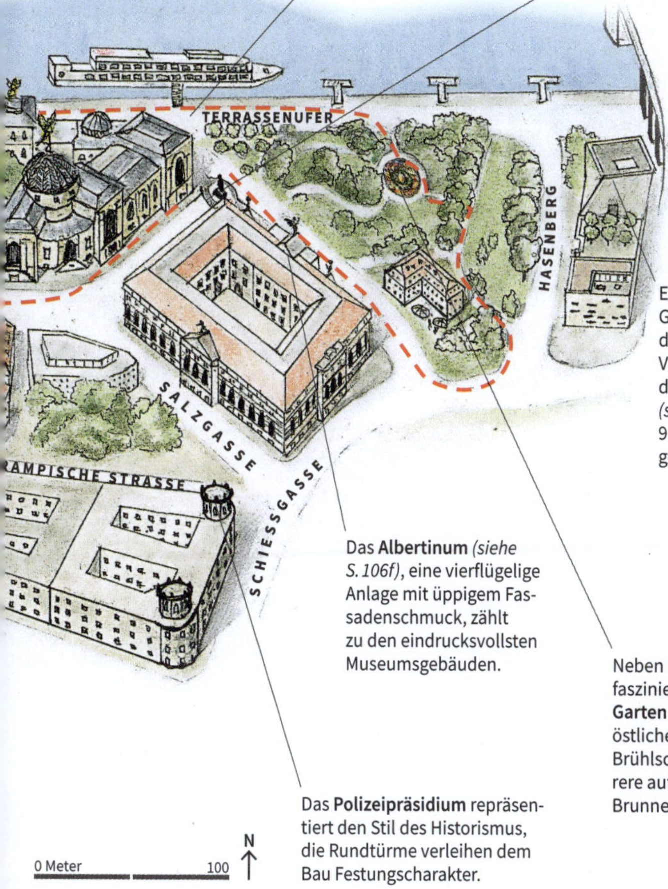

Exakt drei Jahre nach Grundsteinlegung auf dem Gelände des Vorgängerbaus wurde die neue **Synagoge** *(siehe S. 110)* am 9. November 2001 geweiht.

Das **Albertinum** *(siehe S. 106f)*, eine vierflügelige Anlage mit üppigem Fassadenschmuck, zählt zu den eindrucksvollsten Museumsgebäuden.

Neben der Blütenpracht faszinieren im **Brühlschen Garten** *(siehe S. 109)* am östlichen Abschluss der Brühlschen Terrasse mehrere aufwendig gestaltete Brunnen.

Das **Polizeipräsidium** repräsentiert den Stil des Historismus, die Rundtürme verleihen dem Bau Festungscharakter.

Spaziergang vom Neumarkt zum Hauptbahnhof

Länge 2 km **Dauer** 1 Std. **Start** Neumarkt

Der Spaziergang führt zu Sehenswürdigkeiten wie Frauenkirche und Kreuzkirche, streift aber auch extravagante moderne Bauwerke wie das Glaskugelhaus. Außerdem überquert man ausladende Plätze wie Neumarkt und Altmarkt und wird zu Veranstaltungszentren wie dem Kulturpalast sowie zu Shopping-Adressen wie etwa der überdachten Altmarkt-Galerie geleitet. Ein großer Teil der Route verläuft durch Fußgängerzonen – u. a. Neumarkt, Weiße Gasse und Prager Straße.

↑ *Die mächtige Glaskuppel ist ein markantes Gestaltungselement des Hauptbahnhofs, des wichtigsten Bahnhofs in Dresden*

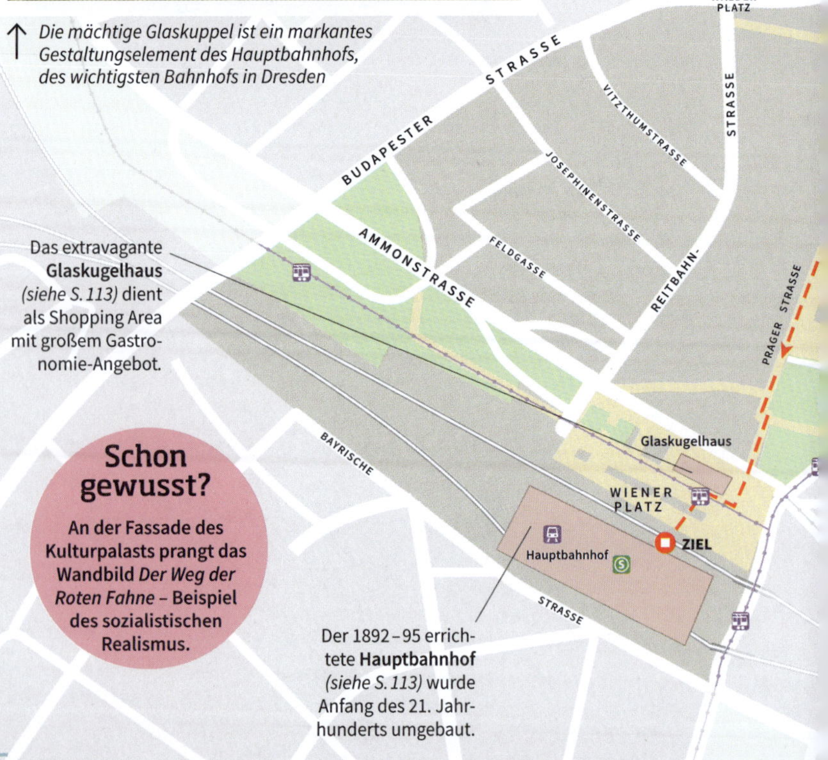

Die Stores der **Altmarkt-Galerie** führen u. a. Mode, Beauty-Artikel und Delikatessen.

Das extravagante **Glaskugelhaus** *(siehe S. 113)* dient als Shopping Area mit großem Gastronomie-Angebot.

Der 1892–95 errichtete **Hauptbahnhof** *(siehe S. 113)* wurde Anfang des 21. Jahrhunderts umgebaut.

Schon gewusst?

An der Fassade des Kulturpalasts prangt das Wandbild *Der Weg der Roten Fahne* – Beispiel des sozialistischen Realismus.

Zur Orientierung
Siehe Stadtteilkarte S. 100f

Das **Albertinum** *(siehe S. 106f)* birgt wertvolle Gemälde- und Skulpturensammlungen.

Der 100 Meter hohe achteckige Turm des **Rathauses** *(siehe S. 112)* ist ein wesentliches Element der Silhouette Dresdens.

→ *Luxus pur in bester Lage am Neumarkt bietet das Steigenberger Hotel de Saxe*

Die Rotunde des **Rundkinos** *(siehe S. 113)* ist 20 Meter hoch und hat einen Durchmesser von 50 Metern.

Die Fassade des **UFA-Kristallpalasts** *(siehe S. 113)* zeigt ein Nebeneinander von Beton- und Glasarchitektur.

Fassade im Hof der Elemente, Kunsthofpassage (siehe S. 129)

Neustadt

Die Siedlung am rechten Elbufer erhielt 1403 Stadtrecht, stand aber weiter im Schatten der Residenz auf der anderen Seite des Flusses. Nach dem Stadtbrand von 1685 ließ August der Starke die »Neue Königsstadt« wiederaufbauen, ein Name, der sich später zu Neustadt verkürzte.

Die Innere Neustadt erstreckt sich zwischen Albertplatz im Norden, Glacisstraße im Osten, Elbe im Süden und Antonstraße im Westen. Beim barocken Wiederaufbau entstanden einige prachtvolle Straßenzüge wie die Hauptstraße und die Königstraße.

Die nördlich anschließende Äußere Neustadt ist mit ihren zahlreichen Kneipen, Ateliers, Kleinkunstbühnen und kleinen Läden *das* Szeneviertel Dresdens. Dieses gründerzeitliche Quartier erlitt weniger Kriegsschäden als andere Stadtteile und verströmt heute ein typisches »Altstadtflair« – trotz nicht zu übersehender Tendenzen zur Modernisierung. In vielen Seitenstraßen und Hinterhöfen der Neustadt bieten sich Überraschungen, darunter auch die fünf thematisch gestalteten Höfe der Kunsthofpassage.

Neustadt
Highlight
1 Japanisches Palais
Sehenswürdigkeiten
2 Blockhaus (Neustädter Wache)
3 Hotel Bellevue
4 Goldener Reiter
5 Neustädter Markt
6 Kügelgenhaus
7 Kunsthaus Dresden
8 Königstraße
9 Dreikönigskirche
10 Societaetstheater
11 Albertplatz
12 Erich Kästner Museum
13 Kunsthofpassage
14 Martin-Luther-Kirche
15 Alter Jüdischer Friedhof
16 Pfunds Molkerei
17 Rosengarten
18 Sächsische Staatskanzlei und Finanzministerium
19 Jägerhof
20 Elbpromenaden
21 Garnisonkirche
22 Militärhistorisches Museum der Bundeswehr
23 Kraszewski-Museum
Restaurants
① Steffenhagen
② PlanWirtschaft
Hotels
③ Bilderberg Bellevue Dresden
④ Backstage Hotel
Stauffenbergstrasse
Buchenstrasse
Rudolf-Leonhard-Strasse
Dammweg
Landesfunkhaus MDR
Goethe-Institut
Tannen-
Bischofsweg
Schönbrunnstrasse
Strasse
Förstereistrasse
Kunsthof-passage
Jordan Strasse
Lössnitzstr.
Louisenstrasse
Alaunstr.
Görlitzer Strasse
Louisen-Strasse
Dresden-Neustadt
Dr.-Fr.-Wolf-Str.
Erna-Berger-Strasse
Turnerweg
Katharinenstrasse
Königsbrücker
Böhmische Strasse
Leipziger Strasse
Schlesischer Platz
Alaunstrasse
Neu-Stadt
Antonstrasse
Hainstrasse
Erich Kästner Museum
Albertplatz
Bautzner Strasse
Kleines Haus des Staatsschauspiels
Str.
Ufer
Theresienstrasse
Georgenstr.
Glacis-Strasse
Weintrauben-Str.
Tieck-Str.
Kulturrathaus
Königstrasse
Königstraße
Dreikönigskirche
Hospital-
Melanchthonstr.
Elbpromenaden 4 km
Societaetstheater
Palaisplatz
Metzer Str.
Paul-Schwarze-Strasse
Hoyerswerdaer Str.
Palaisgarten
Ritterstr.
Albertstrasse
Staatsarchiv
Kunsthaus Dresden
Kügelgenhaus
Sarrasanistr.
Japanisches Palais
Archivstrasse
Car
Neustädter Markt
Hotel Bellevue
Canaletto-Blick
Goldener Reiter
Staatministerium für Wirtschaft
Albertbrücke
Jägerhof
Blockhaus (Neustädter Wache)
Wigardstrasse
Köpckestrasse
Sächsische Staatskanzlei
Westliche Altstadt Seiten 64–97
Sächsisches Finanzministerium
Elbe
Augustusbrücke
Östliche Altstadt Seiten 98–117
2
3
4
5
C
D
E
E

F
G
1
2
3
4
5
KÖNIGSBRÜCKER STR.
22
Militärhistorisches Museum der Bundeswehr
Neustadt
Olbrichtplatz
OLBRICHTPLATZ
Puppentheater-museum
21
Garnisonkirche
STAUFFENBERGALLEE
MARIEN-ALLEE
RADEBERGER VORSTADT
RADEBERGER STRASSE
STAUFFENBERGALLEE
Prießnitz
TANNENSTRASSE
STRASSE
Alaun-platz
MARIENALLEE
Regierungspräsidium Dresden
Kraszewski-Museum
23
JÄGERSTRASSE
NORDSTRASSE
STRASSE
BACHSTRASSE
BAUMSTRASSE
BISCHOFSWEG
STRASSE
LÖBAUER STRASSE
ZITTAUER STR.
JÄGERSTRASSE
AM BRAUHAUS
ARNDT-STRASSE
STRASSE
ZITTAUER STRASSE
NORDSTRASSE
STRASSE
PRIESSNITZ-STRASSE
HOHNSTEINER STR.
FORST-STRASSE
STOLPENER STR.
RADEBERGER STRASSE
1
KAMENZER STRASSE
TALSTR.
Loschwitz
Seiten 158–175
OBERKIESWEG
BAUTZNER STRASSE
Prießnitz
Martin-Luther-Kirche
14
4
Alter Jüdischer Friedhof
15
Pfunds Molkerei
16
KÖRNERWEG
Diakonissen-krankenhaus
Sächsische Dampfschifffahrt
Jüdischer Friedhof
LÖWENSTRASSE
ELBERADWEG
ELBERADWEG
Elbe
Festgelände Vogelwiese
17
Rosengarten
THOMAS-MÜNTZER-PLATZ
HERTEL-STRASSE
KÄTHE-KOLLWITZ-UFER
PFEIFFERHANNSSTRASSE
PFOTENHAUERSTRASSE
Bio-Innovations-zentrum
GEYER-STRASSE
BÖNISCH-PLATZ
SACHSENPLATZ
N
0 Meter
350

1

Japanisches Palais

D4–5 Palaisplatz 11 4, 9 Di–So 10–18 Museum für Völkerkunde +49 351 4914 2000 voelkerkunde-dresden.skd.museum Senckenberg Naturhistorische Sammlungen Dresden +49 351 7958 414 408 museumdresden.senckenberg.de

August der Starke erwarb das 1715 erbaute Holländische Palais und ließ es 1728–37 u. a. von Matthäus Daniel Pöppelmann umbauen, um hier seine Porzellansammlung aus Fernost unterzubringen. Der ursprünglich französische Barockgarten wurde später im englischen Stil umgestaltet. Als ostasiatische Kunst aus der Mode gekommen war, richtete man im Palais eine Skulpturensammlung ein. Heute beherbergt das Palais das Museum für Völkerkunde, das versucht, die koloniale Vergangenheit aufzuarbeiten, und die Senckenberg Naturhistorischen Sammlungen Dresden.

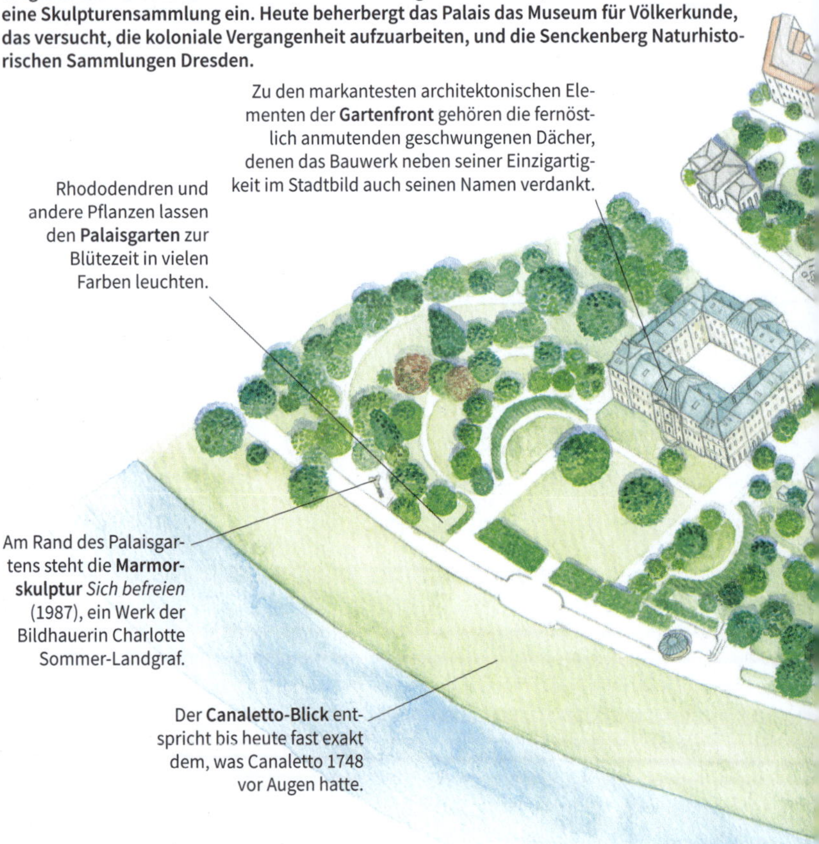

← *Der japanische Pavillon am Uferweg weist ostasiatische Formen auf*

Highlight

←
Die vierflügelige Anlage wurde im spätbarock-klassizistischen Stil erbaut. Der Fries im Dreiecksgiebel zeigt, wie Porzellanhersteller der Saxonia huldigen

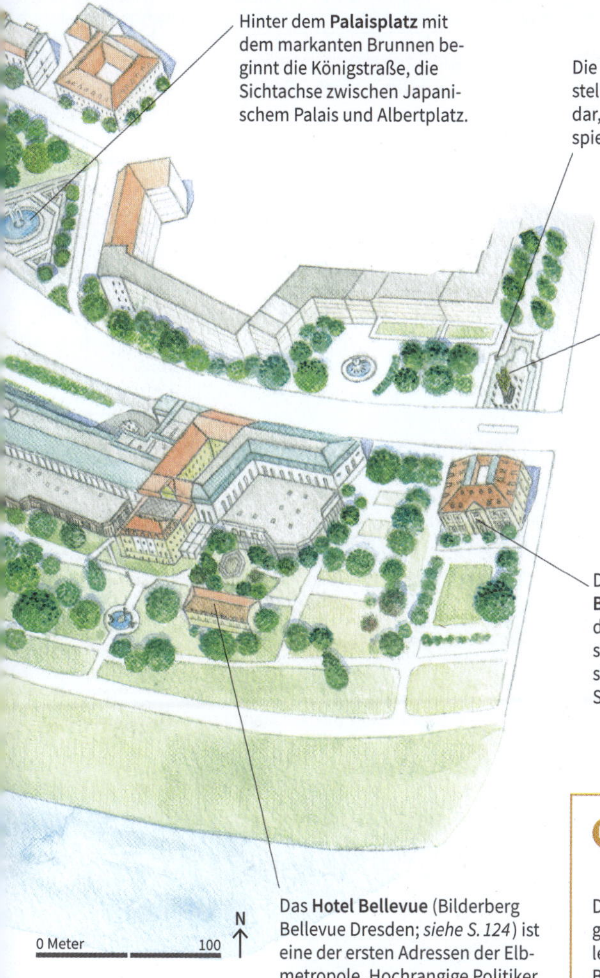

Hinter dem **Palaisplatz** mit dem markanten Brunnen beginnt die Königstraße, die Sichtachse zwischen Japanischem Palais und Albertplatz.

Die beiden **Nymphenbrunnen** stellen jeweils eine Nymphe dar, die von Fabelwesen umspielt wird.

Der **Goldener Reiter** *(siehe S. 124)*, das blattvergoldete Reiterstandbild Augusts des Starken am Neustädter Markt, zeigt den Herrscher in absolutistischer Pose.

Das 1732–55 errichtete **Blockhaus** *(siehe S. 124)* mit der klar strukturierten Fassade diente erst als Neustädter Wache, später als Sitz mehrerer Akademien.

Das **Hotel Bellevue** (Bilderberg Bellevue Dresden; *siehe S. 124*) ist eine der ersten Adressen der Elbmetropole. Hochrangige Politiker aus aller Welt steigen in diesem Hotel ab und nutzen es auch als Tagungsstätte.

Expertentipp
Avantgarde im Palais
Das Archiv der Avantgarden des Kunstsammlers Egidio Marzona im Blockhaus (Eröffnung 2024) erweitert das kulturelle Angebot des Areals um das Palais weiter.

2 Blockhaus (Neustädter Wache)

D5 · Neustädter Markt 19 · 4, 8, 9 · +49 351 8141 6751

Das würfelförmige Gebäude am rechtselbischen Kopf der Augustusbrücke markiert den Eingang zur Inneren Neustadt. Erbaut wurde es 1732–55 nach Plänen von Zacharias Longuelune. Zunächst diente es der Unterbringung der Neustädter Wache, später als Truppenquartier und Behördensitz. Nach der Zerstörung im Zweiten Weltkrieg verfiel das Blockhaus. In den 1970er Jahren wurde es in seiner originalen barocken Form restauriert, 1980 eröffnete das Haus der Deutsch-Sowjetischen Freundschaft.

Bis 2013 war das Gebäude Sitz u. a. der Sächsischen Akademie der Künste und der Sächsischen Akademie der Wissenschaften. Im Zuge von Restaurierungsarbeiten nach Hochwasserschäden wurden diese Institutionen an andere Standorte verlegt, den frei gewordenen Platz nimmt eine Kunstsammlung ein (Eröffnung 2024; *siehe S. 123*).

3 Hotel Bellevue

D5 · Große Meißner Straße 15 · 4, 8, 9 · +49 351 8050 · bilderberg-bellevue-dresden.de

Der Standort des Hotels (früher The Westin Bellevue Dresden, seit 2020 Bilderberg Bellevue Dresden; *siehe S. 130*) wurde durch den Canaletto-Blick bekannt. Von hier aus malte der italienische Künstler 1748 seine weltberühmte Stadtansicht des barocken Dresden. Von einigen Suiten und von der Terrasse bietet sich ein Blick, wie ihn der Maler im 18. Jahrhundert auf die Leinwand brachte.

Beim Bau des Hotels 1982–85 wurde ein original erhaltenes barockes Bürgerhaus von 1724 einbezogen, das Kriegszerstörungen und Abrissprojekte überstanden hatte. Nach Plänen des japanischen Architekten Takeshi Inoue entstand unter Berücksichtigung dieses Barockgebäudes ein Hotel von hohem internationalen Standard, in dem vorwiegend Gäste aus dem westlichen Ausland abstiegen.

Nach der Wende war das Bellevue 1989 Schauplatz politischer Begegnungen, bei denen auf höchster Ebene Details der Wiedervereinigung ausgehandelt wurden. 2007 tagten in dem Komplex auch die Arbeitsminister der G 8-Staaten.

4 Goldener Reiter

D5 · Neustädter Markt · 4, 8, 9

Das Reiterstandbild markiert das Zentrum des Neustädter Markts. Es zeigt den sächsischen Kurfürsten und polnischen König August den Starken überlebensgroß in Herrscherpose, bekleidet mit einem römischen Schuppenpanzer, auf einem sich aufbäumenden Pferd.

Das wohl berühmteste Standbild Dresdens wurde vermutlich von dem Hofbildhauer Jean Joseph Vinache entworfen, vom Kanonenschmied Ludwig Wiedemann in Kupfer gegossen und feuervergoldet und schließlich 1736 auf dem Neustädter Markt enthüllt. Anfangs sollte es die Augustusbrücke zieren, dafür erwies es sich jedoch als zu schwer. 1943/44 zerlegte man das Denkmal und lagerte es aus.

Nachdem der Bildhauer Walter Flemming es ab 1953 wieder zusammengesetzt und restauriert hatte, wurde das Denkmal 1956 am ursprünglichen Standort aufgestellt. 1965 erfolgte die Blattvergoldung mit knapp 200 Gramm Gold, 2003 erneut eine umfassende Restaurierung dieses Wahrzeichens.

Goldener Reiter – berühmtestes Standbild der Stadt

Fassade der 86 Meter langen Neustädter Markthalle

5

Neustädter Markt

D5 4, 8, 9

Ab dem Augusteischen Zeitalter nahm der Marktplatz eine bedeutende Stellung ein – vor allem als Handelsplatz und als Ausgangspunkt der Hauptstraße, eines barocken Prachtboulevards. Das städtebauliche Ensemble des Neustädter Markts mit seinen barocken Häuserzeilen wurde im Februar 1945 nahezu komplett zerstört, erhalten blieben im Wesentlichen nur der ausgelagerte Goldene Reiter und die Nymphenbrunnen (1742; Kopien 1938) vor dem früheren Neustädter Rathaus.

Beim Wiederaufbau in den 1970er Jahren erhielt der Neustädter Markt seine ursprüngliche Struktur und damit seinen alten Charme nicht wieder zurück. Die Stadtplaner legten seinerzeit höheren Wert auf die Restaurierung der Altstadt. Künstlerisch wie historisch interessant sind die aus Sandstein gefertigten Reliefs der Neustadt am Eingang des Fußgängertunnels.

Durch all die Jahre unverändert blieb die Bedeutung des Neustädter Markts als Tor zur Hauptstraße. Am Eingang zu dieser befinden sich zwei 25 Meter hohe, mit Reliefs verzierte Fahnenmasten aus Bronze (1893) von Heinrich Epler. Der über 500 Meter lange, zu beiden Seiten von Platanen gesäumte Fußgängerboulevard führt bis zum Albertplatz *(siehe S. 128)*.

Etwa auf halber Strecke zwischen Albertplatz und Neustädter Markt befindet sich die schön restaurierte, lichtdurchflutete **Neustädter Markthalle** von 1899. Der Gründerzeitbau mit vielen verlockenden Ständen wurde Ende 2000 wiedereröffnet.

Neustädter Markthalle

Metzer Straße 1

+49 351 810 5445

Mo – Sa 8 – 20

markthalle-dresden.de

6

Kügelgenhaus

D4 Hauptstraße 13

3, 4, 6, 7, 8, 9, 11

+49 351 804 4760

Mi – Fr 10 –17, Sa, So 12 –17 Führungen: nach Voranmeldung

museen-dresden.de

Der Porträt- und Historienmaler Gerhard von Kügelgen (1772 –1820) wohnte mit seiner Familie von 1808 bis zu seinem Tod im zweiten Stock des 1765 –70 errichteten Gebäudes. Zu seinen Gästen zählten bedeutende Künstler, darunter Johann Wolfgang von Goethe, Heinrich von Kleist und Caspar David Friedrich.

1981 wurde hier das Museum der Dresdner Romantik eingerichtet. Die neun Räume widmen sich anhand zahlreicher Kunstwerke und Dokumente dieser Epoche der Kunst- und Kulturgeschichte Dresdens, die weit über die Grenzen der Elbmetropole ausstrahlte. Das Museum behandelt Themengebiete von Philosophie und Literatur über Malerei bis zu Musik. Zudem wird hier die Entwicklung der Inneren Neustadt Dresdens bis zur Gegenwart dokumentiert. Im früheren Salon der Familie Kügelgen finden Kammerkonzerte, musikalisch-literarische Programme und Vorträge statt.

Ausstellungsraum im Kügelgenhaus

Der Turm der Dreikönigskirche überragt die Dresdner Neustadt

7

Kunsthaus Dresden

D5 Rähnitzgasse 8
3, 4, 6, 7, 8, 9, 11
+49 351 488 8971
Di–Do 14–19, Fr–So 11–19 Eintritt Freitag frei
kunsthausdresden.de

Als städtisches Zentrum für zeitgenössische Kunst wurde das Kunsthaus Dresden 1981 in einem ehemaligen barocken Wohngebäude (um 1730) eingerichtet. Zunächst zeigte man hier ausschließlich Werke Dresdner Künstler, später entwickelte sich das Kunsthaus zu einem der wichtigsten Ausstellungszentren der DDR.

Mit der politischen Wende änderte sich das Konzept des Hauses, das nun auch internationale Strömungen der zeitgenössischen Kunst reflektiert. Auf zwei Etagen mit insgesamt über 600 Quadratmetern Fläche finden fortlaufend wechselnde Ausstellungen statt, die u. a. durch Workshops, Vorträge, Konzerte und Filme ergänzt werden.

Schon gewusst?

Die Südfassade des Kunsthauses ziert die Installation *SOS* der Künstlerin Karolina Freino.

8

Königstraße

D4 3, 4, 6, 7, 8, 9, 11
barockviertel.de

Zu den prachtvollsten Barockstraßen Dresdens gehört die Königstraße. Mit ihren Designerboutiquen und Galerien, Delikatessenläden und Kunsthandwerkerhöfen ist sie eine bevorzugte Shopping- und Flaniermeile für Einheimische wie Besucher. Darüber hinaus verkörpert sie eine eindrucksvolle Verbindung zwischen Geschichte und Gegenwart und bildet auch eine attraktive Sichtachse zwischen Japanischem Palais *(siehe S. 122f)* und Albertplatz *(siehe S. 128)*.

Die Königstraße entstand nach dem Abriss der bestehenden Bebauung 1722–33 unter August dem Starken als barocke Prachtstraße. Mit dem Entwurf der 340 Meter langen und 30 Meter breiten Straße wurde Matthäus Daniel Pöppelmann, der Schöpfer des Dresdner Zwingers, beauftragt.

Den Zweiten Weltkrieg überstanden viele Gebäude des Boulevards sowie der angrenzenden Straßen (u. a. Obergraben und Rähnitzgasse) relativ unbeschadet. Ein geschlossenes Ensemble bürgerlicher Barockarchitektur blieb erhalten, wurde allerdings in den folgenden Jahrzehnten stark vernachlässigt. Ab 1990 erfolgte die Restaurierung nahezu sämtlicher Gebäude an der Königstraße nach Originalplänen. Mit der Sanierung und einer neuen Bepflanzung bekam das ganze Viertel wieder sein altes »königliches« Flair. Die Königstraße konnte als Hauptachse des Dresdner Barockviertels erneut aufblühen.

Besonders wertvolle Zeugnisse des Barock stellen die Häuser Nr. 10 und 12 dar. Die Gebäude Nr. 3 und 5 stammen aus einer noch älteren Epoche und haben vermutlich sogar den verheerenden Stadtbrand des Jahres 1685 unbeschadet überstanden. Dies gilt auch für einige Häuser in der Rähnitzgasse.

9

Dreikönigskirche

D4 Hauptstraße 23
3, 4, 6, 7, 8, 9, 11
+49 351 812 40
Mo–Fr 10–15, Sa 11–17, So 11:30–17; Turm Mi–So 12–16 (kurzfristige Änderungen möglich) hdk-dkk.de

Die protestantische Dreikönigskirche blickt auf eine bewegte Geschichte zurück. Nach der Zerstörung dreier Vorgängerbauten (1429 durch die Hussiten, 1685 durch den Stadtbrand und 1731 durch Abriss im Rahmen der Neugestaltung des Stadtviertels) entstand der heutige Kirchenbau 1732–39 nach Entwürfen von George Bähr und Matthäus Daniel Pöppelmann. Der 87,5 Meter hohe Turm an der Westseite wurde 1854–58 hinzugefügt. 1945 brannte die Kirche aus, der 1984 begonnene Wiederaufbau war 1990 vollendet. Er umfasste auch die Einrichtung des Bildungs-, Tagungs- und Begegnungszentrums »Haus der Kirche«. Unter diesem Namen wird die Dreikönigskirche heute auch als Veranstaltungsort genutzt.

Die Einweihung erfolgte im Oktober 1990 mit der konstituierenden Sitzung des neuen Sächsischen Landtags *(siehe S. 92)*. Dieser tagte hier bis zur Fertigstellung des neuen Landtagsgebäudes 1993. Unter der Orgelempore wurde 1990 das ursprünglich farbige, 12,5 Meter lange Relief *Dresdner Totentanz* (1534–36) von Christoph Walther angebracht. Es zeigt 27 Figuren in vier Gruppen und mahnt an die Vergänglichkeit des Seins. Der Fries, der zuvor die Fassade des Georgenbaus *(siehe S. 86)* geschmückt hatte, gilt als eine der bedeutendsten Plastiken der Renaissance in Dresden.

Der Turm der Dreikönigskirche prägt die Silhouette der Neustadt. Drei Glocken, die beim Brand 1945 geschmolzen waren, wurden im Jahr 1977 ersetzt. Einen grandiosen Panoramablick genießt man von der in 45 Metern Höhe gelegenen Aussichtsplattform.

10 Societaetstheater

D4 · An der Dreikönigskirche 1a · 3, 4, 6, 7, 8, 9, 11 · +49 351 803 6810 (Tickets) · societaetstheater.de

Das 1779 gegründete Societaetstheater war die erste bürgerliche Bühne der Stadt, seit der Wiedereröffnung 1999 zählt es zu den renommiertesten Theatern Dresdens. Im 18. Jahrhundert war es eine Laienbühne, die bald über ein breites Repertoire verfügte und Komödien, Tragödien, Schauspiele, Kammerkonzerte sowie Singspiele zur Aufführung brachte. Mit vielfältigem, engagiertem Programm hatte sich das Societaetstheater eine zentrale Rolle im Kulturleben der Stadt erarbeitet. Anfang des 19. Jahrhunderts jedoch übernahmen, wie überall in Deutschland, Hof- und Nationaltheater führende Rollen, das Societaetstheater musste 1832 schließen. Das Haus verfiel und konnte nur durch das Engagement kulturinteressierter Bürger vor dem Abriss bewahrt werden. In den 1990er Jahren wurde es nach historischen Vorlagen wiederaufgebaut, am 19. Februar 1999 erfolgte die feierliche Wiedereröffnung als städtische Kammerbühne.

Innovative Inszenierungen aus den Bereichen Sprech-, Musik-, Tanz und Figurentheater finden hier Raum. Zu den modern interpretierten Klassikern zählen Werke von Franz Kafka, Jean-Paul Sartre oder Richard Wagner. Das Societaetstheater verfügt über zwei Bühnen (Gutmann-Saal und Kleine Bühne) und einen Spielraum im Foyer, das ab und zu auch als Ausstellungsraum genutzt wird. Im Sommer finden im Barockgarten Aufführungen statt. Festivals, Diskussionsforen, themenorientierte Salons und andere Veranstaltungen werden dem experimentellen Ansatz des Theaters gerecht.

Restaurants

Steffenhagen
Deutsche Klassiker in vegan.
D5 · Schönfelder Str. 2 · +49 351 874 653 91 · steffenhagen-dd.de
€€€

PlanWirtschaft
Gemütliches Lokal mit Garten und Gewölbekeller.
D2 · Louisenstr. 20 · +49 351 801 3187 · planwirtschaft-dresden.de
€€€

Zeitgenössische Kunst im Kunsthaus Dresden

11 Albertplatz

D4 3, 6, 7, 8, 11

Der nahezu kreisrunde Platz, dessen Name auf König Albert von Sachsen (reg. 1873–1902) zurückgeht, ist ein Verkehrsknotenpunkt am Übergang zwischen Innerer und Äußerer Neustadt. Von ihm gehen zehn Straßen sternförmig ab, u. a. die Hauptstraße und die Königstraße *(siehe S. 126)*. Angelegt wurde der Platz 1812, im Jahr 1875 gestaltete ihn Johann Carl Friedrich Bouché gartenarchitektonisch, sodass er im 19. Jahrhundert zu den schönsten Rundplätzen ganz Deutschlands gezählt wurde. Mit dichter werdendem Verkehr verlor der Albertplatz zwar den Reiz einer Flanierstätte, doch weil der Straßenverkehr kreisförmig um den ausgedehnten Platz geführt wird, bleibt dieser in der Mitte überaus attraktiv.

Zwei monumentale, geradezu überreich mit Skulpturen verzierte Bronzebrunnen des Bildhauers Robert Diez dominieren den Platz – an der Ostseite *Stille Wasser* (1887), an der Westseite *Stürmische Wogen* (1894). Gemeinsam bilden sie die wohl schönste Brunnenanlage der Stadt.

Der Platz wird von Bauwerken verschiedener Epochen umrahmt: An der Nordseite befindet sich der von einem Rundtempel (1906–12) überdachte Artesische Brunnen von Hans Erlwein. Gegenüber ragt das erste Hochhaus (1929) der Stadt 40 Meter hoch auf. An der Ostseite steht die 1901 erbaute, im Zweiten Weltkrieg zerstörte und 1997 wieder aufgebaute neobarocke Villa Eschebach. Der ehemalige Wohnsitz des Dresdner Küchenfabrikanten Carl Eschebach wird heute von einer Bank und als Ausstellungsfläche genutzt.

Zum Skulpturenschmuck des Albertplatzes gehören Denkmäler zu Ehren der Literaten Friedrich Schiller und Erich Kästner.

Am Übergang zur Hauptstraße befindet sich ein Gedenkstein für den hier 1991 von einer Gruppe fremdenfeindlicher Jugendlicher ermordeten Mosambikaner Jorge Gomondai (1962–1991). Der Tatort des Überfalls wurde 2006 zum Gedenken an das Opfer in Jorge-Gomondai-Platz umbenannt.

12 Erich Kästner Museum

D4 Antonstraße 1
3, 6, 7, 8, 11 +49 351 804 5086 So, Mo, Do, Fr 10–17, Mi 12:30–17
kaestnerhaus-literatur.de

Das 1999 eröffnete Museum in der Villa Augustin gehört zu den außergewöhnlichsten in Dresden. Hier ist Mitmachen angesagt. Das Leben und Wirken des Literaten Erich Kästner wird anhand modernster Medientechnik und sinnlich erfahrbarer Exponate dokumentiert. Die interaktive, wegen ihres geringen Platzbedarfs als »micromuseum« bezeichnete Kulturstätte besteht im Kern aus einem Quader (im geschlossenen Zustand 2 m hoch, 3 m lang, 1,20 m breit), aus dem bausteinartig einzelne Teile gelöst werden können. Sie geben Bücherregale, Ausstellungsvitrinen und vieles mehr frei. So begeben sich die Besucher etwa durch das Stöbern in Schatzkisten und Öffnen von Schubladen auf eine Entdeckungsreise, bei der sie viel über den Dichter erfahren, der nach eigenem Bekenntnis nie erwachsen werden wollte.

↑ *Brunnen* Stille Wasser *und Erich-Kästner-Denkmal* (Detail) *am Albertplatz*

Fassade im Hof der Elemente, Kunsthofpassage

13

Kunsthofpassage

E3 zwischen Görlitzer Straße und Alaunstraße 7, 8, 13 kunsthof-dresden.de

Zu den schönsten Ecken der Äußeren Neustadt gehört die Kunsthofpassage zwischen Alaunstraße und Görlitzer Straße. Mit diesem Projekt wurden ehemals heruntergekommene Höfe belebt und bilden nun ein einzigartiges Ensemble. In den fünf thematisch gestalteten Höfen der Passage findet man einen bunten Mix aus Läden, Werkstätten und Kneipen. Faszinierend ist vor allem die farbenprächtige und künstlerisch eigenwillige Fassadengestaltung. Die kleinen Läden verkaufen u. a. Wein, Craftbeer, Tee, Mode, Accessoires und Papierwaren.

Beim Betreten der Passage sieht man im Hof der Fabelwesen eine Figur, deren exotischer Schmuck aus zerbrochenen Fliesen besteht. Spiegel leiten Tageslicht in den nicht von der Sonne verwöhnten Hof des Lichts – Bühne für Veranstaltungen wie Multimedia-Performances und Filmprojektionen.

Im Hof der Metamorphosen sind 24 Papiere verschiedenster Art auf Rahmen gespannt und verändern sich witterungsbedingt völlig unterschiedlich. Metall und Wasser prägen den Hof der Elemente. Er besteht aus einer meerblauen Fassade mit verschlungenen Regenrinnen und einer sonnengelben Fassade, an der Metallstreifen angebracht sind – Stoff für Lichtreflexionen. An regnerischen Sommertagen erweckt zu jeder halben Stunde Wasser die Installation zum Leben. Der Hof der Tiere steht im Zeichen von Holz und Stein. Man entdeckt Tierfiguren aus Sandstein, besonders auffallende Elemente sind Balkone aus pflanzlichem Flechtwerk, die wie Baumhäuser wirken und Holzstämme als Säulen haben.

14

Martin-Luther-Kirche

E4 Martin-Luther-Platz 5 11 +49 351 898 5130 Zeiten der Website entnehmen kirchspiel-dresden-neustadt.de

Mit ihrem 81 Meter hohen Turm zählt die im Jahr 1887 geweihte Kirche zu den markantesten Bauwerken in der Dresdner Neustadt. Das überwiegend im neoromanischen Stil errichtete Gotteshaus zeigt an die Gotik erinnernde Formen und Proportionen. Altar, Kanzel, Taufstein und weitere Elemente wurden aus Sandstein, die Säulen aus verschiedenfarbigem Marmor gefertigt. Die Martin-Luther-Kirche zählt mit rund 1300 Sitzplätzen zu den größeren der Stadt. Sie ist eine der wenigen Kirchen in Dresden, die die Bombenangriffe im Zweiten Weltkrieg ohne Schäden überstanden.

Vom Turmumgang über den Glocken bietet sich ein wundervoller Blick auf die Umgebung, der an schönen Tagen bis in die Sächsische Schweiz reicht.

Martin-Luther-Kirche

15

Alter Jüdischer Friedhof

E4 Pulsnitzer Straße 14
11 +49 351 802 0489
Führungen: obligatorisch (Zeiten telefonisch erfragen)
hatikva.de

Der 1751 angelegte, nur ungefähr 3500 Quadratmeter große Friedhof ist der älteste und besterhaltene jüdische Friedhof in Sachsen. Nach der Eröffnung des Neuen Jüdischen Friedhofs in der Johannstadt, einem Stadtviertel östlich der Altstadt, wurde der Alte Jüdische Friedhof 1869 geschlossen. Bis dahin waren ungefähr 1250 Gräber angelegt worden. Weil der Friedhof zur Zeit des Nationalsozialismus von Zerstörungen weitgehend verschont blieb, ist bis heute ein großer Teil der stelenartigen Grabsteine erhalten. Sie sind in Reihen angeordnet und tragen hebräische Inschriften, ihre Vorderseiten weisen Richtung Jerusalem.

Auf dem Friedhof sind auch einige sehr bekannte Persönlichkeiten der jüdischen Gemeinde Dresdens bestattet, darunter Wolf Landau, Oberrabbiner der jüdischen Gemeinde Dresdens, sowie einige Mitglieder der erfolgreichen Unternehmerfamilie Arnold, deren Bankhaus Gebrüder Arnold in den 1920er Jahren zu den größten Privatbanken Deutschlands zählte.

Der Alte Jüdische Friedhof ist nicht öffentlich zugänglich und kann ausschließlich im Rahmen einer Führung besichtigt werden. Diese werden – ebenso wie die Führungen durch die Synagoge *(siehe S. 110)* – nach telefonischer Anmeldung von HATiKVA (Bildungs- und Begegnungsstätte für jüdische Geschichte und Kultur Sachsen e. V.) gegen eine geringe Gebühr angeboten. Männer benötigen für die Führung eine Kopfbedeckung, die ausgeliehen werden kann.

Pfunds Milchladen mit reichem Fliesenschmuck

16

Pfunds Molkerei

F4 Bautzner Straße 79
11 +49 351 808 080
Mo – Sa 10 – 18 pfunds.de

Laut Guinnessbuch ist dies der »schönste Milchladen der Welt«. Jugendstilambiente und fantasievoll gestaltete, handbemalte Majolikafliesen mit Fabeltieren, Motiven aus der Milchwirtschaft und floralem Dekor an Decke, allen Wandflächen und Fußboden machen einen Besuch des Ladens zum Erlebnis. Mehr als 100 Käsesorten in unterschiedlichen Reifegraden werden hier auch zum Verzehr offeriert. Die Verköstigung wird abgerundet mit einem Glas Wein – oder Milch.

Neben kulinarischen Köstlichkeiten umfasst das Sortiment u. a. Brotzeitbretter, Porzellan, Besteck, Wandfliesen und Nostalgisches wie alte Werbeschilder aus Blech. Auch so ungewöhnliche Produkte wie Milchgrappa, Milchkonfitüre und Milchseife gehen über die Ladentheke.

Das in ehemaligen Büroräumen über dem Laden eingerichtete **Café-Restaurant Pfunds** hat ein großes Angebot von Speisen, bei vielen davon wurde Milch verarbeitet. Gäste können hier neben süßen Köstlichkeiten wie Quarkkeulchen, Eisspezialitäten, Milchshakes und diversen Kuchen auch Käsesuppe, Käseplatten oder Käseschnitzel genießen.

Gegründet wurde Pfunds Molkerei vom Landwirt Paul Pfund. Seine Frau und er kamen 1879 mit sechs Kühen und einigen Schweinen nach Dresden, um die Stadtbewohner mit frischer und hygienisch einwandfreier Milch zu versorgen. Ein Jahr später

Hotels

Bilderberg Bellevue Dresden
Hotel mit malerischen Gärten und traumhafter Aussicht am Elbufer.
D5 Große Meißner Straße 15 bilderberg-bellevue-dresden.de
€€€

Backstage
Alle Zimmer wurden von Dresdner Künstlern individuell gestaltet.
F4 Prießnitzstraße 12 backstage-hotel.de
€€€

entstand die Molkerei, 1891 eröffnete der Milchladen in der Bautzner Straße.

Café-Restaurant Pfunds
+49 351 810 5948
Jan – März: Mo – Sa 10 –18; Apr – Dez: Mo – Sa 10 –18:30
restaurant-pfunds.de

17
Rosengarten
E4 6, 13
rosengarten-dresden.de

In dem 1935/36 angelegten Rosengarten gedeihen auf einer Fläche von annähernd 30 000 Quadratmetern mehr als 100 Rosenarten. Die mittlerweile unter Denkmalschutz stehende Gartenanlage am Neustädter Elbufer bildet einen gelungenen grünen Kontrast zum gegenüberliegenden Ufer der Altstadt, das bis an den Fluss bebaut ist.

Zur Blütezeit fasziniert den Besucher ein Rosenmeer in den unterschiedlichsten Farbtönen. Ergänzt wird die vielfältige Bepflanzung u. a. durch Fliederbüsche und Magnoliensträucher sowie verschiedene Baumarten.

Ein wesentliches Gestaltungselement im Rosengarten ist die Wechselbeziehung zwischen Natur und Kunst, also zwischen den Pflanzen und den Plastiken und Skulpturen, die in der schönen Anlage stehen.

Blütenpracht und Bildhauerkunst im Rosengarten

18
Sächsische Staatskanzlei und Finanzministerium
D5 & E5 Archivstraße 1 bzw. Carolaplatz 1 3, 7, 8
beide: +49 351 5640
sk.sachsen.de
smf.sachsen.de

Die monumentalen Gebäude zu beiden Seiten der Carolabrücke wirken vor allem beim Blick von der Brühlschen Terrasse *(siehe S. 108)* am gegenüberliegenden Elbufer sehr eindrucksvoll.

Östlich der Brücke liegt die Sächsische Staatskanzlei, die 1900 – 04 von Edmund Waldow und Heinrich Tscharmann im Stil des Neobarock mit klassizistischen Elementen errichtet wurde. In dem Gebäude waren einige königlich-sächsische Ministerien untergebracht. Seit 1990 ist es Sitz der Regierung und des Ministerpräsidenten von Sachsen. Den Turm des Bauwerks schmückt eine von Weitem sichtbare Darstellung der sächsischen Königskrone, ein Symbol für die von der Staatskanzlei ausgehende Regierungsgewalt.

Das Gebäude westlich der Carolabrücke wurde 1890 – 1896 von Otto Wanckel und Ottomar Reichelt erbaut und beherbergt das Sächsische Staatsministerium der Finanzen. Das von Anton Dietrich 1896 geschaffene allegorische Giebelbild aus Majolikaplatten an der Elbseite zeigt *Saxonia* beim Einnehmen (links) und Ausgeben (rechts) von Geld.

Sächsisches Staatsministerium für Finanzen

19 Jägerhof

D5 Köpckestraße 1
3, 4, 7, 8, 9

Nur wenige Gebäude aus vorbarocker Zeit sind in Dresden erhalten. Vom einst vierflügeligen Jägerhof (1569–1617), dem ältesten Baudenkmal der Neustadt, ist noch der Westflügel mit den drei Treppentürmen und dem Renaissance-Giebel verblieben. Erbaut wurde der Jägerhof an der Stelle des Augustinerklosters (1404), das mit Beginn der Reformation bis 1546 abgetragen wurde. Den mit bemerkenswerten Gemälden und Skulpturen verzierten Jägersaal im Obergeschoss nutzte der kurfürstliche Hof für Empfänge. Mit dem Bau der Jagdschlösser verlor die Anlage an Bedeutung. 1830–77 wurde sie als Kaserne genutzt, anschließend riss man den Jägerhof bis auf den Westflügel ab.

In Letzterem wurde 1913 das **Museum für Sächsische Volkskunst** eingerichtet, das nach Beseitigung der Kriegsschäden 1950 wiedereröffnet wurde. Hier wird die gesamte Bandbreite von sächsischem Kunsthandwerk präsentiert. Zu den Exponaten gehören Schnitzereien aus dem Erzgebirge, bedruckte und bestickte Webereien aus der Lausitz, Trachten der Sorben, Spitzen aus dem Vogtland, bemalte Möbel, reich verzierte Keramik sowie eine vielfältige Sammlung von historischem Spielzeug.

Seit 1968 ist das Museum Bestandteil der Staatlichen Kunstsammlungen, 2005 wurde im Obergeschoss eine der weltweit größten Puppentheatersammlungen eingerichtet. Das Museum ist auch bekannt für seine Oster- und Weihnachtsausstellungen. Dann faszinieren Ostereierbemaler oder Krippenschnitzer nicht nur kleine Besucher.

Museum für Sächsische Volkskunst
+49 351 4914 2000
Di–So 10–18
skd.museum

Garnisonkirche mit dem 90 Meter hohen Kirchturm

20 Elbpromenaden

C4 3, 4, 7, 8, 9

Überaus reizvoll ist ein Spaziergang am Neustädter Elbufer – immer mit Blick auf die imposanten Bauwerke der Altstadt an der gegenüberliegenden Seite der Elbe. Ob Sie den eindrucksvollen Canaletto-Blick *(siehe S. 124)* nachempfinden oder – am besten zur Blütezeit – durch den Rosengarten *(siehe S. 131)* schlendern wollen, die Elbpromenaden bieten Entspannung und Inspiration zugleich.

Nicht nur Spaziergänger zieht es an das Elbufer, auch kulturell ist hier viel geboten, u. a. Konzerte und Theateraufführungen. Ein Highlight im Veranstaltungskalender der Stadt sind seit 1991 die **Filmnächte am Elbufer**, die zwei Sommermonate lang nahe der Carolabrücke stattfinden. Unter Cineasten gilt das Festival als stimmungsvollstes seiner Art in Deutschland, denn zusätzlich zum Kinoerlebnis unter freiem Himmel genießt man als Besucher den Blick auf die wundervoll illuminierte Altstadt. Das Spektrum der Filme reicht von Hollywood-Mainstream bis zu Klassikern der Filmgeschichte.

Filmnächte am Elbufer
+49 351 899 320
dresden.filmnaechte.de

Raum im Kraszewski-Museum mit Schreibtisch des Autors

21 Garnisonkirche

F2 Stauffenbergallee 9 7, 8 64 +49 351 8627 8324 Zeiten der Website entnehmen st-martin-dresden.de

Das auch als Garnisonkirche St. Martin bekannte Gotteshaus wurde 1893–1900 von William Lossow und Ernst Viehweger im Stil des Historismus errichtet. Die Kirche war für die 10 000 in der Albertstadt stationierten sächsischen Soldaten gedacht. Das Problem der Konfessionen wurde so verblüffend wie einfach gelöst: Der linke (kleinere) Kirchenraum war den Katholiken, der rechte den Protestanten vorbehalten. Die Doppelfunktion ist an der Südfassade noch zu erkennen: Rechts betonen Strebepfeiler nach gotischem Vorbild die Vertikale, links springt der neoromanische evangelische Chor mit drei großen Fensterrosen hervor. Seit Ende des Zweiten Weltkriegs wird unter dem Namen St. Martin nur noch der katholische Bereich sakral genutzt.

Eine vergoldete Kugel mit einem Kreuz ziert die Spitze des 90 Meter hohen Kirchturms. Im katholischen Teil des Kirchenraums sind einige Wandgemälde erhalten. Sehenswert sind auch die Mosaiken am Hauptaltar sowie die Plastiken der Apostel Paulus und Petrus.

22 Militärhistorisches Museum der Bundeswehr

F1–2 Olbrichtplatz 2 7, 8 64 +49 351 823 2850 Mo 10–21, Di, Do–So 10–18 mhmbw.de

Anhand der sieben Bereiche Militärtechnik, Handwaffen, Uniformen/Feldzeichen, Orden/Varia, Kunst, Schriftgut und Bildgut dokumentiert das Museum deutsche Militärgeschichte vom Mittelalter bis zur Gegenwart. Die Bandbreite der über 10 000 ausgestellten Objekte aus rund 700 Jahren Gewaltgeschichte reicht von Uniformen über Tiere aus fernen Gegenden bis zu Raketen.

Das »Leitmuseum der Bundeswehr« wurde nach Plänen von Daniel Libeskind erweitert und 2011 neu eröffnet. Symbolisiert die Fassade des Altbaus autoritäre Strenge vergangener Zeiten, repräsentiert die transparente Fassade des 30 Meter hohen, keilförmigen Glas-Stahl-Anbaus (mit Aussichtsplattform an der Spitze) die Offenheit einer demokratischen Gesellschaft.

Auch im Inneren spiegelt sich der Übergang wider. Während die chronologisch geordneten Ausstellungen im Altbau in der Tradition einer Militariaschau stehen, beleuchtet das neue Konzept anhand von Themenparcours verstärkt die Kulturgeschichte der Gewalt.

23 Kraszewski-Museum

F3 Nordstraße 28 11, 13 +49 351 804 4450 Mi–So 12–17 museen-dresden.de

Der Autor Józef Ignacy Kraszewski (1812–1887) zählt zu den herausragenden Persönlichkeiten Polens im 19. Jahrhundert. Wegen Teilnahme am polnischen Aufstand 1863 wurde er des Landes verwiesen und emigrierte nach Dresden. In vielen seiner Werke (u. a. der *Sachsentrilogie*) setzt er sich mit den sächsisch-polnischen Beziehungen auseinander. Das Museum im ehemaligen Wohnhaus des Autors widmet sich dem Leben und Werk Kraszewskis und veranstaltet Vorträge, Lesungen und Konzerte.

↑ *Militärhistorisches Museum: Fassade; Themenparcours Tiere beim Militär* (Detail)

Spaziergang in der Neustadt

Länge 2 km **Dauer** 40 Min. **Straßenbahn** 4, 8, 9

Die Innere Neustadt zwischen der Elbe und dem Albertplatz umfasst einige der letzten verbliebenen barocken Bürgerbauten, sehenswerte Kirchen, Museen, Denkmäler und Brunnenanlagen. Die Hauptstraße ist ein baumbestandener Fußgängerboulevard, die Königstraße eine prachtvolle und lebhafte Einkaufsstraße. Als Wohnviertel ist der Stadtteil überaus beliebt – die fast ausnahmslos schön renovierten Altbauten zählen zu den gefragtesten Adressen der Stadt. Zum Flair des Viertels tragen neben Kunstgalerien und Boutiquen, Restaurants und Bars auch die Neustädter Markthalle und die vielen kleinen Läden bei.

Der Turm der **Dreikönigskirche** *(siehe S. 126f)* ragt 87,5 Meter in die Höhe.

Juwele des Barock finden sich – wie hier im **Barockgarten** – nicht nur in der Dresdner Altstadt.

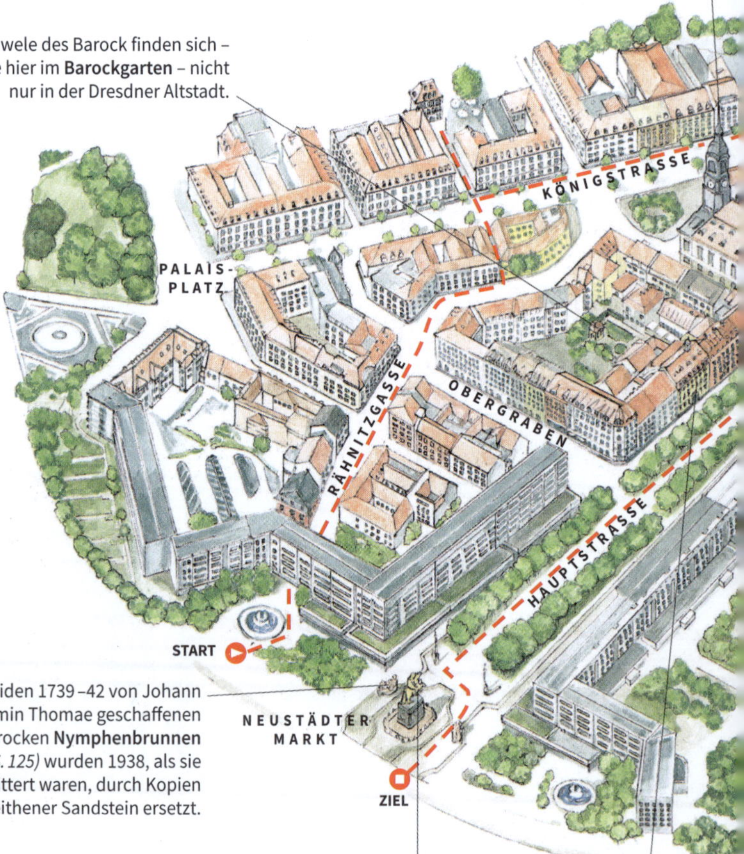

Die beiden 1739–42 von Johann Benjamin Thomae geschaffenen spätbarocken **Nymphenbrunnen** *(siehe S. 125)* wurden 1938, als sie stark verwittert waren, durch Kopien aus Kirchleithener Sandstein ersetzt.

In typisch absolutistischer Pose präsentiert sich August der Starke im Standbild **Goldener Reiter** *(siehe S. 124)* am Neustädter Markt. Die Vergoldung des wohl berühmtesten Standbilds der Stadt erfolgte mit knapp 200 Gramm Gold.

Im **Kügelgenhaus** *(siehe S. 125)* wohnte der Maler Gerhard von Kügelgen (1772–1802).

Zur Orientierung
Siehe Stadtteilkarte S. 120f

Das **Schillerdenkmal** (1913) aus weißem Marmor zählt zu den Hauptwerken des Bildhauers Selmar Werner.

Zwei markante **Brunnenanlagen** *(siehe S. 128)* zieren den Albertplatz.

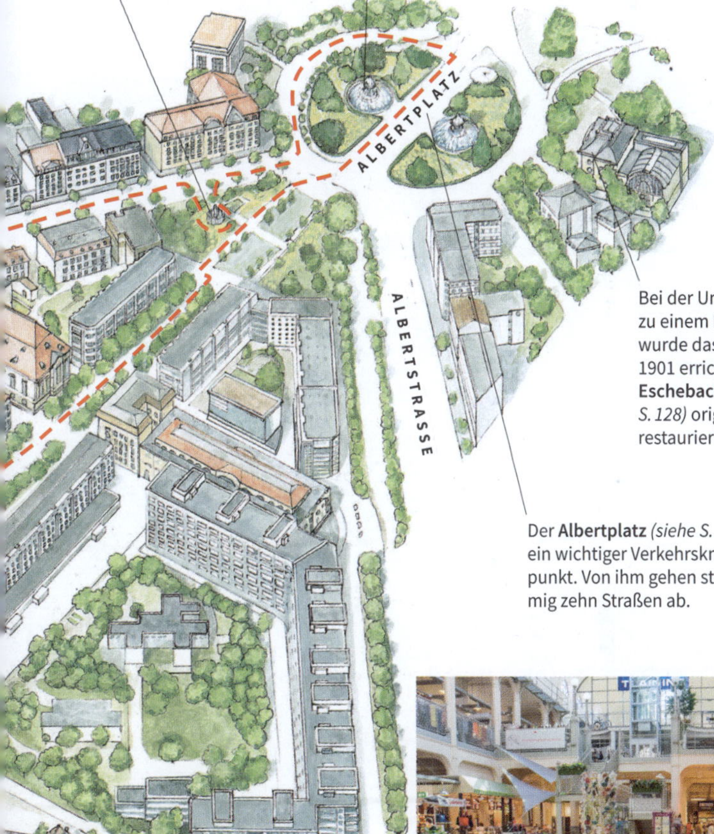

Bei der Umgestaltung zu einem Bankhaus wurde das Dach der 1901 errichteten **Villa Eschebach** *(siehe S. 128)* originalgetreu restauriert.

Der **Albertplatz** *(siehe S. 128)* ist ein wichtiger Verkehrsknotenpunkt. Von ihm gehen sternförmig zehn Straßen ab.

Der in Teilen noch vorbarocke **Jägerhof** *(siehe S. 132)* beherbergt das Museum für Sächsische Volkskunst.

↑ *In der Neustädter Markthalle* (siehe S. 125), *einem schön restaurierten, 86 Meter langen Gründerzeitbau von 1899, wird ein Einkaufsbummel zum faszinierenden Erlebnis*

0 Meter 100 N ↑

Spaziergang in der Inneren Neustadt

Länge 2 km **Dauer** 1 Std. **Start** Japanisches Palais

Der Weg führt durch die beiden Hauptachsen der Neustadt, Königstraße und Hauptstraße, vorbei an barocken Stadtpalästen, edlen Boutiquen, Galerien und Passagen mit Kunsthandwerksläden. Beide Boulevards treffen sich am nahezu kreisrunden Albertplatz, dessen Brunnen wahre Kunstwerke sind. Kunterbuntes Treiben herrscht an Wochentagen in der Neustädter Markthalle.

Das **Kulturrathaus** – Sitz des Kulturbürgermeisters – ist Schauplatz für zahlreiche Veranstaltungen.

Ein wunderschöner Garten umrahmt das **Japanische Palais** *(siehe S. 122f)*, in dem mehrere Museen untergebracht sind.

Das **Blockhaus** *(siehe S. 124)* diente seit seiner Fertigstellung (1755) unterschiedlichen Zwecken.

Von diesem Standort, dem so genannten **Canaletto-Blick** *(siehe S. 124)*, malte der Hofmaler seine berühmte Stadtansicht.

Das Museum für Sächsische Volkskunst im **Jägerhof** *(siehe S. 132)* umfasst auch eine Puppentheatersammlung.

← *Mit dem Japanischen Palais erfüllte sich August der Starke seinen Traum von einem Schloss für seine Porzellansammlung*

Zur Orientierung
Siehe Stadtteilkarte S. 120f

← *Der Jägerhof zeichnet sich durch seinen Giebel und die Treppentürme aus*

Im **Staatsarchiv** werden Dokumente, Karten und elektronische Datenträger aus mehr als 1000 Jahren deutscher Geschichte aufbewahrt.

Das **Staatsministerium für Wirtschaft** ist auch für Verkehr – und damit u. a. für die Binnenschifffahrt auf der Elbe – zuständig.

Die **Albertbrücke** ist nach König Albert von Sachsen benannt.

Die **Staatskanzlei** *(siehe S. 131)* ist Sitz der Regierung und des Ministerpräsidenten von Sachsen.

Die **Sächsische Finanzministerium** *(siehe S. 131)* wurde 1896 und damit wenige Jahre vor der Staatskanzlei vollendet.

Schon gewusst?

Jedes Jahr Anfang September lädt das Barockviertel zwischen König- und Hauptstraße zur Cocktailnacht.

Palais im Großen Garten (siehe S. 152)

Großer Garten

Die schönste und mit einer Fläche von rund zwei Quadratkilometern auch größte zusammenhängende Parkanlage ist die »grüne Lunge« der Stadt. Spaziergänger, Jogger und Radfahrer nutzen das etwa 39 Kilometer lange Wegenetz des Großen Gartens. Seine Historie begann 1676 mit der Anlage eines kurfürstlichen Jagdgartens und dem Gartenpalais, einem Schauplatz für kurfürstliche Repräsentation. Darum herum wurde ein Lustgarten im Stil des französischen Barock angelegt. Seit 1814 ist das Areal der Öffentlichkeit zugänglich. Längst ist der Große Garten, in dem auch kulturelle Veranstaltungen stattfinden, das beliebteste Naherholungsgebiet der Dresdner und Dresdnerinnen.

Auf dem Gelände befinden sich mit dem Deutschen Hygiene-Museum und der Gläsernen Manufaktur zwei vollkommen unterschiedliche, aber gleichermaßen überaus interessante Erlebniswelten. Weitere bedeutende Anziehungspunkte sind der Zoo und der Botanische Garten mit Tieren und Pflanzen aus allen Klimazonen. Auf eine Zeitreise in das barocke Dresden des 18. Jahrhunderts begeben sich die Besucher des Panometers.

C
D
E
5
7
8
9
10
Großer Garten
Landgericht
GEROK-
HANS-GRUNDIG-STRASSE
PILLNITZER STRASSE
STRASSE
STRASSE
STRIESENER
ZIRKUSSTRASSE
MATHILDEN-
GÜNTZ-
ST. PETERSBURGER STR.
GRUNAER STRASSE
PIRNAISCHE STRASSE
GEORG-PLATZ
COMENIUSSTRASSE
STÜBELALLEE
Östliche Altstadt
Seiten 98–117
1 Deutsches Hygiene-Museum
Gläserne Manufaktur
2
ZINZENDORFSTR.
LINGNER-PLATZ
LINGNER-ALLEE
LENNÉ-STRASSE
HERKULESALLEE
Botanischer Garten
5 Bürgerwiese und Blüherpark
BLÜHERSTRASSE
7 Rudolf-Harbig-Stadion
RÄCKNITZSTR.
BÜRGERWIESE
HANS-DANKNER-STR.
MOSCZINSKYSTRASSE
LINDENGASSE
SIDONIENSTRASSE
HAUPTALLEE
Puppentheater Sonnenhäusel
4 Großer Garten
WIENER PLATZ
G.-PALUCCA-STRASSE
PARKSTRASSE
SÜDALLEE
Parkeisenbahn
WIENER STRASSE
LENNÉ-PLATZ
STREHLENER STRASSE
Zoo
WIENER STRASSE
TIERGARTEN-STRASSE
ANDREAS-SCHUBERT-STRASSE
UHLANDSTRASSE
RICHARD-STRAUSS-PLATZ
R.-WAGNER-STRASSE
QUER-
SCHNORR-STRASSE
STREHLENER PLATZ
WIENER STRASSE
BEETHOVENSTRASSE
STRASSE
REICHENBACH-STRASSE
SEMPERSTRASSE
AUGUST-BEBEL-STRASSE
TEPLITZER STRASSE
Bundeswehr-verwaltungs-zentrum
Beutler-park
PARK
ACKERMANNSTRASSE
FRANZ-LISZT-
J.-OTTO-STR.
WASASTRASSE
OSKARSTRASSE
Dresden Strehle
ZELLESCHER WEG
ZELLESCHER WEG
ALTSTREHLEN
Technische Universität Dresden
MÜNZMEISTERSTRASSE
PARADIES-STRASSE
TEPLITZER STRASSE
LOCKWITZER STRASSE
CASPAR-DAVID-FRIEDRICH-STRASSE
GEYSTRASSE
RÄCKNITZHÖHE
N
0 Meter
500

Großer Garten

Highlights

❶ Deutsches Hygiene-Museum
❷ Gläserne Manufaktur
❸ Panometer
❹ Großer Garten

Sehenswürdigkeiten

❺ Bürgerwiese und Blüherpark
❻ Christuskirche
❼ Rudolf-Harbig-Stadion
❽ Thomaskirche

Restaurants

① Wachstube Großer Garten
② e-Vitrum
③ Grand Café

1

Deutsches Hygiene-Museum

D7 Lingnerplatz 1 1, 2, 4, 10, 12, 13 +49 351 484 6400 Di–So 10–18 (Fr ab 15 Uhr Tickets zum halben Preis); Führungen: nach Anmeldung (mit Museumsticket kostenfrei) dhmd.de

Mit dieser Einrichtung verfügt Dresden über eines der renommiertesten Wissenschaftsmuseen Europas. Initiator war 1912 der Fabrikant Karl August Lingner, der zuvor in Dresden die erste Internationale Hygiene-Ausstellung ins Leben gerufen hatte. Aus ihr ging die Idee für das Museum hervor, das seit 1930 am Lingnerplatz untergebracht ist.

Das Deutsche Hygiene-Museum widmet sich einem Thema, das so naheliegend wie komplex ist: der Mensch in seinen kulturellen, sozialen und biologischen Dimensionen. Das »Abenteuer Mensch« rund um den hier »durchsichtig« gemachten Menschen wird für Besucher zu einer spannenden Erlebnisreise – nicht nur zum eigenen Körper, sondern auch zu eigenen Gedanken und Gefühlen. Viele Medienstationen und interaktive Elemente sorgen dabei für ein höchst informatives und zugleich unterhaltsames Museumserlebnis.

Zu den Symbolfiguren des rund 1300 Exponate umfassenden Hygiene-Museums wurden der Gläserne Mensch und die Gläserne Frau. Hinter den transparenten Hüllen erkennt man Skelett, Organe, Blut- und Nervenbahnen. Die Kunststofffiguren veranschaulichen das Funktionieren des Bewegungsapparats.

Im Hygiene-Museum ist Mitmachen angesagt: An mehreren Stationen kann man etwa seine Gedächtnisleistung und Konzentrationsfähigkeit testen. Im Kinder-Museum steht den jüngsten Besuchern viel Platz zum Ausleben ihrer Entdeckerlust zur Verfügung. Im Gläsernen Labor darf man selbstständig zu spannenden Themen experimentieren.

↑ *Themenraum Leben und Sterben: Bestattungsbeigaben aus Vietnam*

Kurzführer

Die »Abenteuer Mensch« genannte Dauerausstellung mit sieben Abteilungen liegt im ersten Stock. Im Erdgeschoss befinden sich das Gläserne Labor und Räume für Sonderausstellungen, im Sockelgeschoss das Kinder-Museum. Für Menschen mit Mobilitätseinschränkung ist das gesamte Museum barrierefrei zugänglich. Das Café-Restaurant kann unabhängig vom Museum besucht werden.

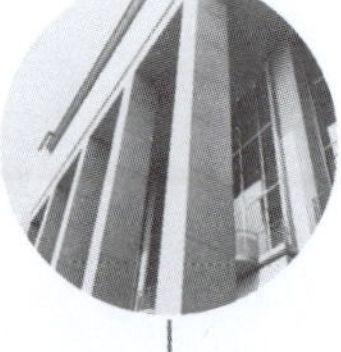
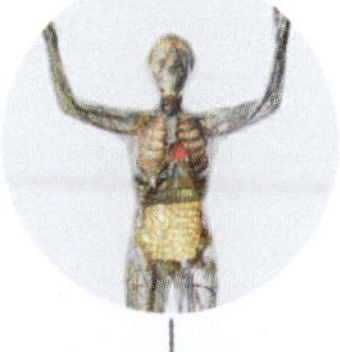

Chronik

1912
△ Der erfolgreiche Dresdner Unternehmer Karl August Lingner gründet das Museum

1930
△ Bezug des Gebäudes im Großen Garten, größte Attraktion ist der Gläserne Mensch

1935
△ Produktion der Gläsernen Frau, des detailgenauen durchsichtigen Modells einer Frau

2020
△ Das Museum zählt zu den Standorten der 4. Sächsischen Landesausstellung

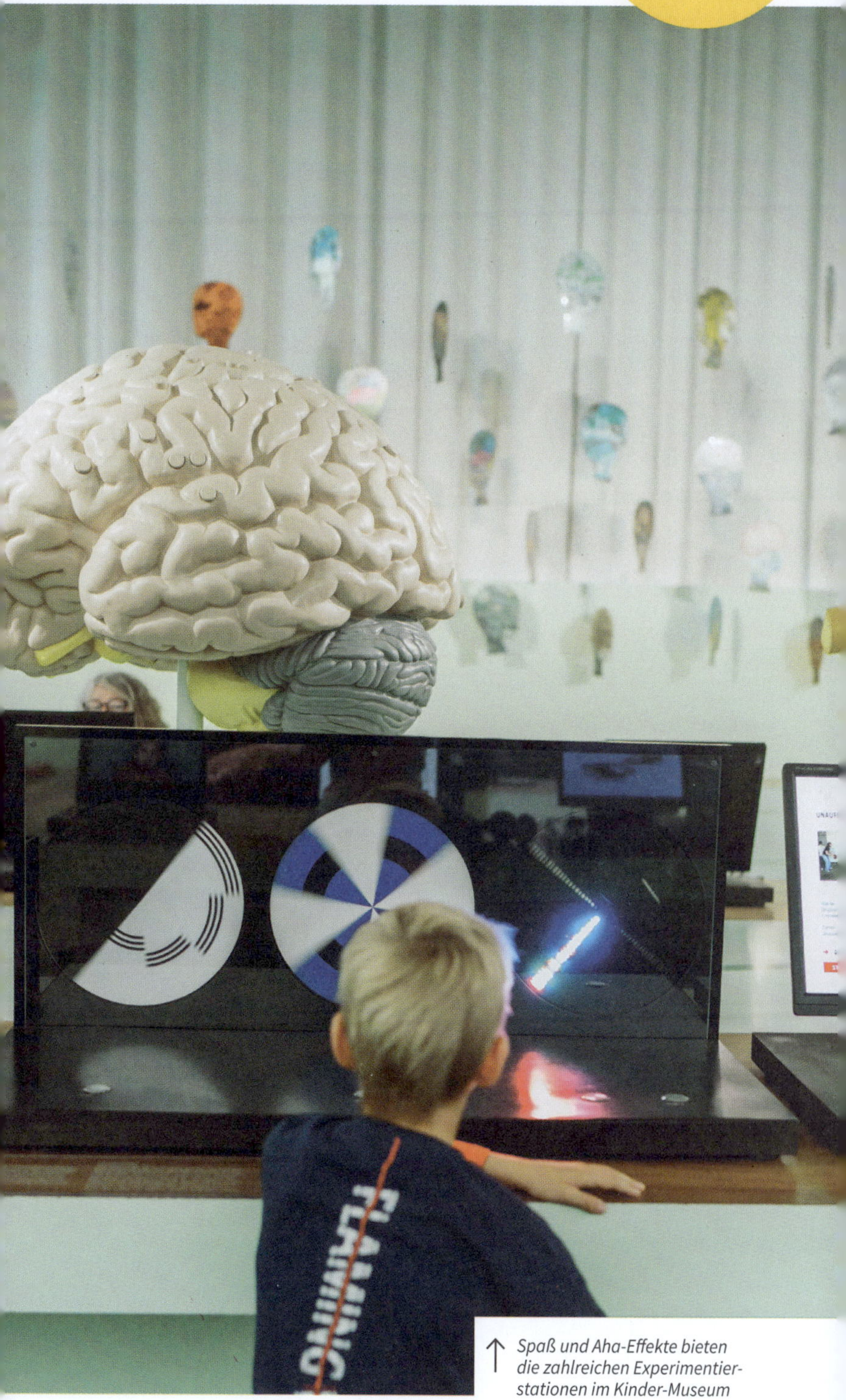

↑ *Spaß und Aha-Effekte bieten die zahlreichen Experimentierstationen im Kinder-Museum*

↑ *Bilder, Fotos und interaktive Stationen im Themenraum Sexualitäten*

Deutsches Hygiene-Museum: Sammlungen

Unter dem Motto Staunen – Lernen – Ausprobieren präsentiert das Museum im Rahmen einer Erlebnisreise den Menschen in vielen Facetten. Die Dauerausstellung mit einer Fläche von mehr als 2000 Quadratmetern ist über sieben Themenräume verteilt, die einzelne Aspekte menschlichen Lebens veranschaulichen. Die Abteilungen geben nicht nur den aktuellen Stand naturwissenschaftlicher Forschungen wider, sondern behandeln auch Fragen der Alltagskultur. Das 2005 geschaffene Kinder-Museum ist ein eigener Erlebnisbereich. Sonderausstellungen setzen sich mit den Themen Kultur und Gesellschaft, Wissenschaft und Kunst auseinander.

Der Gläserne Mensch

Diese Abteilung ist nach einem ihrer bekanntesten Objekte (angefertigt 1930) bezeichnet *(siehe S. 142)*, das gemeinsam mit der Gläsernen Frau symbolhaft für das Deutsche Hygiene-Museum steht. Auch andere eindrucksvolle anatomische Modelle sowie Schaubilder geben die verborgenen Bereiche des Körpers preis. Die Funktionsweise einzelner Organe wird anhand von Originalpräparaten und Modellen aus Gips oder Wachs erläutert. Ein Schaukasten enthält aus Wachs geformte Nachbildungen krankhaft veränderter Körperpartien. An interaktiven Lernstationen erfährt man darüber hinaus mehr über moderne bildgebende Verfahren wie etwa CT oder Ultraschall und ihre diagnostischen Möglichkeiten.

Leben und Sterben

Geburt, Krankheit, Alterung und Tod – die großen Einschnitte im Leben des Menschen – werden in diesem Raum behandelt. Modelle demonstrieren etwa die Entwicklungsstadien von der Befruchtung der Eizelle bis zur Geburt. Utensilien für die Entbindung (u. a. Hörrohr und Nabelschere) enthüllt ein Hebammenkoffer, auch ein Gebärstuhl zählt zum Inventar der Sammlung. Aus diversen Kulturkreisen werden zeremonielle Handlungen vorgestellt, die Geburt oder Tod begleiten. Eine Medieninstallation veranschaulicht, wie Körperfunktionen einem vorgegebenen inneren Rhythmus folgen. Zu den dargestellten Symptomen des Alterns zählt ein an grauem Star erkranktes Auge. Auch würdevolles Sterben wird thematisiert.

Essen und Trinken

Im Fokus steht der Vorgang des Essens – vom Reiz, den Aussehen und Aroma der Speisen auslösen, bis zur Verdauung. Ein überdimensionales Holzmodell einer Zunge erläutert die Sensibilität des Geschmacksorgans, ein aufgeschnittenes Gipsmodell des Nase-Rachen-Raums führt zum Geruchssinn, Präparate von Bauchspeicheldrüse, Magen und Darm veranschaulichen die Struktur des Verdauungstrakts. Auch die Beziehung zwischen Ernährung und Gesundheit wird untersucht. Stand früher die Überwindung von Mangelkrankheiten wie Rachitis im Fokus, stellen nun Folgen des Überflusses (z. B. Fettleibigkeit und Karies) zentrale Probleme dar – beide Phänomene werden unter die Lupe genommen.

Sexualitäten

Die Auseinandersetzung mit Liebe und Lust, Freizügigkeit und Tabus, Attraktivität und Suggestion in verschiedenen Epochen und Kulturen wird hier thematisiert. Die Ausstellung ist ein Plädoyer für einen selbstbestimmten Umgang mit unterschiedlichen Formen von Sexualität. In fünf Kapiteln folgt die Ausstellung dem Weg vom »Kennenlernen« über »das erste Mal« bis hin zum »Zusammenleben«. Das interaktive Modul »Let's Talk About Sex« richtet sich vor allem an die sexuelle Neugier junger Menschen, unter dem Motto »Lust und Begehren« wird eine Kulturgeschichte der Leidenschaften präsentiert – von früher gebräuchlichen Methoden der Luststeigerung bis zu digitalen Formen sexuellen Begehrens.

Der Themenraum wirft auch einen Blick auf das über lange Zeit verdrängte Thema sexualisierter Gewalt und zeigt zudem, welche neuen familiären Konstellationen durch die Möglichkeiten der modernen Reproduktionsmedizin eröffnet werden. Auch Sexualaufklärung wird berücksichtigt. Ein Schwerpunkt liegt auf der Immunschwächekrankheit Aids und anderen sexuell übertragbaren Krankheiten.

Erinnern, Denken, Lernen

Das Museum widmet sich auch der Hirnforschung, die sich zu einer Schlüsseldisziplin der Wissenschaften entwickelt hat. Stationen bieten fantastische Einblicke in die Leistung unseres Denkorgans. Den Bauplan des Gehirns dokumentiert der Gallsche Schädel. Gedächtnis und Konzentration können anhand von Tests geprüft werden. Museumsbesucher erleben auch verschiedenste Phänomene der Wahrnehmung: An Hörbeispielen wird nachvollziehbar, was an Tinnitus leidende Menschen erleben. Die Vielfalt der Sinneszellen in der Haut – darunter auch der Rezeptoren für Temperaturen – wird an einer Heißkalt-Spirale demonstriert. Umkehrbrillen sorgen sichtlich für Verwirrung. Ein weiteres Thema ist die Bewusstseinsveränderung durch Drogenkonsum.

Bewegung

Neben gezielten Bewegungen wie etwa beim Sport laufen andere wie Herzschlag oder Wimpernschlag »automatisch« ab. Dies wird anhand von zahlreichen Exponaten veranschaulicht. Ein Modell informiert über die Funktionsweise des Herzens, unterschiedliche Herztöne sowie Herzrhythmusstörungen.

Einblick in das weite Feld der Körpersprache gewähren Porträts, die Basisemotionen wie Angst, Freude oder Ekel ausdrücken. Eindrucksvoll sind auch anatomische Exponate zum Bewegungsapparat, historische und moderne Hightech-Prothesen sowie Bodybuilding-Gerätschaften aus früheren Zeiten. Auf einer Balancierstrecke wird der Gleichgewichtssinn der Besucher auf die Probe gestellt. Zudem kann man hier sein Rhythmusgefühl ebenso testen wie seine Fitness (u. a. Lungenleistung und Beweglichkeit).

Staunen im Kinder-Museum

Schönheit, Haare, Haut

Dieser Komplex steht im Zeichen der Schönheit und des menschlichen Strebens, sich den wechselnden Idealen anzupassen. Haut und Haar wird dabei die größte Aufmerksamkeit geschenkt. Viel Raum nimmt die kosmetikhistorische Sammlung Schwarzkopf zur Schönheits- und Körperpflege ein, die seit 1995 hier untergebracht ist. Ihr Spektrum reicht von einer sumerischen Schminkpalette über ein Badefläschchen aus der Römerzeit bis zu neuzeitlichen Parfümflakons und Perückenköpfen. Duftöle, Salben und Puder werden entsprechend gewürdigt.

Exponate des Themenraums Essen und Trinken

Kinder-Museum

Die Dauerausstellung wird durch diesen Bereich für Kinder zwischen vier und zwölf Jahren ergänzt. Auf einer Fläche von ungefähr 500 Quadratmetern erschließt sich den jüngsten Besuchern auf einem faszinierenden Spielplatz des Wissens das Reich der menschlichen Sinne. Deren Funktionsweise und Bedeutung erfahren Kinder bei vielfältigen interaktiven Stationen – u. a. im Spiegelkabinett, an Geschmacksstationen, an Riechsäulen, beim Geräuscheraten und an der Körperabdruckwand.

2

Gläserne Manufaktur

E7 · Lennéstraße 1 · 1, 2, 4, 10, 12, 13 · +49 351 420 4411 · Mo–Sa 9–18:30; Führungen: nach Anmeldung Restaurant e-VITRUM · Mo–Sa 10–17 · +49 351 420 4250 · glaesernemanufaktur.de

Hinter der Glasfassade verbirgt sich seit 2002 nicht nur die Produktionsstätte von Autos, sondern auch eine Welt, in der Hightech für Besucher zum Erlebnis wird. Einer Manufaktur entsprechend werden die Autos (auch) von Hand zusammengefügt. Bei einem Rundgang erlebt man die einzelnen Phasen des Autobaus hautnah – ganz ohne störenden Lärm und Ölgeruch. Täglich laufen hier 38 Exemplare des VW ID.3, des ersten Elektroautos von Volkswagen, vom Band.

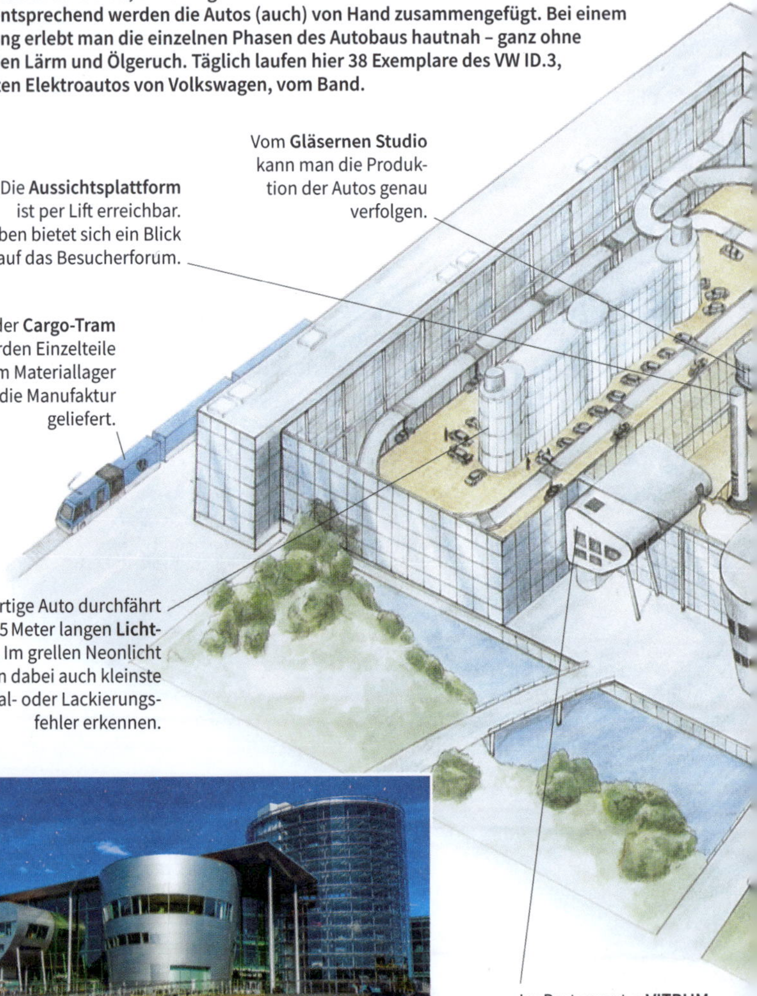

Vom **Gläsernen Studio** kann man die Produktion der Autos genau verfolgen.

Die **Aussichtsplattform** ist per Lift erreichbar. Oben bietet sich ein Blick auf das Besucherforum.

Mit der **Cargo-Tram** werden Einzelteile vom Materiallager in die Manufaktur geliefert.

Jedes fertige Auto durchfährt diesen 25 Meter langen **Lichttunnel**. Im grellen Neonlicht kann man dabei auch kleinste Material- oder Lackierungsfehler erkennen.

Im Restaurant **e-VITRUM** *(siehe S. 155)* genießt man ausgezeichnete Küche in einem besonderen Ambiente. Das Restaurant gilt als eines der besten in Sachsen.

↑ *Für die Fassade der Gläsernen Manufaktur wurden rund 27 500 Quadratmeter Glas verbaut*

Highlight

←
Kernelement der Produktion ist das mit Parkett ausgelegte Schuppenband, auf dem die Autos alle Fertigungstakte durchlaufen

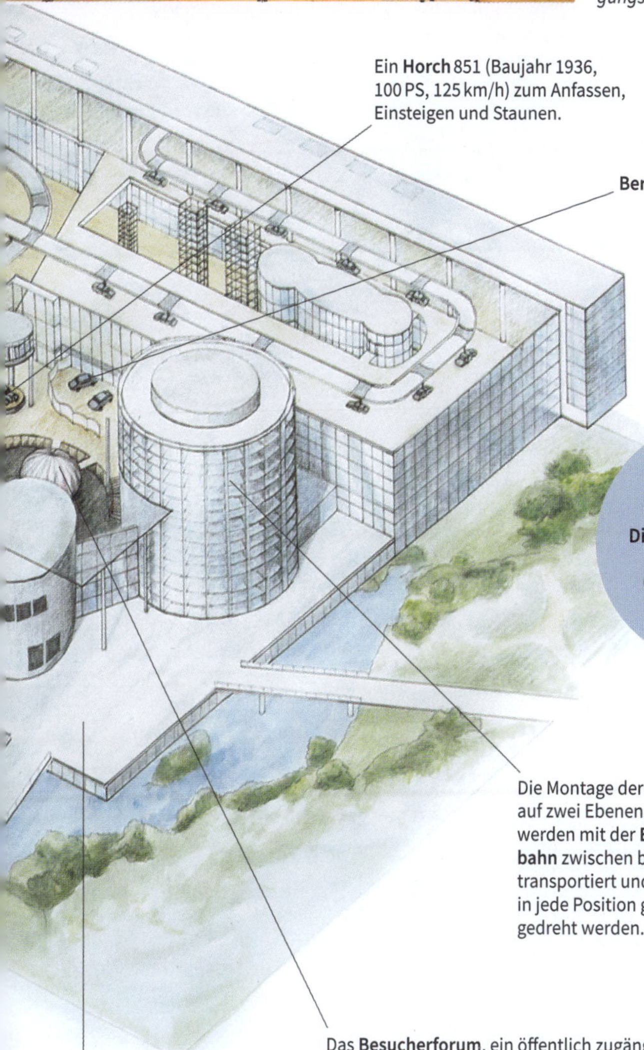

Schon gewusst?

Die gläserne Fassade symbolisiert das Gesamtkonzept – Transparenz und Offenheit.

3

Panometer

H10 Gasanstaltstraße 8b 1, 2 64 Reick +49 351 4864 4242
Mo – Fr 10 –17, Sa, So 10 –18 (letzter Einlass: eine Stunde vor Schließung); Führungen: tägl. 11, 13 panometer-dresden.de

Eine Zeitreise in Dresdens Vergangenheit unternehmen Besucher des Panometers. Ein 38 Meter hoher ehemaliger Gasometer dient seit 2006 als Ausstellungsgebäude für ein 105 Meter langes und 27 Meter hohes Panoramabild, das der Architekt und Künstler Yadegar Asisi schuf. Das 360-Grad-Panorama – entstanden aus einem Mix aus klassischer Malerei und modernster Computertechnik – erzeugt eine schier magische Raumwirkung. Die Ausstellung wechselt regelmäßig zwischen »Dresden im Barock« und »Dresden 1945«.

← *In der Ausstellung »Dresden im Barock« erleben Besucher den besonderen Zauber jener Epoche*

Highlight

←
»Dresden 1945« – Panorama der Stadt nach den verheerenden Luftangriffen

Ausgefeilte **Technik** mit wechselnder Beleuchtung und passenden Musikeinspielungen simuliert den Ablauf eines Tages im Elbflorenz des Jahres 1756.

Damit sich die Illusion der Räumlichkeit erschließt, betrachten die Besucher das Bild von einer etwa 15 Meter hohen **Panoramaplattform**.

Die **Sandsteinfassade** des zylinderförmigen Industriedenkmals wurde umfassend saniert.

Schon gewusst?

Der Gasometer wurde 1880 erbaut und war bis 1973 in Betrieb.

4

Großer Garten

D7 – G9 · 1, 2, 4, 9, 10, 11, 12, 13 · 61, 66, 68, 85 · Strehlen
Geschäftsstelle Großer Garten Kavaliershaus G, Hauptallee 5 · +49 351 445 6600
ganzjährig, Park tägl. 24 Std · grosser-garten-dresden.de

Das grüne Areal ist eine vielfältig genutzte Parkanlage – ideal für einen Spaziergang, ein Picknick, einen Biergartenbesuch, eine Ruderpartie auf dem Carolasee oder eine Runde mit der Parkeisenbahn. An die Vergangenheit als Barockgarten erinnern noch das Palais, einige Statuen und die als Sichtachsen konzipierten Alleen. Neben Natur und Entspannung findet man hier kulturelle Attraktionen, die auch architektonisch bemerkenswert sind, und eine öffentlich zugängliche Autofabrik. Nicht umsonst ist der Park das beliebteste Naherholungsgebiet der Dresdner – mitten in der Stadt.

In der **Gläsernen Manufaktur** *(siehe S. 146f)* entstehen vor den Augen der Besucher Elektroautos.

Im **Botanischen Garten** *(siehe S. 153)* werden rund 10 000 Pflanzenarten aus allen Klimazonen präsentiert.

Die **klassizistischen Torhäuser** am westlichen Ende der Hauptallee wurden 1814 von Gottlob Friedrich Thormeyer erbaut.

Die Anlagen des **Zoos** *(siehe S. 153)* – darunter Freigehege, Afrikahaus (u. a. mit Elefanten) und Aquarien – sind den natürlichen Lebensräumen der Tiere nachempfunden.

Neben der Freilichtbühne und dem kleineren Parktheater in der Nähe des Palaisteichs ist das **Puppentheater Sonnenhäusel** die dritte Bühne im Großen Garten. Die Heiterkeit der Spielstätte spiegelt sich in der unkonventionell gestalteten Fassade wider.

←

Seinen Anspruch nach Verwendung organischer Formen setzte Architekt Hans Poelzig bei diesem Mosaikbrunnen (1926) durch die Konstruktion kelchartig gestaffelter Aufbauten eindrucksvoll um

Highlight

↑ *Das 1678–83 errichtete Palais im Großen Garten war Dresdens erster barocker Palastbau. Die Parkeisenbahn* (Detail) *fährt auf einer 5,6 Kilometer langen Strecke zwischen den einzelnen Attraktionen mit zwei Dampf- und zwei Elektrolokomotiven. Eine Rundfahrt dauert 30 Minuten, Kinder und Jugendliche sind als Lokführer aktiv*

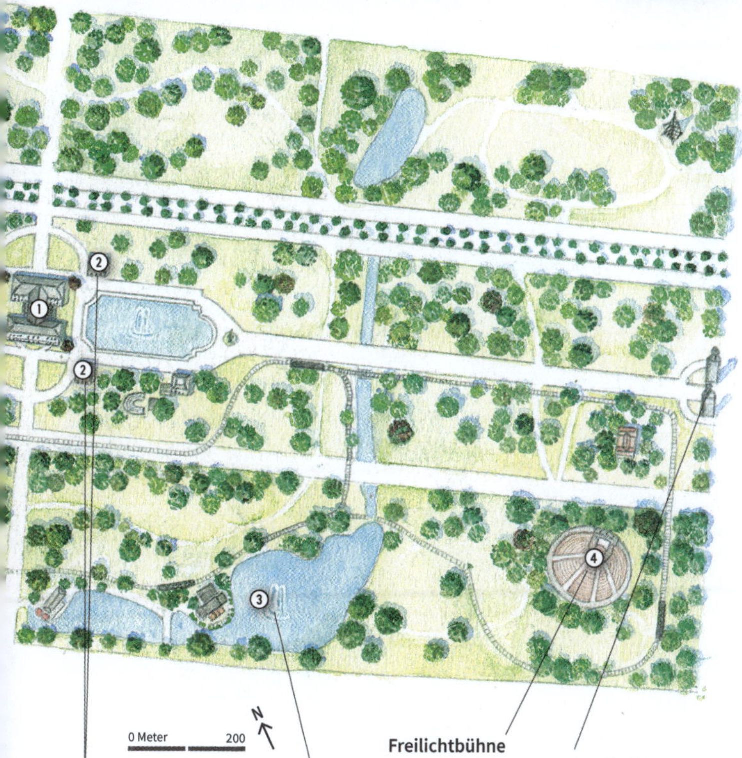

Freilichtbühne Junge Garde *(siehe S. 152f)*

In den **Kavaliershäusern** *(siehe S. 152)* hielten sich die Frauen der höfischen Gesellschaft während der Jagden auf.

Carolaschlösschen und **Carolasee** *(siehe S. 152)* sind beliebte Treffpunkte im Großen Garten.

Das **östliche Hauptor** am Schnittpunkt von Hauptallee und Karcherallee bietet Zugang von der cityfernen Seite des Großen Gartens. Es wird von den Skulpturengruppen *Venus und Adonis* sowie *Meleager und Atalante* flankiert, die Johann Christian Kirchner 1719 schuf.

Ruderpartie auf dem Carolasee vor dem Grand Café

SEHENSWÜRDIGKEITEN

Das nun als Freizeitgelände genutzte Areal diente jahrhundertelang repräsentativen Zwecken. Dafür wurden eindrucksvolle Bauten errichtet, die geradezu überbordend verziert wurden. Das im Zentrum der ausgedehnten Grünanlage errichtete Palais im Großen Garten (auch Gartenpalais genannt) lässt Einflüsse französischer Baukunst sowie Stilelemente italienischer Renaissance-Villen erkennen. Es markiert als Dresdens erster barocker Profanbau den Auftakt sächsischer Barockarchitektur. Das Ensemble komplettieren einige als Kavaliershäuser bezeichnete Pavillons, die das Palais umrahmen.

①

Palais im Großen Garten

F8 Hauptallee/ Am Palaisteich 9, 13 68 +49 351 445 6600 Skulpturenausstellung nur im Rahmen von Sonderausstellungen und bei der Führung (Apr – Okt: Mi 14:30) palais-grosser-garten.de

Das weithin sichtbare Palais wurde 1678 – 83 unter der Leitung des sächsischen Baumeisters Johann Georg Starcke für Kurfürst Johann Georg III. erbaut. Es war zu keiner Zeit bewohnt, sondern diente einzig höfischen Vergnügungen.

Die Anlage zeigt eine auffallend klare Gliederung und wirkt strenger als viele andere barocke Bauwerke. Der Skulpturenschmuck zählt zu den großen Leistungen der Bildhauerkunst Ende des 17. Jahrhunderts. Im Erdgeschoss wird eine Ausstellung mit Skulpturen (u. a. von Balthasar Permoser) gezeigt. Den prachtvollen Festsaal im Obergeschoss zieren Marmorarbeiten und Stukkaturen.

②

Kavaliershäuser

F8 9, 13 68

Um das Palais wurden 1684 – 94 acht quadratische Pavillons errichtet, in denen sich die höfische Gesellschaft aufhielt. Ein für Dresden neues architektonisches Element sind die Mansardendächer nach französischem Vorbild. 1730 war in vier Pavillons die Antikensammlung untergebracht, die 1786 ins Japanische Palais verlegt wurde. Drei Pavillons wurden 1945 völlig zerstört, die übrigen 1954/55 restauriert.

③

Carolaschlösschen

F9 Querallee 7
9, 13 68
+49 351 250 6000
carolaschloesschen.de

Am Ufer des 1881/82 angelegten Carolasees entstand 1895 das Carolaschlösschen. In dem schmucken Neorenaissance-Bau richtete man eine Gastwirtschaft ein, die rasch ein beliebtes Ausflugsziel wurde. Jahrzehntelang lag das im Krieg zerstörte Gebäude brach. Nach dem Wiederaufbau ist hier seit 1999 das vornehme Restaurant Grand Café *(siehe S. 155)* mit hübscher Seeterrasse zu finden.

④

Freilichtbühne Junge Garde

G9 Karcherallee 8
1, 2 61, 63, 85
+49 351 431 310
junge-garde.com

Als »sozialistisches Theater« war die 1953 – 55 erbaute Freilichtbühne konzipiert – diesem Geiste entsprachen auch der Name »Junge Garde« und das Programm. Dahinter stand die Idee, den Großen Garten zum Kulturpark umzugestalten. Die Freilichtbühne bietet Platz für etwa 5000 Zuschauer. Auf dem Programm stehen heute Kabarettdarbietungen, Theaterstücke und Konzerte von Schlager bis Rock.

⑤

Zoo

E8 Tiergartenstraße 1
9, 11, 13 68
+49 351 478 060
Apr – Sep: tägl. 8:30 – 18:30; Okt: tägl. 8:30 – 17:30; Nov – Mitte Feb: tägl. 8:30 – 16:30; Mitte Feb – März: tägl. 8:30 – 17:30 zoo-dresden.de

Kleiner Panda im Dresdner Zoo

Bei seiner Gründung 1861 war der Zoo einer der ersten in Deutschland. Er zeigt auf 13 Hektar einen Bestand von rund 1100 Tieren aus mehr als 200 Arten, die in naturnah gestalteten und modernen Anlagen leben.

Zu den größten Besuchermagneten gehört das Afrikahaus, in dem man von der vier Meter hohen Besucherplattform den besten Blick auf die Afrikanischen Elefanten hat. Gegenüber kann man durch große Panoramascheiben Mandrills beobachten, die durch das Geäst der Bäume klettern. Bei diesen Urwaldpavianen aus Westafrika geht es häufig sehr turbulent zu.

Im Prof.-Brandes-Haus, benannt nach Gustav Brandes, dem früheren Zoodirektor und Initiator diverser Zuchtprogramme, leben u. a. baumbewohnende Säugetiere aus allen Kontinenten – von asiatischen Bartaffen bis zu australischen Koalas. Eine weitere Attraktion ist ein vier Meter langes Krokodil.

In der im Jahr 2020 eröffneten Voliere können Besucher über drei Brücken spazieren und dabei u. a. Kubaflamingos und Scharlachsichler erleben. Die seit 2022 bestehende Känguru-Anlage ist das Areal australischer Beuteltiere.

Der über eine Treppe oder Rutsche erreichbare »Zoo unter der Erde« präsentiert unterirdische Lebensräume »verborgener« Kleintiere. Weitere Highlights des Zoos sind u. a. die Löwenanlage, das Orang-Utan-Haus und das Giraffenhaus.

Palais im Großen Garten – Prachtbau im Zentrum der Anlage

⑥

Botanischer Garten

F7 Stübelallee 2
1, 2, 4, 10, 12, 13
+49 351 459 3185
Apr – Sep: tägl. 8 – 18 (Gewächshäuser ab 10); März, Okt: tägl. 10 – 17; Feb, Nov: tägl. 10 – 16; Jan, Dez: tägl. 10 – 15:30
tu-dresden.de/bg

Auf 3,25 Hektar Fläche zeigt der Botanische Garten der Technischen Universität Dresden rund 10 000 Pflanzenarten aus allen Regionen der Welt. Im Freigelände sind die zahlreichen Bäume, Sträucher und Kräuter übersichtlich nach Kontinenten gegliedert. Ein gesonderter Bereich widmet sich den Heil- und Arzneipflanzen. Im Alpinum gedeihen europäische Hochgebirgspflanzen.

Sammlungen tropischer und subtropischer Pflanzen sind in den Schaugewächshäusern untergebracht. Viele Besucher zieht es in das Sukkulentenhaus, in dessen Vorraum auch Orchideen und fleischfressende Pflanzen zu sehen sind. Das Große Tropenhaus präsentiert die Flora Asiens und Afrikas.

Die Gründung des Botanischen Gartens erfolgte 1823, seit 1890 ist er an diesem Standort am Rand des Großen Gartens untergebracht. Sehr spannend ist der Lehrpfad zum Thema Bionik.

5

Bürgerwiese und Blüherpark

D7 1, 2, 4, 9, 10, 11, 12, 13 68

Die beiden gemeinsam etwa 16 Hektar großen Grünanlagen begrenzen den Großen Garten im Nordwesten zur Altstadt hin. Die 1469 erstmals erwähnte Bürgerwiese ist die älteste Grünanlage Dresdens. Lange Zeit nutzte man das Gebiet als Weideland. Erst um die Mitte des 19. Jahrhunderts wurde das Gelände nach Plänen des berühmten Landschaftsarchitekten Peter Joseph Lenné zu einer öffentlichen Parkanlage umgestaltet. Skulpturenschmuck ziert die Bürgerwiese, darunter der Mozartbrunnen mit drei vergoldeten Bronzefiguren (1907) von Hermann Hosaeus, die Plastik *Zwei Mütter* (1902) von Heinrich Epler und der Nymphenbrunnen (1908) von Bruno Fischer.

Der nordöstlich der Bürgerwiese anschließende Blüherpark wurde auf Veranlassung von Kurfürst Johann Georg III. von Sachsen 1683 unter dem Namen Zinzendorfgarten als Bühne für höfische Festlichkeiten angelegt.

Nach 1763 erfolgte die Umgestaltung des Barockgartens in einen englischen Landschaftspark. Nach Ende der Monarchie erwarb die Stadt das Gelände und ließ 1927 den nach dem damaligen Oberbürgermeister Bernhard Blüher benannten Park anlegen.

Das Gotteshaus gilt als eines der bedeutendsten Werke des späten Jugendstils in Deutschland und als erster moderner Kirchenbau Dresdens.

6

Christuskirche

F10 Elsa-Brändström-Straße 1 9, 13 61, 63, 85 Strehlen +49 351 471 0330 Ostern – Erntedankfest: tägl. 17 – 18 christuskirche-dresden.de

Schon von Weitem werden die 66 Meter hohen Doppeltürme der Christuskirche in Dresden-Strehlen sichtbar. Rudolf Schilling und Julius Graebner erbauten das Gotteshaus 1902 – 05, es gilt als eines der bedeutendsten Werke des späten Jugendstils in Deutschland und als erster moderner Kirchenbau Dresdens. Die Fassade wurde nach den Schäden im Zweiten Weltkrieg bis 1951 originalgetreu restauriert.

Sehr eindrucksvoll ist das zweiflügelige Bronzeportal, das von Medaillonbildern Christi geprägt und von floralen Ornamenten eingefasst wird. Darüber thront in einer mit Goldmosaik verzierten Nische der segnende Christus. Bei der Innenausstattung verzichtete man auf eine detailgenaue Rekonstruktion, allerdings wurde die Orgel (1905) im neobarocken Stil wiederaufgebaut und in den 1980er Jahren vergrößert.

Sehenswert sind die beiden Reliefs von Richard König an der östlichen Stirnseite des Mittelschiffs und die beiden Apostelgestalten von August Hudler vor dem Altarkreuz.

7

Rudolf-Harbig-Stadion

DE7 Lennéstraße 12 1, 2, 4, 9, 10, 11, 12, 13 68 +49 351 2508 8100 Führungen: an spielfreien Tagen (Mo 17, Mi 18, Sa 14, So 10) rudolf-harbig-stadion.com

Ein Juwel auf der Bürgerwiese: Mozartbrunnen mit drei vergoldeten Figuren

Rudolf-Harbig-Stadion (im Volksmund Dynamo-Stadion): Spielstätte von Dynamo Dresden

Dies ist der wohl emotionalste Ort der Stadt, denn hier trägt der 1953 gegründete Fußballclub SG Dynamo Dresden seine Heimspiele aus. Die 2009 nach einer umfassenden Modernisierung neu eröffnete Arena bietet Platz für über 32 000 Zuschauer, die ihr Team lautstark unterstützen. Rund zwei Drittel in dem Einrangstadion sind Sitzplätze. Sie sind in den Vereinsfarben gestaltet – die meisten sind gelb, einzelne schwarze ergeben das Wort »Dresden«.

Das erste Stadion am heutigen Standort wurde 1923 eröffnet, 1951 wurde es nach dem Dresdner Leichtathleten Rudolf Harbig benannt. Eigentümer ist die Stadt Dresden. Das Stadion war eine von neun Spielstätten der Fußball-WM der Frauen 2011, hier fanden drei Vorrundenspiele und ein Viertelfinale statt. Im selben Jahr wurde in den Katakomben des Stadions das Dresdner Fußballmuseum zur Geschichte des Fußballs in der Stadt eröffnet.

Auch das American-Football-Team Dresden Monarchs trägt seine Heimspiele im Rudolf-Harbig-Stadion aus, das außerdem regelmäßig Schauplatz musikalischer Veranstaltungen ist – von Rockkonzerten bis Adventssingen.

8

Thomaskirche

H9 Bodenbacher Straße 21 1,2 61, 64, 85 +49 351 471 0330 Zeiten der Website entnehmen kirche-gruna-seidnitz.de/gruna.html

Das denkmalgeschützte Gotteshaus im Stadtteil Gruna östlich des Großen Gartens wurde 1892 im Stil der Neoromanik errichtet. Zu jener Zeit war Gruna noch eine eigenständige Gemeinde, die 1901 Dresden eingemeindet wurde.

Die Bombenangriffe von 1945 überstanden nur die Umfassungsmauern des Ziegelbaus, der Glockenturm mit den drei Glocken aus Gussstahl und der Altar unbeschadet. Nach vollendetem Wiederaufbau wurde die nach dem Apostel Thomas benannte Kirche im Jahr 1950 als erste kriegszerstörte Kirche der Stadt wieder geweiht. Auch nach umfassender Renovierung in den 1980er Jahren präsentiert sie sich relativ schlicht. Zu den kunsthistorisch wertvollsten Schätzen des Innenraums, der rund 350 Gläubigen Platz bietet, gehört der von schönen Marmorreliefs geschmückte Altar.

Restaurants

Wachstube

Gutbürgerliche Küche mit traditionsreichen sächsischen Spezialitäten.

E7 Lennéstraße 9 +49 446 6975 wachstube-dresden.de

€€€

e-VITRUM

Mario Pattis verwöhnt seine Gäste im Restaurant der Gläsernen Manufaktur mit Spitzenküche.

E7 Lennéstraße 1 +49 351 420 4250 So vitrum-dresden.de

€€€

Grand Café

Im Carolaschlösschen speist man im edlen Ambiente eines Art-déco-Kaffeehauses.

F9 Querallee 7 +49 351 250 6000 carolaschloesschen.de/venue/grand-cafe

€€€

Spaziergang im Großen Garten

Länge 1,6 km **Dauer** 30 Min. **Straßenbahn** 1, 2, 4, 10, 12, 13

Der Große Garten ist ein herausragendes Beispiel urbaner Landschaftsarchitektur. Von kunsthistorischem Wert sind einige barocke Bauwerke und der Skulpturenschmuck – über die ganze Anlage sind Statuen und Riesenvasen verteilt. Zudem gibt es moderne Museen und Produktionsstätten. Das rund zwei Quadratkilometer große Gelände bietet kilometerlange Spazierwege, die meist schnurgeraden Alleen folgen. Bei aller Beschaulichkeit kann es im Großen Garten lebhaft zugehen, z. B. rund um das Rudolf-Harbig-Stadion bei Heimspielen von Dynamo Dresden.

Im weltweit einmaligen **Deutschen Hygiene-Museum** *(siehe S. 142–145)* wird der Mensch in all seinen Facetten »durchleuchtet«. Die Kupferstatue *Ballwerfer* vor dem Museum wurde 1983 aufgestellt.

Der **Lingnerplatz** ist nach dem Unternehmer Karl August Lingner *(siehe S. 142)* benannt.

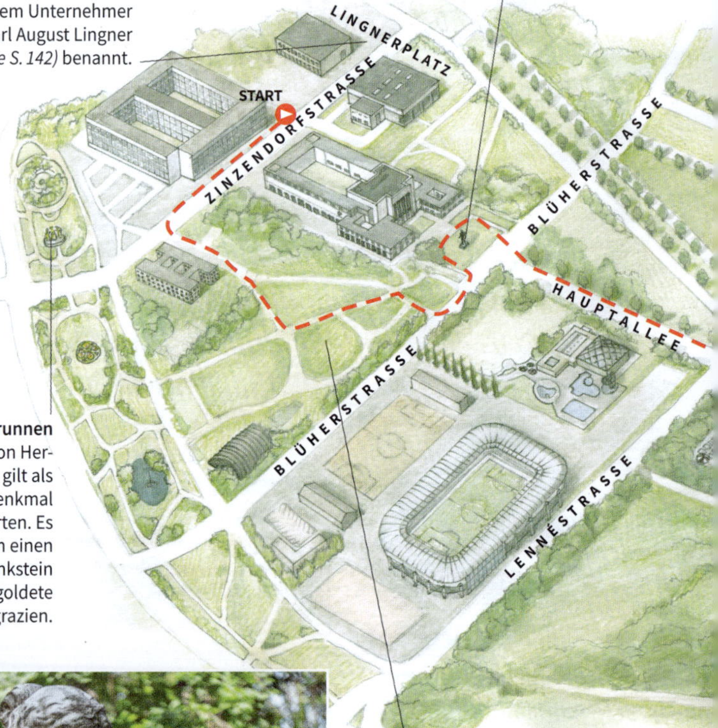

Der **Mozartbrunnen** *(siehe S. 154)* von Hermann Hosaeus gilt als schönstes Denkmal im Großen Garten. Es zeigt drei um einen Mozart-Gedenkstein tanzende vergoldete Bronzegrazien.

Kurfürst Johann Georg III. von Sachsen ließ hier 1683 einen Barockgarten anlegen, der mehrfach umgestaltet wurde. 1927 erfolgte die Anlage des **Blüherparks** *(siehe S. 154)*.

←

Das Denkmal Venus schneidet Amor die Flügel *(1886) zählt zum Skulpturenschmuck der Bürgerwiese* (siehe S. 154)

↑ *Die Gläserne Manufaktur* (siehe S. 146f) *ist Produktionsstätte und Erlebniswelt in einem: In dem auffälligen Glas-Metall-Bau lässt Volkswagen sein Elektroauto VW ID.3 fertigen*

Zur Orientierung
Siehe Stadtteilkarte S. 140f

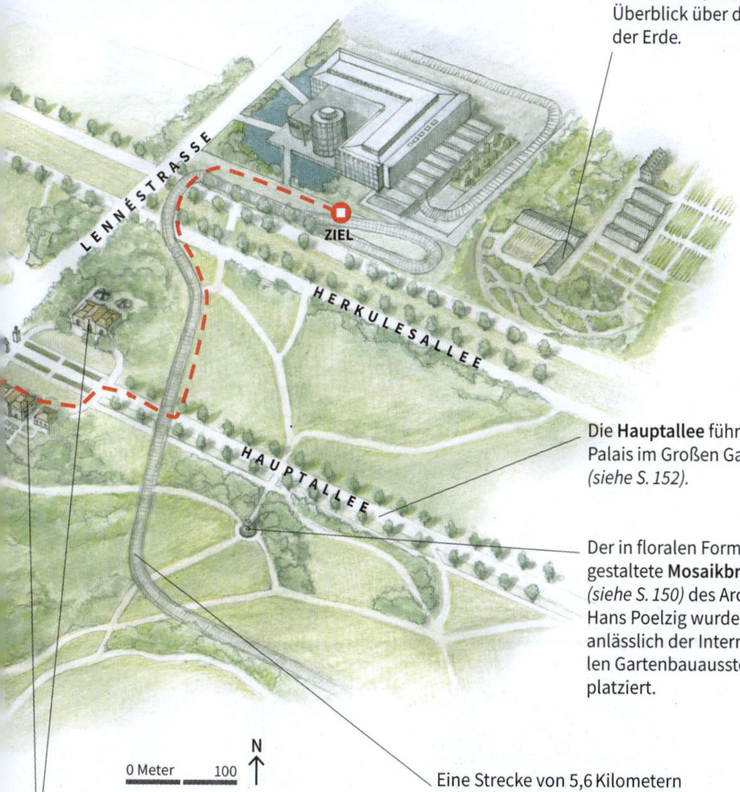

Der **Botanische Garten** *(siehe S. 153)* bietet einen Überblick über die Flora der Erde.

Die **Hauptallee** führt zum Palais im Großen Garten *(siehe S. 152)*.

Der in floralen Formen gestaltete **Mosaikbrunnen** *(siehe S. 150)* des Architekten Hans Poelzig wurde 1926 anlässlich der Internationalen Gartenbauausstellung platziert.

Eine Strecke von 5,6 Kilometern befährt die wegen ihrer Spurweite (15 Zoll = 381 mm) auch Liliputbahn genannte **Parkeisenbahn** *(siehe S. 151)*. Ein Spaß für Jung und Alt.

Die **Torhäuser**, zwei nahezu identische klassizistische Bauwerke am Eingang des Großen Gartens, umrahmen rechts und links die Hauptallee, eine der großen Sichtachsen des Parks.

Blaues Wunder – Brücke zwischen Loschwitz und Blasewitz (siehe S. 164)

Loschwitz

Herrschaftliche Villen, idyllische Parkanlagen, malerische Weinberge und eindrucksvolle Panoramen – in Loschwitz zeigt sich Dresden von seiner romantischsten Seite. Das Stadtviertel fasziniert weniger durch barocke Pracht als vielmehr durch seine landschaftliche Schönheit und durch die hübschen Wohnbauten.

Schon ab dem 18. Jahrhundert zog die reizvolle Landschaft Adlige und Künstler an, die sich hier Sommerresidenzen errichteten und Weingüter erwarben. Ende des 19. Jahrhunderts setzte eine Reblausplage dem Weinbau ein Ende. Auf dem begehrten Bauland an den Weinbergen entstanden Villen, Loschwitz entwickelte sich schnell zum teuersten Viertel der Elbmetropole.

Das Tor zu Loschwitz ist die als Blaues Wunder bekannte Loschwitzer Brücke. Zwei Bergbahnen bringen Fahrgäste in die höher gelegenen Stadtteile. Von dort blickt man über das Elbtal, das wegen seiner Schönheit von der UNESCO zur Welterbestätte erklärt wurde, den Titel aber wegen des Baus der Waldschlösschenbrücke wieder aberkannt bekam.

H
J
K
2
3
4
5
Fischhausstrasse
Schneise 19
Pillnitzer
Gutebornbach
Gänsefuss
Weg
Waldschlösschen-Areal
20
14 Gedenkstätte Bautzner Straße
Albertpark
18
Bautzner
Strasse
Wasserwerk Saloppe 19
Schloss Albrechtsberg
15
Lingner-schloss
16
Schloss Eckberg
17
Mordgrund
Neustadt
Seiten 118–137
Wunderlich-
Stürenburgstrasse
Schädestr.
Tolstoistrasse
Scheven-
Strasse
Strasse
Elberadweg
Elbe
Körnerweg
Leinpfad
Sächsische Weinstraße
Max-Planck-Institut für Molekulare Zellbiologie
Käthe-Kollwitz-Ufer
Sächsische Weinstraße
Leinpfad
Körnerweg
Hafen
Blase-witz
Waldpark
Barteldes-platz
Kranken-haus
Blaues Wunder
2
Schiller-platz
Loschwitzer
4
Strasse
Hübler-
Strasse
Strasse
Nieder-
Wald-
Strasse
Kretschmar-
Striesen
Ermel-
Strasse
Strasse
Glasewaldt-
Schandauer
Strasse
Altenberger
Strasse
Tauscher-
Stern-warte
N
0 Meter
500
Loschwitz
Highlight
1 Standseilbahn
Sehenswürdigkeiten
2 Blaues Wunder
3 Körnerplatz
4 Friedrich-Wieck-Straße
5 Schillerhäuschen
6 Luisenhof
7 Weißer Hirsch
8 Leonhardi-Museum
9 Schwebebahn
10 Josef-Hegenbarth-Archiv
11 Künstlerhaus
12 Loschwitzer Friedhof
13 Rhododendronpark
14 Gedenkstätte Bautzner Straße
15 Schloss Albrechtsberg
16 Lingnerschloss
17 Schloss Eckberg
18 Albertpark
19 Wasserwerk Saloppe
20 Waldschlösschen-Areal
Restaurants
① ElbeGarten
② Körnergarten
③ La Campagnola
Hotels
④ Hotel am Blauen Wunder
⑤ Gästehaus Loschwitz

L
M
1
2
3
4
5
WEISSER HIRSCH
LOSCHWITZ
WACHWITZ
Loschwitz
Konzertplatz
Waldpark
Klinikum Weißer Hirsch
BAUTZNER STRASSE
7 Weißer Hirsch
Sternwarte
Luisenhof
6
5 Schillerhäuschen
1 Standseilbahn
Körnerhaus
8 Leonhardi-Museum
Körnerplatz
3 Schwebebahn
9
4 Friedrich-Wieck-Straße
Loschwitzer Kirche
Josef-Hegenbarth-Archiv
10
Pappelwäldchen
Felsenquelle
Klinik Dresden Wachwitz
Rochwitzer Busch
Wachwitzer Höhenpark
11 Künstlerhaus
Wachwitzer Schloss
12 Loschwitzer Friedhof
13 Rhododendronpark
Himmelsleiter
Elbe
Johannisfriedhof
Johannesturm
GRUNDSTRASSE
KRÜGERSTRASSE
PILLNITZER LANDSTRASSE
TOLKEWITZER STRASSE
SCHAUFUSS-STRASSE

1

Standseilbahn

L3 Talstation am Körnerplatz 61, 63, 84 Fahrbetrieb Apr – Okt: Mo – Fr 6:30 –21:20, Sa, So 9 – 21:20; Nov – März: Mo – Fr 6:30 –20:20, Sa, So 9 – 20:20 dvb.de/de-de/entdecken/bergbahnen/standseilbahn

Eine reizvolle Art, die Gegend zu erkunden, ist eine Fahrt mit der Standseilbahn von der Talstation am Körnerplatz in Loschwitz hinauf zum Stadtteil Weißer Hirsch. Die Fahrzeit für die 547 Meter lange Strecke, auf der man 95 Meter Höhenunterschied bewältigt und zwei Tunnel durchfährt, beträgt etwa fünf Minuten. Die Bahn wurde 1895 eröffnet und zählt zu den ältesten Europas.

Zunächst sollte die Standseilbahn lediglich eine Verbindung zwischen dem Stadtzentrum und dem neu gegründeten Villenviertel Weißer Hirsch schaffen. Doch längst schon hat sie sich zu einer bedeutenden Attraktion für Einheimische wie Besucher entwickelt. Während der Fahrt eröffnen sich wunderschöne Blicke über den Elbhang, darüber hinaus bieten Monitore in den Wagen historisch oder touristisch interessante Informationen.

Rund um die Bergstation gibt es viel zu entdecken: Der Stadtteil Weißer Hirsch *(siehe S. 166f)* eignet sich sehr gut für einen gemütlichen Rundgang, bei dem man auch an zahlreichen imposanten Villen und architektonisch interessanten Plätzen vorbeikommt.

1

2

3

1 *Die Standseilbahn bewältigt auf ihrer Strecke eine maximale Neigung von 29 Prozent. Die Höchstgeschwindigkeit beträgt vier Meter pro Sekunde.*

2 *Die Umstellung der 1895 eröffneten dampfbetriebenen Bahn auf elektrischen Betrieb erfolgte 1910. Die Wagenkapazität liegt bei 59 Personen, Kinderwagen und Fahrräder können mitgenommen werden.*

3 *Eingangsbereich der Bergstation der Standseilbahn, die seit 1984 unter Denkmalschutz steht*

Der **Luisenhof** ist »Spitzenreiter« unter den Restaurants mit schöner Aussicht.
Von Loschwitz kommend endet die etwa fünf Minuten lange Fahrt an der **Bergstation** im noblen Stadtteil Weißer Hirsch.
An der **Ausweichstelle** etwa in der Mitte der Strecke können entgegenkommende Wagen aneinander vorbeifahren.
An der Nordseite des Körnerplatzes befindet sich die **Talstation.** Pro Stunde können in jeder Richtung bis zu 630 Fahrgäste befördert werden.
Vor oder nach einer Fahrt kann man im **Bräustübel** einkehren. Das Wandbild an der Fassade zeigt einen Bier trinkenden Ritter.
0 Meter
100
N

Blaues Wunder (1891–93) – bekannteste Dresdner Elbbrücke

2

Blaues Wunder

K3–4 6, 12 61, 63, 65, 84

Einheimische kennen das Bauwerk unter dem profan klingenden, aber offiziellen Namen Loschwitzer Brücke, überregional bekannter ist es wohl unter der Bezeichnung Blaues Wunder. Diese denkmalgeschützte Elbbrücke – sicher die bekannteste der ganzen Stadt – verbindet die früheren Dörfer und heutigen Stadtteile Loschwitz im Osten und Blasewitz im Westen.

Seinen populären Namen erhielt das 1891–93 nach Plänen von Claus Köpcke und Hans Manfred Krüger errichtete Bauwerk wegen der Farbe seines Anstrichs und der außergewöhnlichen Bauweise. Die Hängebrücke war seinerzeit eine der ersten ihrer Art in Europa und zählt damit zu den Meisterwerken der Ingenieurbaukunst jener Zeit. Für die 280 Meter lange Stahlkonstruktion wurde kein einziger Pfeiler im Fluss benötigt, die Spannweite zwischen den beiden Uferpfeilern beträgt stolze 141 Meter.

Die 1945 vom Nazi-Regime geplante Sprengung der Brücke konnte durch beherztes Eingreifen einiger Dresdner Bürger verhindert werden, die die Zündkabel durchtrennten. Dass die Brücke ursprünglich einen grünen Anstrich trug und erst durch Ausbleichen der gelben Farbpigmente ihre blaue Farbe erhielt, ist eine Legende, basierend auf einer 1935 verfassten Zeitungsente.

Die Verkehrsbelastung des Blauen Wunders ist auch nach Einstellung des Straßenbahnverkehrs 1985 unverändert hoch. Beim Überqueren des Blauen Wunders genießt man einen wunderbaren Blick über den Fluss und auf die drei Elbschlösser *(siehe S. 170f)*.

3

Körnerplatz

L3 61, 63, 84

Der Platz nahe dem rechtselbischen Brückenkopf des Blauen Wunders wurde in der Gründerzeit mit mehrgeschossigen Stadthäusern bebaut, die die frühere ländliche Besiedelung ablösten. In einigen Läden am Körnerplatz und den abgehenden Seitenstraßen wird traditionelles Kunsthandwerk aus Sachsen verkauft.

Am Körnerplatz befinden sich die Talstationen von zwei Bergbahnen, die nicht nur als Verkehrsmittel dienen, sondern darüber hinaus bemerkenswerte technische Denkmäler sind: Die Standseilbahn *(siehe S. 162f)* bringt Fahrgäste zum 95 Meter höher gelegenen Stadtteil Weißer Hirsch mit dem Restaurant Luisenhof *(siehe S. 166)*, die Schwebebahn *(siehe S. 167)*, deren Talstation sich in der Pillnitzer Landstraße befindet, bewältigt bei der Fahrt zu einer Aussichtsterrasse in Oberloschwitz einen Höhenunterschied von 84 Metern. Schon während der Fahrt bietet sich jeweils ein herrlicher Blick über Dresden und das Elbtal.

4

Friedrich-Wieck-Straße

K3–4 61, 63, 84

Die Bewohner der vom Körnerplatz nach Südwesten führenden Straße litten wiederholt unter Elbehochwasser, bei dem – wie etwa bei der Elbeflut im August 2002 – der gesamte untere Teil von Loschwitz überflutet wurde. Auch im Juni 2013 standen Teile des Viertels unter Wasser. Durch tatkräftiges Engagement der Bevölkerung konnten die Schäden jedes Mal verhältnismäßig rasch behoben werden, und noch heute verströmt die Friedrich-Wieck-Straße mit ihren zahlreichen liebevoll restaurierten Fachwerkhäusern den unvergleichlichen Charme des alten Loschwitz. In manchen dieser betagten Häuser sind heute Restaurants und Cafés, Kunsthandwerksläden und Galerien zu finden.

Am Beginn der Friedrich-Wieck-Straße steht ein Pavillon mit einem von Joseph Herrmann 1869 geschaffenen Marmorrelief. Es zeigt den Vater des Loschwitzer Bildhauers, wie er bei einem Unwetter zwei Fischer aus der Elbe rettet. Kultureller Anziehungspunkt in der Straße ist das **KulturHaus** in der Nr. 6. Hier finden Konzerte, Filmabende, Ausstellungen, Autorenlesungen oder Vorträge statt. Ihm angegliedert ist die BuchHaus genannte Buchhandlung. In der Friedrich-Wieck-Straße Nr. 10 lebte der Musikpädagoge Friedrich Wieck *(siehe Kasten)*, nach dem die Straße benannt ist.

Das Fährgut (Nr. 45) in einem 1697 erbauten Fachwerkhaus ist eines der wenigen erhaltenen Altloschwitzer Gebäude. Bis 1839 wurde es als Weinpresse genutzt, später wohnte hier die Fährmannsfamilie. Bei Hochwasser konnte man sich in das Untergeschoss zurückziehen.

In dem 2005/06 sanierten Gebäude ist heute das italienische Restaurant La Campagnola *(siehe S. 167)* untergebracht.

KulturHaus
Friedrich-Wieck-Straße 6 +49 351 268 5275
Di – Fr 10 – 18, Sa 10 – 16
kulturhaus-loschwitz.de

Künstlerkolonie Loschwitz

Der Stadtteil Loschwitz ist bekannt als Wirkungsstätte vieler Künstler – Maler und Musiker, Dichter und Denker lebten und arbeiteten hier und ließen sich von der zauberhaften Umgebung zwischen Weinbergen und Elbe inspirieren. Nach einigen wurden Straßen oder Gebäude benannt, Denkmäler erinnern an ihr Schaffen. Der Musiker und Musikpädagoge Friedrich Wieck (1785 – 1873) unterrichtete seine Tochter Clara (1819 – 1896) und deren späteren Ehemann Robert Schumann (1810 – 1856), die beide zu den großen Pianisten der Romantik zählen. Eine wichtige Rolle spielte der Mäzen und Schriftsteller Christian Gottfried Körner (1756 – 1831), Förderer und einer der engsten Vertrauten von Friedrich Schiller. Zum illustren Kreis von Gästen im Salon seines Körnerhauses gehörten neben Schiller und Johann Wolfgang von Goethe u. a. auch Heinrich von Kleist, Novalis, Caspar David Friedrich, Johann Gottfried von Herder sowie Wilhelm und Alexander von Humboldt.

5

Schillerhäuschen

K3 Schillerstraße 19
61, 63, 84 +49 351 488 7302 Ostern – Okt: Sa, So 10 – 17

Der Dramatiker Friedrich Schiller (1759 – 1805) lebte 1785 – 87 in Dresden, wo er von dem Juristen und Kunstmäzen Christian Gottfried Körner *(siehe Kasten)* großzügig finanziell unterstützt wurde. Nach einem zwischenzeitlichen Aufenthalt in Weimar kehrte Schiller 1801 für einige Monate nach Dresden zurück. Im Schillerhäuschen, einem kleinen Gartenhaus, das die Familie Körner erworben hatte, soll der Literat an seinem Drama *Don Carlos* und an seiner Ode *An die Freude* gearbeitet haben.

Eine 1855 – zum 50. Todestag des bedeutenden Vertreters der Weimarer Klassik – angebrachte Gedenktafel auf dem Grundstück erinnert an den Aufenthalt Friedrich Schillers in Dresden.

Das Körnerhaus (Körnerweg 6) nebenan war nicht nur Sommerwohnsitz der Familie Körner, sondern auch Treffpunkt wichtiger Geistesgrößen *(siehe Kasten)*, die sich hier quasi die Klinke in die Hand gaben. Das rege gesellschaftliche Leben inspirierte auch Theodor Körner (1791–1813), den Sohn des Hauses, der sich ebenfalls als Dichter einen Namen machte.

Zu Ehren Schillers errichtete der Bildhauer Oskar Rassau 1912/13 an der Weinbergmauer gegenüber dem Schillerhäuschen den Schiller-Körner-Brunnen. Das Denkmal zeigt zwei Szenen – Friedrich Schillers Abschied von der Familie Körner nach seinem zweiten Besuch 1801 und den Abschied Theodor Körners, der 1813 in den Krieg gegen die Truppen des französischen Kaisers Napoléon einberufen wurde, aus dem er nicht mehr zurückkehrte.

Im Schillerhäuschen schrieb Friedrich Schiller an bekannten Werken

Blick auf den Elbhang von Loschwitz mit seinen imposanten Gebäuden

6
Luisenhof

L3 Bergbahnstraße 8
11 oder Standseilbahn
+49 351 2877 7830
Mo – Fr 11 – 22, Sa 11 – 23, So 9 – 22
luisenhof-in-dresden.de

Direkt neben der Bergstation der Standseilbahn, die von Loschwitz heraufführt, liegt das Restaurant Luisenhof. Das Lokal hat eine Terrasse, die einen fantastischen Blick über das Elbtal ermöglicht und deshalb auch den Beinamen »Balkon Dresdens« trägt. Von hier liegen einem die Elbe und das Blaue Wunder *(siehe S. 164)* förmlich zu Füßen.

Ob internationale Gerichte, sächsische Küche oder Kaffee und Kuchen – der Luisenhof ist nicht nur Spitzenreiter unter den Restaurants mit schöner Aussicht, sondern auch Adresse für gutes Essen.

7
Weißer Hirsch

L2 11 oder Standseilbahn 84

Weniger durch spektakuläre Sehenswürdigkeiten als vielmehr durch seine von eleganten Villen gesäumten Straßen besticht dieser Stadtteil. Er verdankt seinen Namen dem 1688 errichteten Winzerhaus »Zum Weißen Hirschen«, um das eine Siedlung entstand. Mit fortschreitendem Ausbau der Straßen wurde das Gelände im 19. Jahrhundert ein bevorzugtes Ausflugsziel, das man auch für seine Kureinrichtungen schätzte. 1875 wurde der Weiße Hirsch zum klimatischen Kurort erklärt. Wegweisend für die weitere Entwicklung war der Arzt Heinrich Lahmann, der hier 1888 ein Sanatorium errichten ließ. Doch der Weiße Hirsch blieb kein Ort für Kurgäste, immer mehr wohlhabende Sachsen bauten sich hier Villen. Durch den Bau der Standseilbahn *(siehe S. 162f)* wurde das vornehme Viertel verkehrstechnisch besser an das Elbtal angebunden.

1921 wurde der Weiße Hirsch durch Eingemeindung ein Stadtteil Dresdens. Nach dem Zweiten Weltkrieg gestaltete man die Kureinrichtungen zu Wohnheimen um, viele Villen verfielen. Dennoch gehörte das Gebiet weiterhin zu den bevorzugten Wohnadressen der Stadt. In den 1990er Jahren wurden die zur DDR-Zeit vernachlässigten Villen saniert und verhalfen dem Stadtteil wieder zu Glanz.

Bei einem Bummel entdeckt man repräsentative Bauwerke aus den vergangenen 150 Jahren – von Art nouveau bis zur Neuen Sachlichkeit. Figuren oder schöne Schilder mit einem Hirsch als Motiv zieren viele Fassaden.

2007 wurde die **Sternwarte Manfred von Ardenne** nach

Ausstellungsraum im Leonhardi-Museum

kompletter Instandsetzung wiedereröffnet. Der 1956 hier aufgebaute Zeiss-Refraktor gilt in Fachkreisen als Rarität, weltweit existieren davon nur wenige Exemplare. Die Sternwarte öffnet regelmäßig in den Abendstunden sowie zu »besonderen Himmelsereignissen«.

Sternwarte Manfred von Ardenne
Plattleite 27
+49 351 263 7120
Zeiten tel. erfragen
sternwarte-dresden.de

8 Leonhardi-Museum

L3 Grundstraße 26
11 61 +49 351 268 3513 Di – Fr 14 – 18, Sa, So 10 – 18
leonhardi-museum.de

Das Leonhardi-Museum ist nach seinem Stifter, dem spätromantischen Landschaftsmaler Eduard Leonhardi (1828 – 1905), benannt und in der ehemaligen Hentschelmühle untergebracht. Das Museum wurde 1885 eröffnet und schreibt seit 1963 mit seinen Ausstellungen vorwiegend junger Künstler ein Stück progressiver Dresdner Kunstgeschichte. Schwerpunkt der Wechselausstellungen, die auf zwei Ebenen des auffällig bemalten Fachwerkhauses präsentiert werden, ist sächsische Kunst, vor allem Werke von Dresdner Künstlern. Das Leonhardi-Atelier zeigt eine Dauerausstellung mit spätromantischen Gemälden von Eduard Leonhardi.

Im Garten steht ein Denkmal für Ludwig Richter (1803 – 1884), einen Maler der deutschen Romantik und des Biedermeier. Richter war an der Dresdner Kunstakademie *(siehe S. 108f)* ein Lehrer Leonhardis.

9 Schwebebahn

L3 Talstation an der Pillnitzer Landstraße
61, 63 Fahrbetrieb tägl. Apr – Okt: tägl. 9:30 – 20; Nov – März: tägl. 10 – 18
dvb.de/de-de/entdecken/bergbahnen/schwebebahn

Etwas östlich vom Körnerplatz *(siehe S. 164)* befindet sich die Talstation der Schwebebahn, die sich wie die Standseilbahn *(siehe S. 162f)* harmonisch in das landschaftlich höchst reizvolle Umfeld einfügt.

Die Schwebebahn ging nach dreijähriger Bauzeit 1901 – sechs Jahre nach der Standseilbahn – in Betrieb und ist damit weltweit die älteste ihrer Art. Die beiden Wagen werden auf Rädern entlang einer Schiene bewegt, die auf Stahlträgern ruht. Fahrgäste gelangen mit ihr von Loschwitz nach Oberloschwitz. Auf der 274 Meter langen Strecke bewältigt die Bahn einen Höhenunterschied von 84 Metern, bei einer maximalen Steigung von 40 Prozent. Nach einer Fahrzeit von etwa fünf Minuten erreicht man die Bergstation, auf deren Dach sich eine Aussichtsplattform befindet. Pro Fahrt können 40 Personen befördert werden.

Die Umstellung der dampfbetriebenen Bahn auf elektrischen Betrieb erfolgte 1909. Seit 1975 steht die Schwebebahn unter Denkmalschutz. Eine Fahrt mit ihr (wie auch mit der Standseilbahn) zählt zweifellos zu den Höhepunkten eines Aufenthalts in Loschwitz. Von oben bietet sich ein Panorama über die Stadt und die Elbe.

Fahrt mit der Dresdner Schwebebahn

Restaurants

ElbeGarten
Restaurant mit Biergarten.
K3 Friedrich-Wieck-Straße 18
+49 351 210 6443
elbegarten.de
€€€

Körnergarten
Altes Dresdner Wirtshaus.
K4 Friedrich-Wieck-Straße 26
+49 351 268 3620
koernergarten.de
€€€

La Campagnola
Italienische Kochkunst.
K4 Friedrich-Wieck-Straße 45 +49 351 314 1023 Di
la-campagnola-dd.com
€€€

10

Josef-Hegenbarth-Archiv

L4 Calberlastraße 2 63 +49 351 4914 3211 So 15–18 (Do nach Voranmeldung) josef-hegenbarth.de

Der Maler, Grafiker und Illustrator Josef Hegenbarth (1884–1962) lebte von 1921 bis zu seinem Tod in diesem Haus. Der ehemalige Schüler der Dresdner Kunstakademie *(siehe S. 108f)* wurde vor allem durch seine zeichnerischen Interpretationen von Märchen und anderen literarischen Vorlagen bekannt. Sein ganz besonderes Interesse galt der Darstellung von Menschen und Tieren – das Spektrum an Themen reicht von Zirkusclowns bis zu Szenen im Zoo. Seine Ehefrau Johanna stiftete das Gebäude und den umfangreichen Nachlass Hegenbarths 1988 dem Dresdner Kupferstich-Kabinett, verbunden mit der Auflage, das Werk ihres Gatten der Öffentlichkeit zugänglich zu machen. Zu diesem Zweck wurde das Haus umgestaltet und in den Zustand der 1920er Jahre zurückversetzt. Der Bestand des Josef-Hegenbarth-Archivs umfasst u. a. über 5000 Buchillustrationen in Tusche, rund 500 farbige Zeichnungen, etwa 400 illustrierte Bücher und sieben Skizzenbücher, aber auch Zeichengeräte, Erinnerungsstücke und Briefe.

11

Künstlerhaus

L5 Pillnitzer Landstraße 57 63 +49 351 3141 5382 kuenstlerhaus-dresden.de

Das idyllische Loschwitz blickt auf eine lange Geschichte als Künstlerviertel zurück. Einen wichtigen Beitrag dazu leistete auch das Künstlerhaus. Die als Wohn- und Atelierhaus für Maler und Bildhauer konzipierte Villa wurde nach Plänen des Loschwitzer Architekten Martin Pietzsch (1866–1961) 1897/98 errichtet und zählt damit zu den frühesten Bauten des Jugendstils in Dresden. In den großzügigen Räumlichkeiten wirkten zahlreiche namhafte bildende Künstler, darunter Wilhelm Lachnit, Sascha Schneider, Herrmann Glöckner, Hans Unger, Herbert Volwahsen, Josef Hegenbarth, Hans Jüchser und Max Uhlig. Das Künstlerhaus umfasst insgesamt 16 Ateliers und zwölf Wohnungen und wird immer noch von einheimischen Künstlern benutzt.

12

Loschwitzer Friedhof

L5 Pillnitzer Landstraße 80 63 tägl. 9–18 (im Winter bis Einbruch der Dunkelheit) friedhof-loschwitz.de

Der Loschwitzer Friedhof befand sich zunächst direkt an der Loschwitzer Kirche, wurde aber 1806 an seinen jetzigen Standort verlegt. 1893 erfolgte die Einweihung der vom Architekten Friedrich Reuter entworfenen Kapelle. Auf dem Friedhof wurden zahlreiche berühmte Dresdner Persönlichkeiten beigesetzt, unter ihnen auch einige, die im Künstlerhaus direkt gegenüber tätig waren. Der Friedhof steht seit 1985 unter Denkmalschutz.

Manche Grabstätten zieren eindrucksvolle Bildhauerarbeiten. Das Grabmal für den Maler und Grafiker Hans Unger etwa wird von der Kopie einer antiken Plastik aus Pompeji geschmückt, die den römischen Gott Apollo darstellt. Für den verstorbenen Maler Eduard Leonhardi *(siehe S. 167)* schuf Robert Henze das Grabmal *Der anklopfende Pilger*, das die Vollendung des Lebenswegs des Künstlers symbolisieren soll. Der 1990 verstorbene Maler und Kirchenraumgestalter

Bilder und Zeichnungen im Josef-Hegenbarth-Archiv

Friedrich Press, dessen sakrale Kunstwerke mehrere Kirchen in Deutschland schmücken, gestaltete das auf seinem Grab stehende Denkmal sowie Grabmäler für andere Künstler (u. a. für Hans Jüchser). Die Grabplastik *Tod mit Bombe*, die Friedrich Press 1945 für den Uhrmacher Paul Pleißner entwarf, zeigt den Tod mit Bombe und Fackel in der Hand und gilt heute auch als Mahnmal für die Dresdner Luftkriegsopfer.

Auf dem Loschwitzer Friedhof gibt es auch einige Familiengrabstätten, etwa die der Fährmeisterfamilie Modes oder der Familie von Stockhausen, in deren Besitz sich zeitweise das Lingnerschloss *(siehe S. 171)* befand.

Zellentrakt in der Gedenkstätte Bautzner Straße

13 Rhododendronpark

LM5 · Zugang von der Josef-Herrmann-Straße · 63

Das recht dörflich geprägte Wachwitz im Südosten von Loschwitz eignet sich für lange Spaziergänge abseits des lebhaften Treibens im Zentrum der Großstadt. Eine ausgedehnte Grünanlage des Stadtteils birgt ein botanisches Kleinod, das sich etwa von Ende April bis Anfang Juni zu einem in allen Farben leuchtenden Blütenparadies entwickelt: Der Rhododendronpark im Wachwitzer Höhengarten bietet auf einer Fläche von nur einem Hektar etwa 1000 Rhododendronsträucher und mehr als 200 verschiedene Arten dieser Pflanzengattung. Damit gehört er zu den bedeutendsten Parks in ganz Europa. Das Farbenspektrum der Blüten reicht von weiß über rosa bis rot.

Die idyllische Grünanlage wurde 1970 auf Betreiben des Gartenbauingenieurs Karl Scholz in Zusammenarbeit mit der Technischen Universität Dresden im früheren Königlichen Weinberg von Wachwitz angelegt, an dem sich die sächsische Königsfamilie ein als Sommerresidenz genutztes Schloss hatte bauen lassen.

Der Freistaat Sachsen verkaufte 2007 das gesamte Areal an einen privaten Investor. Der Rhododendronpark wird jedoch weiterhin öffentlich zugänglich bleiben.

14 Gedenkstätte Bautzner Straße

H1 · Bautzner Straße 112a · 74 · 11 · +49 351 646 5443 · tägl. 10–18 · bautzner-strasse-dresden.de

Die Gedenkstätte erinnert an die Opfer politischer Verfolgung in der DDR. Mit diesem Überwachungs- und Haftkomplex errichteten die Sicherheitsbehörden der DDR und der sowjetischen Besatzungsmacht 1950 am idyllischen Elbhang den sächsischen Hauptsitz ihres Apparats.

Besucher erfahren bei einem Rundgang eindrücklich, wie staatliche Repression funktionierte und was politische Haft in der DDR bedeutete.

Das Stasi-Gefängnis mit seinen Aufnahme- und Vernehmungsräumen, Arrest- und Haftzellen ist original erhalten. Die Arbeit des staatlichen Sicherheitsdienstes und wie er Oppositionelle auszuschalten versuchte, wird anhand von Mitschnitten von Gesprächen, die Stasi-Mitarbeiter miteinander führten, nachvollziehbar. Medienstationen illustrieren zudem Verhörmethoden, denen Regimekritiker ausgesetzt waren.

Neben Übersichtsführungen (u. a. Mo 14, erster So im Monat 11) gibt es auch Touren zu spezielleren Themen.

Besucher erfahren bei einem Rundgang eindrücklich, wie staatliche Repression funktionierte und was politische Haft in der DDR bedeutete.

Schloss Albrechtsberg

Lingnerschloss mit Terrassengärten

15

Schloss Albrechtsberg

J2 Bautzner Straße 130
11 +49 351 811 5821
zu Veranstaltungen; Führungen: nach tel. Vereinbarung schloss-albrechtsberg.de

Das herrschaftliche Anwesen ist das westliche der drei Elbschlösser im Dresdner Stadtgebiet. Das nach Plänen des preußischen Landbaumeisters Adolph Lohse 1850–54 für Prinz Albrecht von Preußen (1809–1872) errichtete Bauwerk zählt zu den schönsten des Spätklassizismus in Sachsen. Mit seinen quadratischen Seitentürmen und der verzierten Balustrade erinnert es an eine italienische Renaissance-Villa. 1925 erwarb die Stadt Dresden das Anwesen, das seit 1930 öffentlich zugänglich ist. Nach zwischenzeitlicher Nutzung als Hotel wurde Schloss Albrechtsberg 1951 zum »Pionierpalast Walter Ulbricht« umgestaltet und diente als Freizeitstätte für Kinder und Jugendliche.

Heute ist Schloss Albrechtsberg ein renommierter Veranstaltungsort für Empfänge, Bälle, Bankette und musikalische Veranstaltungen. Der für seine hervorragende Akustik gerühmte Kronensaal bietet einen erstklassigen Rahmen für Konzerterlebnisse. Eine prachtvolle Kulisse für viele dieser Veranstaltungen ist der etwa 13 Hektar große Schlosspark, der einen ausgedehnten Baumbestand sowie künstlich angelegte Terrassen, Teiche und Wasserläufe umfasst.

Architektonisches Prunkstück der Außenanlage ist das am Südhang des Parks errichtete römische Bad mit Wasserbecken und halbkreisförmiger Wandelhalle.

Zu den Kleinoden des Schlosses gehört das auch als maurisches Kabinett bezeichnete türkische Bad. Das an entsprechende Räumlichkeiten in der spanischen Alhambra erinnernde Bad besticht durch seine Marmorausstattung, feine Stuckverzierungen und orientalische Mosaiken und findet bei den Führungen durch das Schloss den größten Anklang.

Die drei Elbschlösser

An den Loschwitzer Elbhang schmiegen sich drei wahre Perlen sächsischer Schlossarchitektur, die Mitte des 19. Jahrhunderts erbaut wurden und jede für sich eine Besichtigung wert ist. Während Schloss Albrechtsberg und das Lingnerschloss im Wesentlichen spätklassizistisch sind, wurde Schloss Eckberg im neogotischen Tudor-Stil erbaut. Neben ihrer Architektur faszinieren die erhabenen, auf eine wechselvolle Geschichte zurückblickenden Anwesen oberhalb der Elbe auch durch stimmungsvolle Grünanlagen, in denen die Besucher in aller Ruhe wandeln können. Ein besonders imposanter Blick auf die Schloss- und Parkanlagen bietet sich vom gegenüberliegenden Elbufer.

Schloss Albrechtsberg liegt inmitten eines ausgedehnten Parks mit Terrassen und Teichen

Schloss Eckberg

16 Lingnerschloss

J2 Bautzner Straße 132
11 +49 351 646 5382
zu Veranstaltungen
lingnerschloss.de

Der mittlere der drei Schlossbauten auf den Loschwitzer Elbhöhen entstand zwischen 1850 und 1853 – und damit annähernd zeitgleich mit Schloss Albrechtsberg – ebenfalls nach Entwürfen von Adolph Lohse, einem Schüler des Baumeisters Karl Friedrich Schinkel.

Die zweitürmige Villa im Stil des Spätklassizismus wurde für Baron von Stockhausen, den Kammerherrn des in Schloss Albrechtsberg residierenden Prinzen Albrecht, erbaut und zunächst Villa Stockhausen genannt. Im Jahr 1891 erwarb der Nähmaschinenfabrikant Bruno Naumann das Gelände, 1906 ging es in den Besitz von Karl August Lingner über, den Gründer des Deutschen Hygiene-Museums *(siehe S. 142–145)*. In seinem Testament vermachte der 1926 verstorbene Unternehmer, der durch sein Odol-Mundwasser zu großem Wohlstand gelangt war, das Schloss mit dem großzügig angelegten, gartenkünstlerisch gestalteten Park der Stadt Dresden. Das Mausoleum Lingners befindet sich am Fuße des zum Schlosspark gehörenden Elbhangs.

Zur DDR-Zeit nutzte man das Areal für kulturelle Veranstaltungen. Nach der politischen Wende wurde das Anwesen vernachlässigt, ambitionierte Pläne für eine Restaurierung scheiterten mehrfach. Durch das Engagement des Fördervereins Lingnerschloss konnte 2003 eine umfassende Sanierung begonnen werden, seit 2011 finden wieder Veranstaltungen statt. Räume und Freiflächen können auch für Feierlichkeiten und Tagungen gemietet werden.

17 Schloss Eckberg

J2 Bautzner Straße 134
11 +49 351 80 990
schloss-eckberg.de

Das östlichste der drei Schlösser am rechten Elbufer entstand 1859–61 und ist damit jünger als die beiden anderen. Es wurde nach Plänen von Christian Friedrich Arnold, einem Schüler von Gottfried Semper, auf einem Felsvorsprung errichtet. Im Auftrag des Unternehmers Johann Daniel Souchay entstand ein Anwesen im Stil der altenglischen Tudor-Gotik des 16. Jahrhunderts. Erst hieß die Anlage mit 25 Meter hohem Aussichtsturm Villa Souchay, dann erhielt sie wegen der Lage am Ende des Elbhangs den heutigen Namen.

Nach dem Zweiten Weltkrieg wurde das Schloss von verschiedenen Institutionen genutzt. Ab 1997 erfolgte eine grundlegende Renovierung von Schloss und Schlosspark. Nach Abschluss der Arbeiten wurde in Schloss Eckberg ein exklusives Hotel eingerichtet. Gästen steht dabei eine Unterbringung im Hauptgebäude oder im Kavaliershaus zur Auswahl.

Das Lingnerschloss vermachte Odol-Fabrikant Karl August Lingner der Stadt Dresden

Schloss Eckberg im Stil altenglischer Tudor-Gotik ist das jüngste der Elbschlösser

Hotels

Hotel am Blauen Wunder
Ein Hauch von venezianischem Stil weht durch die Zimmer des Hotels an der berühmten Brücke.

J4 Loschwitzer Straße 48 habw.de

€€€

Gästehaus Loschwitz
Familiengeführtes Haus mit persönlicher Note und farbenfroh gestalteten Zimmen.

L3 Grundstraße 40 haus-loschwitz.de

€€€

18 Albertpark

J1 nördlich der Bautzner Straße 11

Der etwa 118 Hektar große Albertpark ist der südwestlichste Teil der Dresdner Heide *(siehe S. 195)*. Das Gelände wurde nach der König-Albert-Stiftung benannt, aus deren Mitteln es die Stadt Dresden 1899 erwarb. Hauptmotivation für den Kauf war der Schutz des Quellgebiets einiger Bäche, die für die Trinkwasserversorgung der Dresdner Neustadt genutzt wurden.

Der Park lädt zu ausgedehnten Spaziergängen ein. Einen sehr schönen Blick über die alten Laubwaldbestände hat man etwa vom 211 Meter hohen Wolfshügel am östlichen Rand des Parks. Am früheren Standort eines Wolfsgeheges für kurfürstliche Jagden befinden sich die Überreste eines 1912 nach Plänen von Hans Erlwein gestalteten, zehn Meter hohen Aussichtsturms, der 1945 gesprengt wurde. Erhalten blieb hingegen am Fuß des Wolfshügels die 1903 errichtete König-Albert-Säule mit einem Bronzerelief des Regenten, der 1873–1902 über Sachsen herrschte.

Das Fischhaus im Norden des Parks versorgte bereits im 16. Jahrhundert den Dresdner Adel mit Fisch. Das aus Wasserläufen wie dem Eisenbornbach hierher geleitete Wasser ermöglichte die Fischzucht. Das Gebäude erhielt Mitte des 17. Jahrhunderts das Schankrecht und diente zeitweise als Waldgaststätte. Die Tradition wird vom Restaurant Historisches Fischhaus gepflegt.

Der durch den Park verlaufende Moritzburg-Pillnitzer Weg (um 1770) war ein Teil der Straßenverbindung zwischen den Schlössern Moritzburg *(siehe S. 178f)* und Pillnitz *(siehe S. 180f)*. Im Südosten steht oberhalb der Mordgrundbrücke eine Sandsteinskulptur (1901/02) von Otto Petrenz, die Cheiron zeigt. Der Zentaur aus der griechischen Mythologie galt als Meister der Jagd und der Heilkunst.

Wasserwerk Saloppe – erstes Trinkwasserwerk Dresdens

19 Wasserwerk Saloppe

H2 Körnerweg 11

Manche Dresdner sind derart stolz auf das erste Wasserwerk der Stadt, dass sie es als »viertes Elbschloss« bezeichnen. Im Unterschied zu den drei Elbschlössern *(siehe S. 170f)* war das 1871–75 nach Plänen des Ingenieurs Bernhard Salbach errichtete Wasserwerk jedoch als reiner Zweckbau konzipiert, mit dessen Inbetriebnahme die öffentliche Wasserversorgung Dresdens einsetzte. In dem Wasserwerk wurde das Wasser aus dem Uferfiltrat der Elbe aufgefangen und in einen Hochbehälter neben dem Fischhaus am Albertpark gepumpt, von wo aus es in die Trinkwasserleitungen der Neustadt gelangte. In den 1920er Jahren erfolgte die Umstellung von Dampfantrieb auf elektrischen Betrieb, die zunehmende Verschmutzung der Elbe machte den Einbau von Filtern erforderlich. Nach Beseitigung der Kriegsschäden nahm das Wasserwerk 1949 seinen Betrieb wieder auf. Mit der Anlage von Fernleitungen aus Talsperren im Erzgebirge wurde Saloppe nicht mehr für die Aufbereitung von Trinkwasser benötigt. 2013 wurde das Gebäude verkauft, nach grundlegender Sanierung entstanden hier Wohnungen mit hochwertiger Ausstattung.

Neben seiner Funktion als Wasserwerk und technisches Denkmal ist die Anlage wegen

Waldschlösschenbrücke (2013) über die Elbe

ihrer neoromanischen Formen auch architektonisch interessant. Gleichzeitig mit dem Wasserwerk entstand in der Nähe eine Gastwirtschaft. Nach Zerstörungen und Umbauten erfolgte 1997 die Neueröffnung des Restaurants Saloppe, das über einen Biergarten verfügt.

20 Waldschlösschen-Areal

H1 zwischen Bautzner Straße und Radeberger Straße 11

Das Gelände zwischen Bautzner und Radeberger Straße ist nach dem Waldschlösschen benannt, einem kleinen Jagdschloss. Kein Geringerer als Graf Camillo Marcolini-Ferretti (1739–1814) ließ das Gebäude 1785–90 errichten – als Residenz für seine schottische Gemahlin. Nachdem er 1752 nach Dresden gekommen war, gelang es ihm rasch, das Vertrauen von Kurfürst Friedrich August III. zu gewinnen. Nach einigen Jahren wurde Marcolini-Ferretti Kammerherr und enger Vertrauter des Regenten, später auch königlich-sächsischer Kabinettsminister. Zusätzlich zu seinen politischen Funktionen bekleidete er weitere einflussreiche Ämter – unter anderem wurde er mit der Leitung der Meissener Porzellan-Manufaktur *(siehe S. 186f)* betraut.

Das von Johann Daniel Schade, der auch an der Umgestaltung des Japanischen Palais *(siehe S. 122f)* beteiligt war, geschaffene Schloss an der Radeberger Straße ist eines der frühesten Beispiele für die gelungene Übernahme architektonischer Elemente der englischen Frühgotik beim Bau von Repräsentationsbauten in Dresden. Seit 2013 sind hier Büros einer Klinik untergebracht.

Seine Berühmtheit verdankt das Waldschlösschen-Areal heute jedoch vor allem dem **Brauhaus am Waldschlösschen**. Das traditionsreiche Restaurant verfügt über einen schönen Biergarten und eine Brauerei, in der mehrere Biere produziert werden. Sie kann bei einer Führung besichtigt werden. Ein Blickfang im Biergarten ist der gewaltige, fünf Meter hohe Bronzebrunnen mit Darstellungen exotischer Vögel.

Von der Terrasse des Restaurants sowie von einem nahe gelegenen, 1935 angelegten Aussichtspavillon genießt man den weltberühmten Waldschlösschenblick. Hier, am Anstieg der Elbterrasse, bietet sich eine wundervolle Aussicht über das Elbtal und die Dresdner Altstadt am gegenüberliegenden Ufer. Neben dem Canaletto-Blick *(siehe S. 124)* gehört diese Aussicht zu den eindrucksvollsten in Dresden. Sie wurde in Kunst und Literatur häufig schwärmerisch dargestellt.

Das Areal unterhalb der Elbterrasse war lange Zeit unverbaut, von 2007 bis 2013 erfolgte der Bau der lange Zeit umstrittenen Waldschlösschenbrücke *(siehe Kasten)*.

Brauhaus am Waldschlösschen
Am Brauhaus 8b
+49 351 6482 5590
tägl. 12–23 paulaner-waldschloesschen.de

Waldschlösschenbrücke

Zur Entlastung des Straßenverkehrs zwischen beiden Elbufern wurde eine weitere Elbbrücke gebaut. Wegen der Anbindung an wichtige Hauptstraßen entschied man sich für einen Standort am östlichen Rand des Zentrums unterhalb des Waldschlösschens – und damit mitten im Dresdner Elbtal, das 2004 von der UNESCO zum Welterbe erklärt wurde. Mit dieser Auszeichnung wurde ein Ensemble aus kunstvoller Stadtarchitektur, reicher Kultur und weitgehend natürlicher Flusslandschaft gewürdigt.

Über den Brückenbau wurde von Anfang an kontrovers diskutiert – die Befürworter des Projekts setzten auf eine spürbare Entlastung der benachbarten Brücken über die Elbe, die Gegner befürchteten eine starke Beeinträchtigung des Naturraums. Bei einem Bürgerentscheid sprachen sich die Dresdner 2005 mehrheitlich für den Bau der Waldschlösschenbrücke (Waldschlößchenbrücke) aus. Im November 2007 begannen die Bauarbeiten, gleichzeitig setzte die UNESCO das Dresdner Elbtal auf die Liste bedrohter Welterbestätten. 2008 drohte die UNESCO beim Weiterbau der Brücke mit der Aberkennung des Welterbestatus, die 2009 auch vollzogen wurde. Die Einweihung der vierspurigen Brücke erfolgte im August 2013.

Spaziergang in Loschwitz

Länge 1,5 km **Dauer** 30 Min. **Bus** 61, 63, 84

Das frühere Weinbaugebiet inspirierte jahrhundertelang Künstler und Literaten. Heute zählt Loschwitz zu den begehrtesten Wohnvierteln Dresdens. Durch den Bau des Blauen Wunders Ende des 19. Jahrhunderts rückte das Viertel näher an die Altstadt heran, bewahrte allerdings trotz der offiziellen Eingemeindung 1921 seinen eigenen Charakter. Weitere Zeugnisse technischer Baukunst sind die Schwebebahn und die Standseilbahn, die am Körnerplatz startet.

↑ *Das Blaue Wunder* (siehe S. 164), *eine 280 Meter lange Elbbrücke, ist zweifellos die außergewöhnlichste und berühmteste Brücke in Dresden. Bei ihrer Fertigstellung 1893 galt sie als Wunderwerk der Technik*

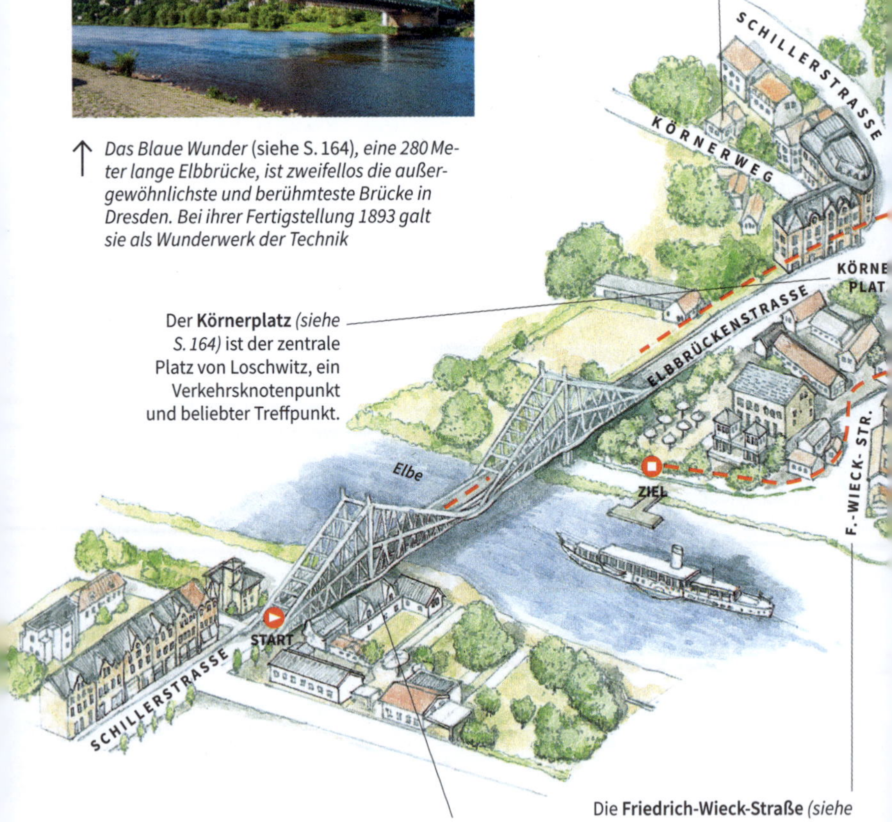

Das **Körnerhaus**, ein Anwesen von Schillers Förderer C. G. Körner, war eine Keimzelle der »Künstlerkolonie Loschwitz« *(siehe S. 165)*.

Der **Körnerplatz** *(siehe S. 164)* ist der zentrale Platz von Loschwitz, ein Verkehrsknotenpunkt und beliebter Treffpunkt.

Angeblich machte Friedrich Schiller in der Gaststätte **SchillerGarten** *(siehe S. 195)* der Wirtstochter Avancen und setzte ihr in seinem *Wallenstein* ein literarisches Denkmal als Marketenderin Gustel von Blasewitz.

Die **Friedrich-Wieck-Straße** *(siehe S. 164f)* vermittelt mit ihren Fachwerkbauten und Häusern im Stil der Gründerzeit noch das dörfliche Ambiente des alten Loschwitz.

←

Mit der Standseilbahn erreicht man das Restaurant Luisenhof (siehe S. 166), *von dessen Terrasse man eine wundervolle Aussicht genießt*

Zur Orientierung
Siehe Stadtteilkarte S. 160f

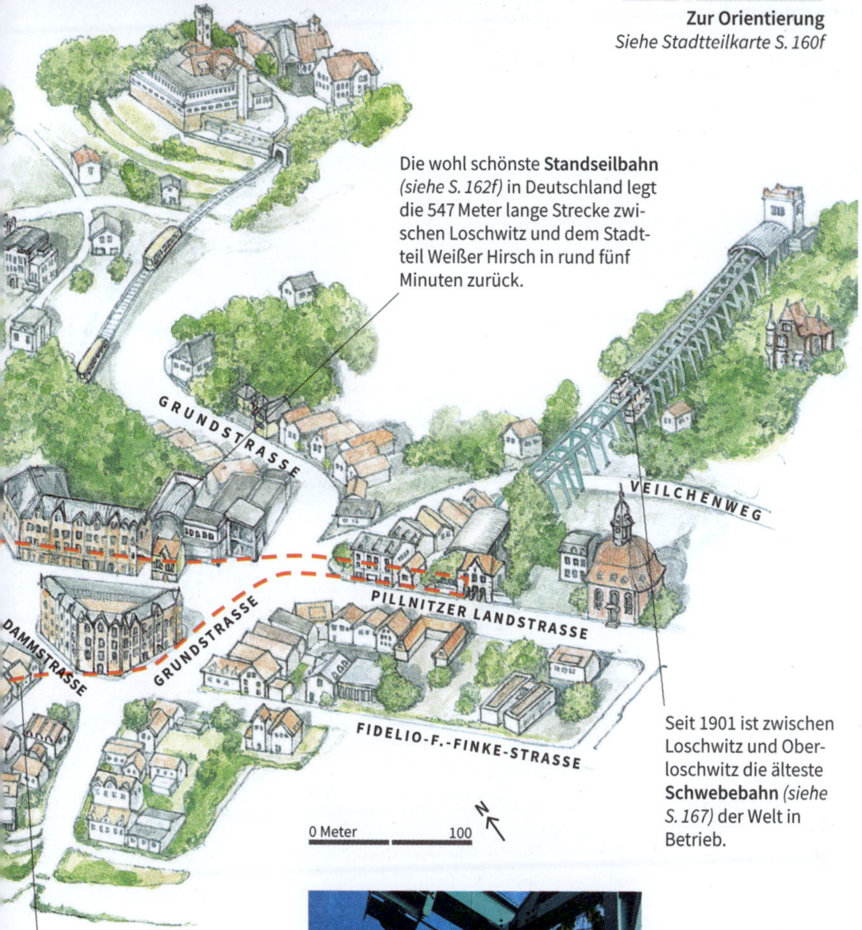

Die wohl schönste **Standseilbahn** *(siehe S. 162f)* in Deutschland legt die 547 Meter lange Strecke zwischen Loschwitz und dem Stadtteil Weißer Hirsch in rund fünf Minuten zurück.

Seit 1901 ist zwischen Loschwitz und Oberloschwitz die älteste **Schwebebahn** *(siehe S. 167)* der Welt in Betrieb.

Literatur und Film, Schauspiel und Musik, Ausstellung und Diskussion – dies alles unter einem Dach bietet das **KulturHaus** *(siehe S. 165)*, ein Magnet für Kulturfreunde.

←

Die 1705 – 08 errichtete achteckige Loschwitzer Kirche (siehe S. 168) *ist ein Werk George Bährs, Baumeister der Frauenkirche*

Abstecher und Ausflüge

Highlights

❶ Schloss Moritzburg
❷ Schloss Pillnitz
❸ Barockgarten Großsedlitz
❹ Meißen
❺ Sächsische Weinstraße

Sehenswürdigkeiten

❻ Gartenstadt Hellerau
❼ Radebeul
❽ Übigau
❾ Friedrichstadt
❿ Fichteturm
⓫ Buchmuseum der Sächsischen Landesbibliothek
⓬ Palitzsch-Museum
⓭ Hosterwitz
⓮ Blasewitz
⓯ Technische Sammlungen
⓰ Dresdner Heide
⓱ Radeberger Exportbierbrauerei
⓲ Freiberg
⓳ Kamenz (Kamjenc)
⓴ Bautzen (Budyšin)

Auch außerhalb des Zentrums bietet Dresden wundervolle Sehenswürdigkeiten, die einen Abstecher lohnen. Viele Einheimische behaupten, dass sich das »wahre« Dresden erst abseits der Touristenpfade erschließe – nicht zuletzt, weil diese Gebiete von schweren Zerstörungen verschont blieben. Wahre Besuchermagneten sind einige Schlossanlagen: Der Barockgarten Großsedlitz zählt zu den gelungensten Gartenschöpfungen in Sachsen. Barocke Pracht verströmen auch Schloss Moritzburg und Schloss Pillnitz. Einzelne Museen widmen sich Geschichte, technischen Erfindungen oder dem Wilden Westen. Auch einige Stadtteile außerhalb des Zentrums wie Blasewitz, Hosterwitz und Friedrichstadt bieten Attraktionen für Besucher. Ein wichtiges Kulturzentrum ist das Festspielhaus Hellerau. Natur pur direkt neben der quirligen Neustadt bietet die Dresdner Heide.

Beliebte Ausflugsziele sind auch einige stimmungsvolle Kleinstädte mit historischen Stadtkernen in der Nähe von Dresden. Ein Besuch der 1710 gegründeten Meissener Porzellan-Manufaktur – eine Produktionsstätte von Weltruf – ist ein Muss für Liebhaber des »weißen Goldes«.

Neben vielen kulturhistorischen Attraktionen kommt in der Umgebung Dresdens auch der Genuss nicht zu kurz: Die Sächsische Weinstraße verläuft von Pirna im Südosten über Dresden bis Diesbar-Seußlitz im Nordwesten. Ebenso spannend ist die Radeberger Exportbierbrauerei.

Die genannten Ziele sind mit öffentlichen Verkehrsmitteln zu erreichen, einige an Bord eines historischen Raddampfers der Sächsischen Dampfschifffahrt *(siehe S. 227)*.

1

Schloss Moritzburg

14 km nordwestlich von Dresden 477 Radebeul Ost, dann Lößnitzgrundbahn (Schmalspurbahn) +49 35207 873 18 Schloss Zeiten der Website entnehmen (Führungen: mehrmals tägl.) Fasanenschlösschen Mai – Okt: Di – So 10:30 – 16 (Führungen: mehrmals tägl.) schloss-moritzburg.de saechsische-gestuetsverwaltung.de

Das Barockschloss mit seinen vier Rundtürmen steht idyllisch auf einer Teichinsel. Der spätere Kurfürst Moritz ließ 1542 – 46 ein Jagdschloss erbauen, das August der Starke 1723 – 33 von seinem Lieblingsbaumeister Pöppelmann erweitern ließ. Nicht nur das Schloss, sondern auch der Park spiegelt absolutistischen Stolz wider. Einblick in das höfische Leben bietet die Barockausstellung (u. a. mit Meissener Porzellan und Ledertapeten) im Schloss.

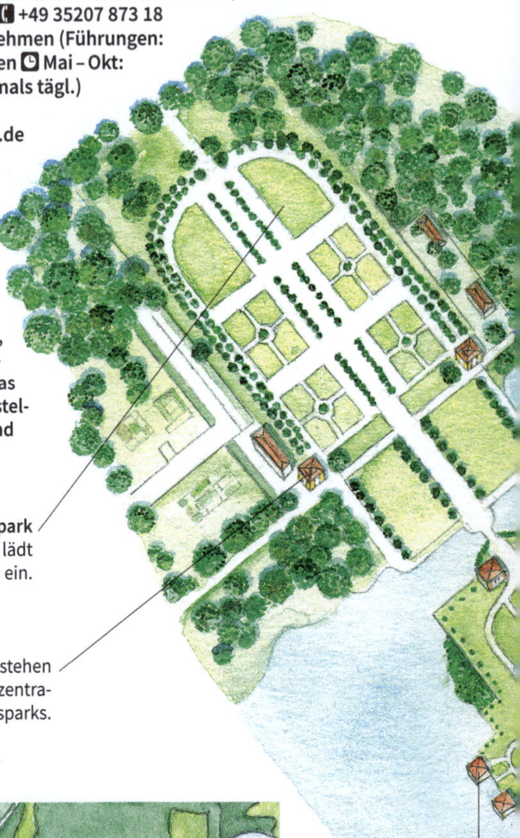

Der romantische **Schlosspark** mit u-förmigem Grundriss lädt zu Spaziergängen ein.

Die beiden **Kavaliershäuser** stehen in gleicher Entfernung zur zentralen Achse des Schlossparks.

Die am Wasser gelegenen **Teichhäuser** werden heute als stilvolle Unterkünfte vermietet.

0 Meter 500

Parkanlage

Die weitläufige Parklandschaft mit ihren Prunkbauten ist ein barockes Gesamtkunstwerk. Der zentrale Bereich erstreckt sich zwischen dem Schlossteich im Westen und dem Großteich im Osten. Die zwei Kilometer lange Strecke zwischen Schloss und Fasanenschlösschen kann man in einer Pferdekutsche zurücklegen.

Legende

1. Sichtachse
2. Venusbrunnen
3. Fasanenschlösschen
4. Fasanengehege
5. Mole mit Leuchtturm

Highlight

↑ *Schloss Moritzburg, ein kulturhistorisches Prachtstück; das mit Chinoiserien verzierte Fasanenschlösschen (1770–76) im Stil des Rokoko* (Detail)

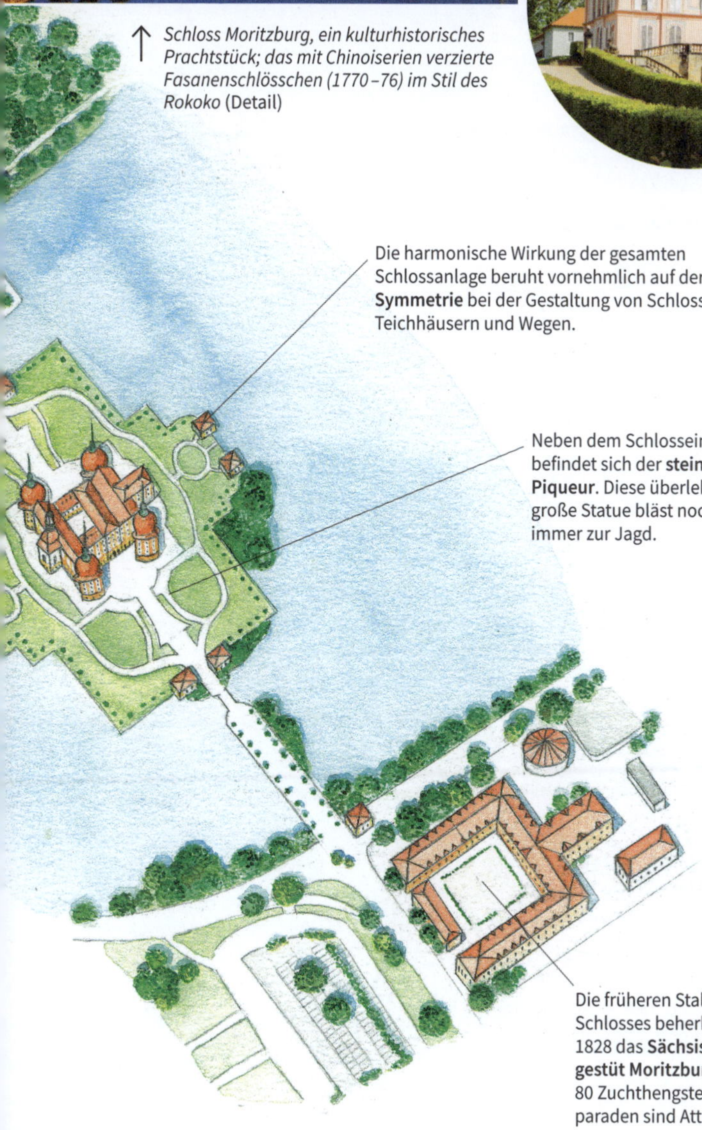

Die harmonische Wirkung der gesamten Schlossanlage beruht vornehmlich auf der **Symmetrie** bei der Gestaltung von Schloss, Teichhäusern und Wegen.

Neben dem Schlosseingang befindet sich der **steinerne Piqueur**. Diese überlebensgroße Statue bläst noch immer zur Jagd.

Die früheren Stallungen des Schlosses beherbergen seit 1828 das **Sächsische Landgestüt Moritzburg** mit rund 80 Zuchthengsten. Die Hengstparaden sind Attraktionen.

2

Schloss Pillnitz

August-Böckstiegel-Straße 2, 11 km südöstlich des Zentrums 63
+49 351 261 3260 Museen Di–So 10–17 Palmenhaus tägl. 9–18
Schlosspark tägl. 6 bis Einbruch der Dunkelheit schlosspillnitz.de

Direkt vor den Weinbergen des Elbtals am südöstlichen Stadtrand präsentiert sich mit Schloss Pillnitz ein wunderschönes Ensemble aus Architektur und Gartenkunst. Ein älteres Schloss kam 1694 in kurfürstlichen Besitz und wurde ab 1720 in mehreren Etappen – zunächst unter August dem Starken – im Stil des Dresdner Barock umgestaltet. Optische Akzente setzen die Chinoiserien an den Fassaden von Wasser- und Bergpalais. Ideal ist die Anfahrt mit einem Elbedampfer, denn von der Wasserseite präsentiert sich Schloss Pillnitz am schönsten.

Die 8,90 Meter hohe Kamelie wurde aus Japan hierher gebracht und 1801 eingepflanzt. Im Winter ist sie durch ein transportables Gewächshaus, das **Kamelienhaus**, geschützt.

Die **Orangerie** diente einst höfischen Vergnügungen, heute überwintern hier Orangenbäume.

Der kleine **Englische Pavillon**, ein Rundbau am Rand des Englischen Gartens, birgt Wandmalereien mit Darstellungen von Tieren und Pflanzen.

Der **Junokopf**, eine klassizistische Büste, befindet sich auf einer kleinen Insel im Englischen Teich, auf die man über eine Holzbrücke gelangt.

Im Schlosspark stehen einige über 200 Jahre alte Bäume, etwa diese **Buche**.

← *Der Adel erreichte Pillnitz mit Prunkgondeln, die kunstvoll verziert waren. Am Bug der Tritonengondel bläst Meeresgott Triton in eine Muschel*

Der **Chinesische Teich** wurde mit dem Chinesischen Garten 1790 –1804 angelegt.

Im **Chinesischen Pavillon**, dem auffallendsten Bau des Chinesischen Gartens, kann man sich bei einer Tasse Tee entspannen.

↑ *Wie das Bergpalais gegenüber ist auch das Wasserpalais von konkav geschwungenen Dachlinien geprägt. Beide beherbergen Sammlungen des Kunstgewerbemuseums*

Bei seiner Fertigstellung 1861 war das **Palmenhaus**, der Standort vieler exotischer Pflanzen, das größte Gewächshaus in Deutschland.

Das Schlossmuseum befindet sich im **Neuen Palais**, dem östlichen Abschlussbau des Lustgartens. Den Festsaal zieren Fresken.

Mehrere Palais flankieren den geometrisch angelegten **Lustgarten**, den Rasenflächen, Blumenbeete und Wasserbecken prägen.

Die nach dem Löwenkopf benannte **Löwenkopfbastei** östlich des Wasserpalais zeigt noch immer die bastionsartigen Grundmauern aus dem 17. Jahrhundert. Die Löwenkopfbastei ist Schauplatz vieler Open- Air-Veranstaltungen.

0 Meter 200 N ↑

3

Barockgarten Großsedlitz

Heidenau, Parkstraße 85, 15 km südöstlich von Dresden
Heidenau + 49 3529 56 390 Apr – Okt: tägl. 10 – 18
barockgarten-grosssedlitz.de

Das Meisterwerk der Gartenkunst, etwa 15 Kilometer südöstlich von Dresden, gehört zu den wenigen vollständig erhaltenen barocken Gartenanlagen nördlich der Alpen. Der weitläufige Garten entstand ab 1719 auf Bestreben des Grafen Wackerbarth. Vier Jahre später erwarb August der Starke das Areal und ließ es bis 1732 umgestalten und erweitern – vollendet wurden die Pläne jedoch nie. Ein Spaziergang durch den terrassenförmig auf mehreren Niveaus (Parterres) angelegten Park führt über Freitreppen zu Skulpturen, Wasserspielen und Orangerien.

Zum reichen Skulpturenschmuck der Anlage gehört auch die 1981 geschaffene **weibliche Allegorie mit Fischen**.

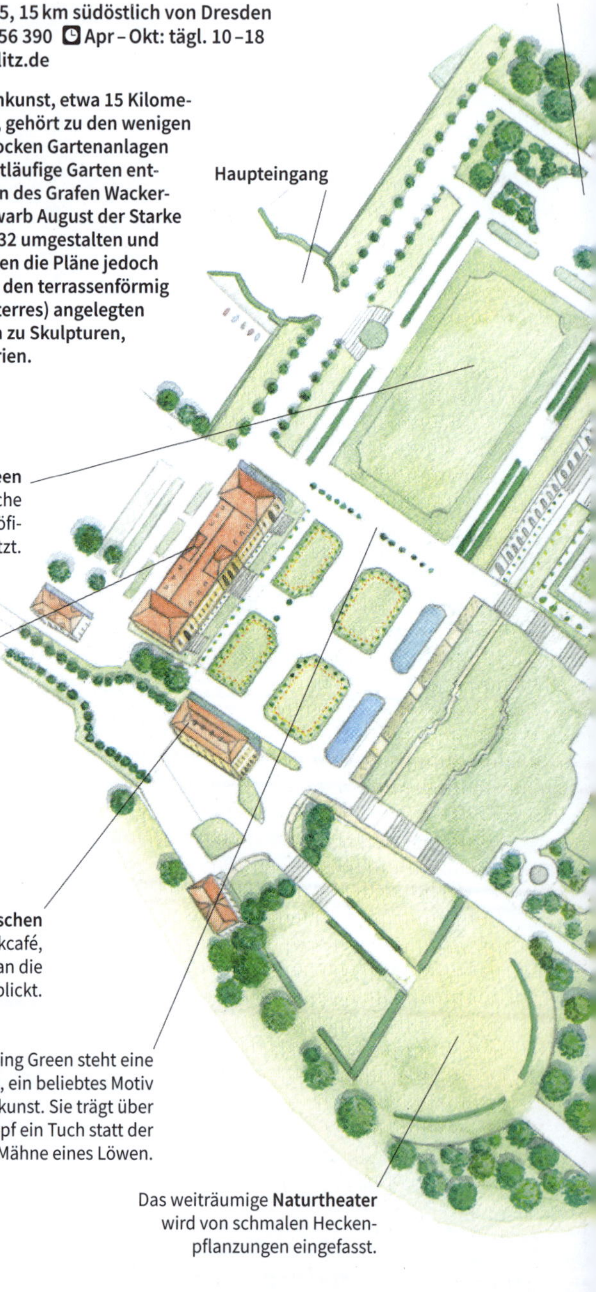

Die **Bowling Green** genannte Rasenfläche wurde früher für höfische Ballspiele genutzt.

Die **Obere Orangerie** (1719 – 21) zählt zu den ältesten Gebäuden der gesamten Anlage. Im von Johann Christoph Knöffel gestalteten Repräsentationsbau finden Ausstellungen statt.

Im **Friedrichsschlösschen** befindet sich das Parkcafé, von dessen Terrasse man die Anlage überblickt.

Neben dem Bowling Green steht eine Figur der **Sphinx**, ein beliebtes Motiv barocker Gartenkunst. Sie trägt über dem gekrönten Kopf ein Tuch statt der üblichen Mähne eines Löwen.

Das weiträumige **Naturtheater** wird von schmalen Heckenpflanzungen eingefasst.

Highlight

←
Wie eine in allen Farben leuchtende Wildblumenwiese wirken manche Blumenbeete im Barockgarten zur Blütezeit

Im Sommer ist die **Untere Orangerie** Bühne für kulturelle Veranstaltungen. Rund 150 Orangenbäume schaffen einen Festsaal im Grünen.

Insgesamt kann man rund 60 sehr schöne **Skulpturen** im Barockgarten Großsedlitz bewundern – und dabei so mancherlei Details entdecken.

Die doppelläufige, von Wasserbecken und musizierenden Putten umrahmte Treppenanlage **Stille Musik** mit den geschwungenen Balustraden wurde von Matthäus Daniel Pöppelmann konzipiert.

An den unvollendeten **Waldkaskaden** wird sichtbar, dass die ehrgeizigen Pläne von August dem Starken nie ganz umgesetzt wurden. 1732 mussten die Bauarbeiten aus Geldmangel eingestellt werden.

Im Garten befinden sich die acht detailreich dargestellte Skulpturen ***Liebespaare der Mythologie***. Sie werden dem Dresdner Bildhauer Johann Benjamin Thomae (1682–1751) zugeschrieben.

Die Fassaden von Albrechtsburg und Dom spiegeln sich in der Elbe

4

Meißen

29 000 Markt 3; +49 3521 467 400
Weinfest (Sep) stadt-meissen.de

Seit mehr als 300 Jahren ist der Name Meißen untrennbar mit der Produktion von edlem Porzellan verbunden, doch die Stadt ist wesentlich älter. Die erste Siedlung entstand hier um eine im Jahr 929 errichtete Burg, 968 wurde Meißen Bischofssitz. Die Stadt an der Elbe ist reich an historischen Bauten, das Ensemble aus Albrechtsburg und Dom bildet die eindrucksvolle Kulisse für die Altstadt mit ihren Sakral- und Profanbauten aus verschiedenen Epochen.

Altstadt

Als ehemalige Residenz der Bischöfe von Meißen ist das historische Stadtzentrum von großer Bedeutung für Sachsen. Die Altstadt erstreckt sich zwischen dem Burgberg im Westen und der Elbe im Osten rund um den Marktplatz, der u. a. vom Rathaus und der Frauenkirche flankiert wird.

Das im Mittelalter angelegte Straßennetz ist noch weitgehend erhalten. Viele Fachwerkhäuser aus jener Zeit wichen Steingebäuden. Nach 1990 erfolgte eine umfassende Restaurierung zahlreicher Bauten.

Albrechtsburg

Domplatz 1 +49 3521 47 070 tägl. 10–18 albrechtsburg-meissen.de

Die mächtige Befestigungsanlage über dem Elbtal wurde ab 1471 auf den Resten des 929 entstandenen Vorgängerbaus im spätgotischen Stil für die Kurfürsten Ernst und Albrecht von Wettin errichtet. Sie war weniger als Verteidigungsanlage, sondern eher als repräsentative Residenz konzipiert. Eine Besonderheit ist die breite Treppe aus geschwungenen Stufen, der Große Wendelstein. Weitere bautechnische Innovationen waren z. B. nach oben breiter werdende Mauern und die zum Teil in Wänden geführten Kaminzüge. Von 1710 bis 1863 war im Schloss die Porzellan-Manufaktur untergebracht.

Dom

Domplatz 7 +49 3521 452 490 tägl. 9–18 dom-zu-meissen.de

Der Dom entstand in seiner heutigen Form 1260–1410 und gilt mit seinen klaren Formen als eine der stilreinsten Kathedralen Mitteleuropas. Er weist frühgotische Figuren auf, die dem Naumburger Meister zugeschrieben werden, außerdem einen Triptychonaltar (1534) von Lucas Cranach d. Ä. in der Georgskapelle. In der Fürstenkapelle wurden bis 1539 Mitglieder des Herrscherhauses Wettin beigesetzt.

Beliebt sind die 30-minütige MittagsOrgelMusik (Mo–Sa 12) und die Turmführungen (Apr–Okt: tägl. 13, 14, 15, 16). Zum Weinfest (Sep) findet im Dom eine Weinführung mit Verkostung statt.

Erlebniswelt Meissen

Talstraße 9 +49 3521 468 208 Jan – März: tägl. 9 – 17; Apr – Dez: tägl. 9 – 18 erlebniswelt-meissen.com

Seit 1710 stellt die Meissener Porzellan-Manufaktur – als Erste in Europa – feinstes Porzellan her *(siehe S. 186f)*. 1864 zog die Manufaktur in die Talstraße um. Hier entstehen bis heute alle Meissener Porzellane. In der Erlebniswelt Meissen wird die Geschichte des Porzellans mit vielen Einzelstücken dokumentiert, Besucher erhalten Einblick in die Fertigung. Der Rundgang beginnt am Arbeitsplatz des Drehers und führt über die Tätigkeit des Bossierens zur Glasurmalerei.

In Workshops lernt man traditionelle Techniken kennen – vom Modellieren einzelner Elemente über das Bemalen mit Blumenmotiven bis zum Anbringen von Henkeln. Nach dem Glasieren und Brennen werden die Objekte den Teilnehmern zugeschickt.

Frauenkirche

Markt 10 +49 3521 407 0014 Mo – Sa 10 – 16, So 12 – 16 frauenkirche-meissen.de

Die 1205 erstmals erwähnte Kirche wurden im 15. Jahrhundert zur spätgotischen Hallenkirche. Blickfang im dreischiffigen Innenraum ist der aus Lindenholz gefertigte und mit Blattgold belegte Altarschrein. Der von einer achteckigen Barockhaube bekrönte Kirchturm ist ein wesentliches Element der Stadtsilhouette. Im Turm wurde 1929 aus Anlass der 1000-Jahr-Feier Meißens das weltweit erste stimmbare Glockenspiel aus Porzellan installiert. Es besteht aus 37 Glocken und lässt jeden Tag zu regelmäßigen Zeiten sechsmal (6:30 – 20:30 Uhr) verschiedene Choräle erklingen. Eine Wendeltreppe führt über 193 Stufen nahe am Glockenspiel und den Glocken vorbei zum Turmumgang, von dem man einen Ausblick über Stadt und Elbtal genießt.

Stadtmuseum

Heinrichsplatz 3 +49 3521 458 857 Di – So 11 – 18 stadt-meissen.de/de/stadtmuseum.html

In der ehemaligen Klosterkirche des Franziskanerordens und im Neogotischen Haus dreht sich heute alles um die Geschichte der ältesten Stadt in Sachsen und ihrer Umgebung. In der Dauerausstellung werden anhand von Modellen und vielfältigen Exponaten u. a. die Entwicklung des Weinbaus sowie von Elbfischerei und Elbschifffahrt illustriert. Eine Abteilung widmet sich der Porzellanherstellung in Meißen.

Thürmer Pianoforte-Museum

Martinstraße 12 +49 176 52 037 334 Sa 10 – 15, So 10 – 14 (Mo – Fr nach Vereinbarung) ferdthuermer.de/pianoforte-museum.html

1834 wurde in Meißen die Firma Ferdinand Thürmer zur Produktion von Klavier- und Flügelgehäusen gegründet. Aus Kapazitätsgründen musste die stetig wachsende Firma ihre Produktionsstätte mehrfach innerhalb Meißens verlagern, 1988 zog sie nach Bochum. In einer ehemaligen Werkstatt wurde 1994 ein Museum eingerichtet, das die Geschichte des Pianofortes nachzeichnet.

Restaurants

Ratskeller
Traditionelle Küche.
Markt 1
+49 3521 727 4740
mueller-restaurants.de/ratskeller.html
€€€

Bauernhäus'l
Sächsische Küche in einem Fachwerkhaus.
Oberspaarer Straße 20 +49 3521 733 317 Mo – Do
bauernhaeusl.de
€€€

Straße mit leuchtend bunten Häuserfassaden

Meissener Porzellan

Bis ins frühe 18. Jahrhundert kannte man in Europa nur chinesisches Porzellan, und das Geheimnis der Porzellanherstellung wurde in China streng gehütet. Kurfürst August der Starke beauftragte Johann Friedrich Böttger und Ehrenfried Walther von Tschirnhaus, Porzellan herzustellen. 1707 waren die beiden erfolgreich. Die Porzellan-Manufaktur in Meißen wurde 1710 gegründet und exportierte ab 1713 feinstes Porzellan. Bis 1863 wurde auf der Albrechtsburg produziert, danach in einem Werk im Triebischtal. Hier hat die Manufaktur auch heute noch ihren Sitz. Die ersten Porzellankünstler und -maler waren Johann Joachim Kändler und Johann Gregorius Höroldt. Das Kunsthandwerk der Porzellanherstellung erlebt man heute in der Erlebniswelt Meissen *(siehe S. 185)*.

Porzellanherstellung

Die Methoden der Herstellung von Porzellan haben sich im Lauf der vergangenen Jahrhunderte nur unwesentlich verändert. Das sogenannte »harte« Porzellan besteht aus Kaolin, Quarz und Feldspat. Alle Rohlinge werden zunächst getrocknet und gebrannt, die glasierten Stücke zweimal. Die Verzierungen können vor oder nach dem Brennvorgang aufgebracht werden. Handbemaltes und vergoldetes Porzellan erzielt bis heute Höchstpreise. In den Schauwerkstätten erleben Sie die Fertigung und Bemalung des »sächsischen Goldes«.

Die Signets von Meissen

Alle Porzellan-Manufakturen haben ihre eigenen Signets oder »Brandmarken«. Die Symbole werden meist unter der Glasur auf dem Boden des Stücks angebracht. In Meißen wurden erst japanische oder chinesische Kalligrafien imitiert. Anschließend gab es eine bestimmte Buchstabenkombination, seit 1722 markieren auch zwei gekreuzte Schwerter in blauer Farbe die Porzellanstücke aus Meißen. Die königlichen Kunden hatten eigene Signets.

Signet von 1720

Aktuelles Signet

← *Mingdrachen sind eines von zahllosen Motiven beim Verzieren des Porzellans*

→ *Beim Bossieren fügt man dem Porzellan einzelne Figuren oder Elemente hinzu*

←
Von Johann Joachim Kändler, einem der bedeutendsten Porzellankünstler der Manufaktur, in kräftigen Farben gestaltete Figurengruppe

Meissener Porzellangeschichte

Unmittelbar nach ihrer Gründung produzierte die Manufaktur vielfältige Objekte in großem Umfang. Wiederholt richtete sie ihr Programm neu aus und setzte dabei Trends.

Böttger-Steinzeug

Unabhängig von Ehrenfried Walther von Tschirnhaus stellte Johann Friedrich Böttger schon im Jahr 1707 festeres, von Rot bis Braun variierendes Steinzeug her. Die einfache Form lehnt sich eng an die chinesischen Vorlagen an. 1707 gelang von Tschirnhaus die Erfindung des weißen Porzellans, das sich als wesentlich härter und haltbarer als das chinesische Porzellan erwies.

↑ *Die dunkle Farbe wird durch das Rot des Ausgangsmaterials Ton erzeugt*

Chinesische Porzellanmotive

Bis ins 17. Jahrhundert wurde Porzellan aus China nach Europa importiert. Die ersten Stücke aus der sächsischen Produktion waren nur Kopien fernöstlicher Vorbilder. Die Figurinen und Gefäße aus Meißen wurden mit japanischen oder chinesischen Motiven bemalt. Nur die Service für den sächsischen Hof wurden mit einem eigens dafür entworfenen Design versehen. Besonders die Bildmotive »Roter Drache« und »Gelber Löwe« waren sehr beliebt. Da die chinesische Periode allerdings bald aus der Mode kam, setzten sich ab 1738 immer mehr europäische Barockszenen als Dekor für Porzellan durch.

Tischgeschirr

Ende des 18. Jahrhunderts waren diverse Porzellandesigns im Handel. Die erfolgreichsten Service werden bis heute hergestellt. Die Porzellan-Manufaktur in Meißen entwarf im 18. Jahrhundert zwei berühmte Muster, das »Weinlaubmuster« und das »Zwiebelmuster«. Die von Generation zu Generation vererbten Service können noch heute durch Nachkauf vervollständigt und ergänzt werden.

↑ *Edles Ess- und Kaffeegeschirr aus der Porzellan-Manufaktur in Meißen*

Porzellan mit Kunstmotiven

Im 18. Jahrhundert begann man, Abbildungen berühmter Gemälde oder Stiche auf Vasen, Teller oder Tassen der Porzellane zu kopieren. Diese Technik erreichte im Klassizismus und im Biedermeier ihren Höhepunkt, ein beliebtes Motiv war von 1775 bis 1790 etwa Goethes »Werther«. Die von August dem Starken gegründete Porzellansammlung im Zwinger *(siehe S. 74–77)* zählt zu den größten keramischen Sammlungen der Welt.

5

Sächsische Weinstraße

Länge 55 km **Dauer** ca. eine Std. (mit dem Auto) **Höhenmeter** ca. 160 m auf- und abwärts (ohne Abstecher) **Start und Ziel** Diesbar-Seußlitz oder Pirna **Rasten** In vielen Orten gibt es Cafés und Restaurants

Tourismusverband Elbland Dresden e. V., Dresdner Straße 7, 01662 Meißen; +49 3521 76 350 Die Dampfer der Sächsischen Dampfschifffahrt halten an mehreren Weinorten im Spätsommer laden alle Orte zu Weinfesten saechsische-weinstrasse.net elbland-dresden.de

Mit rund 500 Hektar Rebfläche zählt Sachsens Weinbaugebiet zu den kleinsten in Deutschland, fasziniert aber durch seine landschaftliche Schönheit. Weinkenner schätzen die Qualität der edlen Tropfen (überwiegend Weißweine), zu den wichtigsten Rebsorten gehören Müller-Thurgau, Riesling und Traminer. Die meisten Weingüter bieten – nach Absprache – Verkostungen an. An der Weinstraße kann man auch gut wandern und Radfahren.

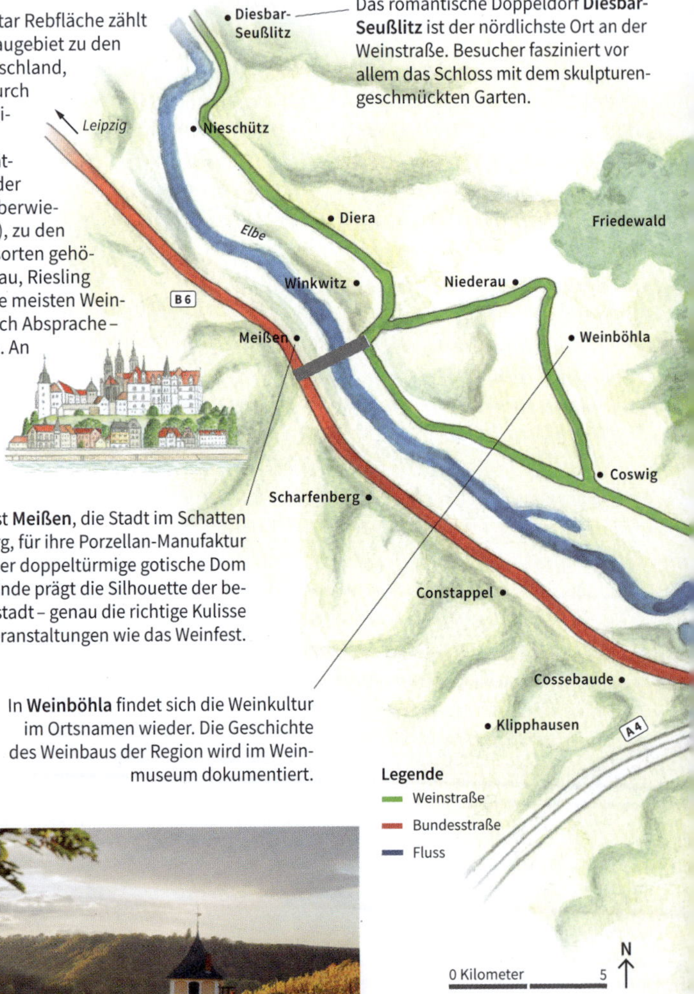

Das romantische Doppeldorf **Diesbar-Seußlitz** ist der nördlichste Ort an der Weinstraße. Besucher fasziniert vor allem das Schloss mit dem skulpturengeschmückten Garten.

Weltberühmt ist **Meißen**, die Stadt im Schatten der Albrechtsburg, für ihre Porzellan-Manufaktur *(siehe S. 186f)*. Der doppeltürmige gotische Dom auf dem Burggelände prägt die Silhouette der bezaubernden Altstadt – genau die richtige Kulisse für Open-Air-Veranstaltungen wie das Weinfest.

In **Weinböhla** findet sich die Weinkultur im Ortsnamen wieder. Die Geschichte des Weinbaus der Region wird im Weinmuseum dokumentiert.

← *Die Historie des Weinortes Coswig wird im Museum Karrasburg nachgezeichnet. Im Weingut Matyas erfahren Sie alles über Traubenproduktion und Kellerwirtschaft*

Highlight

←

Die »Karl-May-Stadt« Radebeul (siehe S. 190f) zählt zu den meistbesuchten Orten an der Weinstraße. Im September findet das Herbst- und Weinfest statt, eine Mischung aus Weingenuss und kulturellen Events (u. a. Theater, Musik, Mittelaltermarkt)

Neben Weingütern ist **Lößnitz** für die Schmalspurbahn Lößnitzgrundbahn *(siehe S. 190)* bekannt – Nostalgie pur.

Die Weinberge am nördlichen Ufer der Elbe bilden einen markanten Kontrast zur architektonischen Pracht, für die **Dresden** weltbekannt ist. Edle Tropfen der Sächsischen Weinstraße kann man in gemütlichen Weinlokalen genießen.

Barocke Bauten wie die auch für Veranstaltungen genutzte Weinbergkirche oder die berühmte Schlossanlage *(siehe S. 180f)* schmiegen sich an die Weinberge von **Pillnitz** – eine Symbiose aus Baukunst und Kulturlandschaft.

Um 1660 begann der Weinanbau im Dresdner Stadtteil **Loschwitz**. In der Weinlandschaft wurden repräsentative Bauwerke wie die drei Elbschlösser *(siehe S. 170f)* errichtet. Starker Reblausbefall Ende des 19. Jahrhunderts bedeutete das Aus für den großflächig betriebenen Weinanbau.

Rund um den vom Rathaus dominierten Marktplatz erstreckt sich das gut erhaltene historische Stadtzentrum von **Pirna**. Der italienische Maler Canaletto *(siehe S. 124)* verewigte in seinen Bildern einige Stadtansichten.

6

Gartenstadt Hellerau

7 km nördlich von Dresden
8 dresden.de

In Hellerau entstand ab 1909 die erste Gartenstadt Deutschlands. Als Vorbild dienten englische Wohnsiedlungen sozial engagierter Unternehmer, die ihren Arbeitern einen Gegenentwurf zur Beengtheit in den tristen Mietskasernen der Stadtzentren bieten wollten. Die Initiative ging vom Tischlermeister Karl Schmidt aus, der seine Deutschen Werkstätten für Handwerkskunst von Dresden-Laubegast nach Hellerau verlegte. Die Wohnhäuser konzipierte Richard Riemerschmid, das Festspielhaus *(siehe Kasten rechts)* Heinrich Tessenow. Sie nahmen in ihrer von Klarheit und Sachlichkeit geprägten Formensprache Elemente des Bauhaus-Stils vorweg.

1950 erfolgte die Eingemeindung Helleraus nach Dresden, 1970 ging aus den **Deutschen Werkstätten** der VEB Möbelkombinat Hellerau hervor. Auch nach der Privatisierung werden hier hochwertige Möbel, Holzspielzeug und Inneneinrichtungen gefertigt, u. a. für öffentliche Gebäude wie die Semperoper, das Rathaus und den Sächsischen Landtag.

Gartenstadt Hellerau

Festspielhaus Hellerau

Als Kulturzentrum der Gartenstadt entstand 1911/12 nach Plänen von Heinrich Tessenow das Festspielhaus Hellerau. Die klare Formensprache des streng symmetrischen Komplexes war richtungweisend für die moderne Architektur. Nach Fertigstellung zog hier die Bildungsanstalt für Musik und Rhythmik ein. Zu deren bekanntesten Schülern gehörte Mary Wigman, die den Mythos des Standorts als Wiege des modernen Ausdruckstanzes mitbegründete. Das 2004 hier eingerichtete Europäische Zentrum der Künste (www.hellerau.org) nimmt die ursprüngliche Funktion des Festspielhauses mit Tanz, Performances und Konzerten auf.

Deutsche Werkstätten
Moritzburger Weg 68 +49 351 215 900 dwh.de

7

Radebeul

8 km nordwestlich von Dresden 34 000
Radebeul Ost 4
Hauptstraße 12; +49 351 831 1830 radebeul.de

Der Name der Kreisstadt an der Sächsischen Weinstraße ist untrennbar mit Karl May verbunden, der hier von 1895 bis zu seinem Tod 1912 lebte. Seinen Fans bietet sich im **Karl-May-Museum** ein faszinierender Einblick in sein Leben und Werk. Das Museum ist in der »Villa Shatterhand« untergebracht, in der er lebte und viele seiner Abenteuerromane schrieb. Besucher tauchen hier in die Welt von Helden wie Winnetou, Old Shatterhand, Hadschi Halef Omar und Kara Ben Nemsi ein. Alljährlich im Mai finden die Karl-May-Festtage statt.

Das kleine Schloss Hoflößnitz birgt einen für kulturelle Veranstaltungen genutzten Festsaal mit reicher Innenausstattung und ein **Weingutmuseum** (mit Laden) zur Geschichte des Weinbaus an diesem Abschnitt der Elbe. Fans historischer Eisenbahnen lockt eine Fahrt mit der seit 1884 fahrenden dampfbetriebenen Lößnitzgrundbahn. Diese Schmalspurbahn verkehrt täglich von Radebeul über Moritzburg bis Radeburg (www.loessnitzgrundbahn.de).

Das im Stil des Barock gestaltete **Schloss Wackerbarth** (18. Jh.) mit Belvedere und Gartenanlage versteht sich als »erstes Erlebnisweingut Europas«. Besucher können bei der Produktion der Weine zusehen, sie probieren und kaufen. Zum Veranstaltungsprogramm gehören kulinarische Abende (u. a. »Wein und Schokolade«), klassische Konzerte und Lesungen.

Karl-May-Museum
Karl-May-Straße 5
+49 351 837 3010
Di – So 10 – 18
karl-may-museum.de

Weingutmuseum
Knohllweg 37 +49 351 839 8333 Di – So 10 – 18 hofloessnitz.de

Schloss Wackerbarth
Wackerbarthstraße 1
+49 351 89 550
Mo – Sa 10 – 19, So 11 – 19
schloss-wackerbarth.de

Lößnitzgrundbahn, traditionsreiche Schmalspurbahn

8

Übigau

7 km nordwestlich des Zentrums 9,13 70, 79, 80 dresden-uebigau.de

Das rechtselbische Gebiet im Nordwesten Dresdens wurde 1324 erstmals erwähnt und ist seit 1903 eingemeindet. Das bekannteste Bauwerk ist das zweigeschossige Schloss Übigau, das 1724 – 26 nach Entwürfen des schwedischen Baumeisters Johann Friedrich Eosander von Göthe errichtet wurde. Im Schlossgarten ist nur noch ein Teil des früher reichen Skulpturenschmuckes erhalten.

Südlich des Schlosses steht mit der Schiffswerft ein eindrucksvolles Industriedenkmal. In den 1920er Jahren zählte sie zu den größten Binnenschiffswerften Europas. Ab den 1930er Jahren bis 2001 wurden hier Dampfkessel hergestellt.

9

Friedrichstadt

2 km westlich des Zentrums 1, 10 68

Kulturhistorisch interessant ist der westlich der Altstadt gelegene Stadtteil rund um die Friedrichstraße. Nach der 1835 erfolgten Eingemeindung zog es viele Künstler hierher, die Maler der 1905 gegründeten Künstlergruppe Brücke *(siehe S. 30)* richteten hier ihr erstes Atelier ein.

Einige barocke Stadthäuser und Palais an der Friedrichstraße zeugen noch von der Zeit, als sich hier Adlige und wohlhabende Bürger niederließen. Der 1736 erbaute Landsitz des Grafen Brühl, der später von Graf Camillo Marcolini erworben wurde (Palais Marcolini), wird seit 1849 als Krankenhaus genutzt. Im Hof steht mit dem 40 Meter breiten Neptunbrunnen (1744), einem Werk von Lorenzo Matielli, die großartigste barocke Brunnenanlage der Stadt.

Neben dem Palais ragt die von Matthäus Daniel Pöppelmann errichtete Matthäuskirche (1728 – 30) auf, deren Gruft das Grab des Baumeisters birgt. Weitere Berühmtheiten wie etwa Balthasar Permoser oder Carl Maria von Weber wurden auf dem Alten Katholischen Friedhof (1720/21) gegenüber dem Palais bestattet. An der Grenze zur Altstadt steht die ehemalige Tabakfabrik Yenidze *(siehe S. 92f)*.

Belvedere in Schloss Wackerbarth

Schöne Aussicht
Belvedere
Vom Lusthaus Belvedere, dem an einem Weinberg gelegenen Wahrzeichen von Schloss Wackerbarth, erschließen sich die Schönheit und die Pracht der ausgedehnten Gartenanlage des Schlosses am besten.

10 Fichteturm

Westendring 3
63, 85 +49 351 403 0555
März – Dez: Do – So 10 – 18
dresden.de

Der 30 Meter hohe Rundturm im 2,5 Hektar großen Fichtepark südlich des Dresdner Stadtzentrums wurde 1896 als Bismarckturm geweiht. Damit bezeichnet man Baudenkmäler, die man zu Ehren des deutschen Reichskanzlers Otto von Bismarck nach seinem Tod (1898) errichtete.

Über eine Wendeltreppe mit 153 Stufen erreicht man die in 27 Metern Höhe gelegene Aussichtsplattform. Von dort bietet sich eine wunderschöne Aussicht über Dresden und – an klaren Tagen – bis in die Sächsische Schweiz.

1962 wurde am Turm anlässlich des 200. Geburtstags von Johann Gottlieb Fichte (1762 – 1814) eine Gedenktafel zu Ehren des deutschen Philosophen angebracht, nach dem Turm und Park benannt wurden.

Einen Besuch des Fichteturms kann man wunderbar mit einem Spaziergang im Fichtepark verbinden. Die mit Skulpturen verschiedener Dresdner Bildhauer geschmückte Grünanlage ist ein eindrucksvolles Zeugnis der Landschaftsgartengestaltung des 19. Jahrhunderts.

11 Buchmuseum der Sächsischen Landesbibliothek

Zellescher Weg 18
61, 66 +49 351 467 7390
Museum: Mo – 10 – 18, Sa 14 – 18 Bibliothek: Mo – Sa 8 – 24 (Service 9 – 18), So 10 – 18 (ohne Service)
slub-dresden.de

Die Sächsische Landesbibliothek – Staats- und Universitätsbibliothek Dresden (SLUB) ist mit mehr als acht Millionen Medien eines der umfangreichsten Informationszentren in Deutschland. Sie ging aus der 1556 eingerichteten Privatsammlung von Kurfürst August von Sachsen hervor, dessen Bibliothek durch umfangreiche Ankäufe immer weiter angewachsen war. 1788 wurde die Sammlung der Öffentlichkeit zugänglich gemacht. 1996 erfolgte die Fusion der Sächsischen Landesbibliothek mit der Bibliothek der Technischen Universität Dresden zur SLUB.

Das 1835 eingerichtete traditionsreiche Buchmuseum ist im nördlichen der beiden oberirdischen Blöcke des SLUB-Gebäudes untergebracht. Die Kulturstätte dokumentiert mehr als 1000 Jahre Buchgeschichte. Zu den Höhepunkten der in der sogenannten Schatzkammer untergebrachten Sammlung wertvoller Stücke gehören insbesondere ein Skizzenbuch von Albrecht Dürer, Vorlesungsmanuskripte von Martin Luther und eigenhändige Notenschriften berühmter Komponisten wie Johann Sebastian Bach, Carl Maria von Weber, Richard Wagner, Robert Schumann und Antonio Vivaldi.

Das aus wissenschaftlicher Sicht bedeutendste Objekt ist eine auf Feigenbaumfasern verfasste 3,56 Meter lange Maya-Handschrift, der Codex Dresdensis. Es ist die inhaltsreichste von weltweit nur vier erhaltenen Handschriften, die in dieser bis heute nicht ganz entzifferten Bilderschrift der Maya abgefasst sind. Sie dient als Schlüsseldokument für die Entzifferung der Maya-Hieroglyphen. Das etwa auf das Jahr 1200 datierte Exemplar hatte Kurfürst Friedrich August II. 1739 für seine Sammlung erworben.

In der Corty-Galerie finden Wechselausstellungen zu verschiedensten Themen statt, darunter etwa Fotografie und Musik.

Hotels

Churfürstliche Waldschänke Moritzburg
Zimmer mit romantischem Flair in sieben Kategorien.
Große Fasanenstraße, Moritzburg
waldschaenke-moritzburg.de
€€€

Elbterrasse Wachwitz
Schöne Zimmer mit privater Terrasse und Elbblick.
Altwachwitz 14
elbterrasse-wachwitz.de
€€€

Ausstellung (2022/23) mit Fotos von Ingolf Thiel in der SLUB

Kirche Maria am Wasser in Hosterwitz

teil Hosterwitz sollte man sich zwei Sehenswürdigkeiten nicht entgehen lassen: An der um 1500 erbauten, in ihrer Schlichtheit anmutig wirkenden Kirche **Maria am Wasser** legten Elbschiffer an, um für ein Gelingen ihrer Fahrt zu beten. Ihr heutiges Aussehen erhielt die Kirche im Zuge einer Barockisierung in den 1770er Jahren, als auch der Zwiebelturm angefügt wurde. Im Innenraum fallen einige Glasfenster und Grabplatten besonders ins Auge.

Das **Carl-Maria-von-Weber-Museum** erinnert an den Komponisten, der hier in seinem ehemaligen Sommerwohnsitz wesentliche Teile seiner Opern *Der Freischütz*, *Oberon* und *Euryanthe* entwickelte. In dem Winzerhaus werden Webers Leben und Werk anhand von Bild- und Textdokumenten sowie von Notenschriften veranschaulicht.

Maria am Wasser
Kirchgasse 6 · +49 351 261 8330 · Zeiten der Website entnehmen
maria-am-wasser.de

Carl-Maria-von-Weber-Museum
Dresdner Straße 44
+49 351 261 8234
Mi – So 12 – 17
museen-dresden.de

12 Palitzsch-Museum

Gamigstraße 24
1, 9, 13 · 64, 65, 66
+49 351 796 7249
Mi – So 12 – 17
museen-dresden.de

Das in einem ehemaligen Bauernhof in Prohlis eingerichtete Museum ist vor allem dem Leben und Werk des von hier stammenden Landwirts und Astronomen Johann George Palitzsch (1723 – 1788) gewidmet. Er entdeckte 1758 als Erster die vom englischen Astronomen Edmond Halley vorhergesagte Rückkehr des Halleyschen Kometen und machte sich damit unter den Naturwissenschaftlern in Europa einen Namen.

Vom Nachlass des auch als »Bauernastronom« bekannten Palitzsch ist nur wenig erhalten. Die verbliebenen Objekte sind in einem inszenierten Studierzimmer im Dachgeschoss des Bauernhofs ausgestellt. Das Museum fasziniert durch das Nebeneinander einfacher Gerätschaften und modernster Technik, mit deren Hilfe u. a. die Komplexität unseres Sonnensystems dargestellt wird. Erinnerungstafeln widmen sich bedeutenden Naturwissenschaftlern, die das Weltbild der Menschheit nachhaltig prägten – von Ptolemäus, einem berühmten Mathematiker der ägyptischen Antike, über Johannes Kepler bis zu Albert Einstein. Doch neben einem Rückblick auf die Geschichte der Astronomie bietet das Palitzsch-Museum auch einen Ausblick auf aktuelle und geplante Weltraummissionen.

In einem zweiten Schwerpunkt widmet sich das Museum der rund 7000 Jahre währenden Siedlungsgeschichte von Prohlis. Steinwerkzeuge, Keramik sowie Bilder von Ausgrabungsfunden bieten Einblick in die Jungsteinzeit.

13 Hosterwitz

10 km südöstlich des Zentrums · 63

Bei einem Abstecher in den 1950 eingemeindeten Stadt-

Planetarium mit bildhaften Darstellungen, Palitzsch-Museum

Eine ehemalige Kamerafabrik ist Standort der Technischen Sammlungen

14 Blasewitz

HJ5 4, 6, 12 61, 63, 65

Vor der Eingemeindung im Jahr 1921 zählte Blasewitz zu den Gemeinden Sachsens mit dem höchsten Steuereinkommen. Bis heute umfasst der Dresdner Stadtteil eines der größten zusammenhängenden historischen Villenviertel in Europa. Ob Landhaus oder Jugendstil, ob Schweizerhaus oder toskanische Villa – die Vielfalt an Stilrichtungen scheint hier keine Grenzen zu kennen.

Die meisten Villen wurden in der zweiten Hälfte des 19. Jahrhunderts entlang den vom Schillerplatz sternförmig ausgehenden Straßen errichtet. Hier wirkten berühmte Dresdner Architekten wie Martin Pietzsch (1866–1961) und Karl Emil Scherz (1860–1945), und offenbar war ihnen zur Auflage gemacht worden, dass jedes Haus in Form und Stil einzigartig sein sollte. Die Umsetzung gelang auf geradezu meisterhafte Art. Schnell entwickelte sich Blasewitz zu einem bevorzugten Wohnort von wohlhabenden Dresdnern und Künstlern. Auch Berühmtheiten wie der Schriftsteller Gerhart Hauptmann und der Komponist Sergej Rachmaninov ließen sich hier nieder.

Besonders stimmungsvoll ist ein Spaziergang durch die Goetheallee mit ihrer Vielzahl an herrschaftlichen Häusern wie etwa der Villa Weigang (Nr. 55).

15 Technische Sammlungen

J7 Junghansstraße 1–3 4, 6, 12 61 +49 351 488 7272 Di–Fr 9–17, Sa, So 10–18 tsd.de

Die Technischen Sammlungen sind Technikmuseum und Science Center unter einem Dach. Medientechnik, Zeitmessung, Fotografie, Rechentechnik, Mikroelektronik, Technologieforschung sowie Schreib- und Bürotechnik sind einige der Schwerpunkte des Museums. Es widmet sich der Erforschung und Präsentation der Technik- und Industriegeschichte der letzten rund 150 Jahre seit Beginn der industriellen Revolution. Untergebracht ist das 1966 eingerichtete Museum seit 1993 in einer ehemaligen Kamerafabrik.

Neben der Präsentation der Objekte bietet das Museum Besuchern auch die Möglichkeit, selbst aktiv zu werden. Die Dauerausstellung »Cool X« nimmt Besucher mit auf eine spannende Reise in die Welt der Mikro- und Nanoelektronik und zeigt u. a. Entstehung und Aufbau eines Chips.

SchillerGarten – Restaurant mit Biergarten am Blauen Wunder

Insbesondere an jüngere Besucher richten sich die Workshops. Dabei kann man seine eigene Camera obscura bauen und die Bilder in der Dunkelkammer entwickeln. Im »Erlebnisland Mathematik« regen mehr als 100 Spiel- und Experimentierstationen zum Staunen und Nachdenken an. In begehbaren Musikinstrumenten oder in überdimensionalen Seifenblasen taucht man in die Dimensionen mathematischer Ordnungen ein und lernt deren Ästhetik kennen.

16

Dresdner Heide

Nordöstlich des Zentrums

Was für ein bemerkenswerter Kontrast: Unmittelbar nordöstlich der umtriebigen Neustadt erstreckt sich die beschauliche Dresdner Heide. Das von zahlreichen Wasserläufen wie der Prießnitz durchzogene Waldgebiet ist mit einer Fläche von mehr als 50 Quadratkilometern einer der größten Stadtwälder in Deutschland. Mit ihrem Netz an Rad- und Wanderwegen zählt die Dresdner Heide, die seit 1969 Landschaftsschutzgebiet ist, zu den beliebtesten Naherholungszielen der Dresdner. Ohne detaillierte Karte kann man hier bei Spaziergängen leicht die Orientierung verlieren.

Zu den interessantesten Abschnitten der Dresdner Heide gehört der 118 Hektar große Albertpark *(siehe S. 172)*, der dem Stadtzentrum und der Elbe am nächsten gelegene Teil. Er weist große, zusammenhängende alte Laubwaldbestände auf. Das Fischhaus, ein ehemaliges Teichwärterhäuschen (16. Jh.), erhielt bereits 1650 das Schankrecht. Lange Zeit wurde dieses Gebäude vernachlässigt, seit 2000 ist das Fischhaus nach einer Sanierung wieder ein Restaurant mit gemütlichem Biergarten und Gästezimmern.

Waldweg in der Dresdner Heide

17

Radeberger Exportbierbrauerei

Radeberg, Dresdner Straße 2, 15 km nordöstlich von Dresden +49 3528 4540 Führungen: nach tel. Anmeldung bierstadt-radeberg.de

Die 1872 gegründete Produktionsstätte nimmt für sich in Anspruch, die erste Brauerei zu sein, die in Deutschland Bier nach Pilsner Art braute und immer noch braut. Die Qualität des nach dem deutschen Reinheitsgebot gebrauten Gerstensafts sprach sich rasch herum. Wurde das Bier zunächst vornehmlich am königlich-sächsischen Hof verköstigt, ließ es sich bald auch Reichskanzler Otto von Bismarck munden. Zu Beginn des 20. Jahrhunderts wurde Radeberger Pilsner in weiten Teilen des Deutschen Reichs ausgeschenkt. Zur Zeit der DDR lief die Erfolgsgeschichte weiter, das Bier avancierte als begehrtes Exportprodukt zu einem wichtigen Devisenbringer. In den 1990er Jahren erfolgte eine Modernisierung der Anlage, die Kapazitäten von Sudhaus, Gärkeller und Flaschenabfüllanlage wurden erheblich erweitert.

Das Unternehmen setzt weiter auf die gehobene Gastronomie – viele renommierte Hotels und Restaurants haben sich für den Ausschank der Traditionsmarke entschieden. Das Brauereigelände kann bei einer rund zweistündigen Führung besichtigt werden. Im Preis enthalten sind auch Kostproben wie ein Glas frisch gezapftes Radeberger Pilsner und ein Glas Zwickelbier (unfiltriertes Radeberger Pilsner).

Restaurants

Spizz Restaurant – Café und Bar

Vielfältige, kreative Speisen serviert in modernem Ambiente.

H6 Augsburger Straße 49 +49 351 319 0626 So, Mo restaurant-spizz.de

€€€

SchillerGarten

Traditionsrestaurant mit sächsischen Gerichten und großem Biergarten.

K6 Schillerplatz 9 +49 351 811 9922 schillergarten.de

€€€

Rathaus der Bergbaustadt Freiberg am Obermarkt

18

Freiberg

41 000 · Schlossplatz 6; +49 3731 273 664
Bergstadtfest (Juni)
freiberg.de

Schon im 12. Jahrhundert wurde in der Umgebung Silbererz abgebaut, der Bergbau trieb die wirtschaftliche Entwicklung der Region in hohem Tempo an. Freiberg gehört heute zur grenzübergreifenden Montanregion Erzgebirge/Krušnohoří, die 2019 zum UNESCO-Welterbe erklärt wurde.

Sorben

Die Volksgruppe der Sorben gehört der slawischen Minderheit in den östlichen Gebieten von Sachsen und Brandenburg an. Die Sorben stammen von den Slawen ab, die seit dem 7. Jahrhundert in dieser Region leben. Sorbische Vereinigungen wurden im Dritten Reich verboten, seit 1945 genießen die Sorben kulturelle Autonomie. Es gibt sorbische Schulen, meist sind die Schilder in der Region zweisprachig.

Besucher der »Silberstadt« können die Geschichte Freibergs an mehreren Orten erleben. Einen guten Einstieg bildet das **Stadt- und Bergbaumuseum**, in dem die lange Bergbautradition von Freiberg und Umgebung anschaulich gemacht wird. Auch die Exponate der **Mineralien- und Lagerstättensammlung der Bergakademie** sind nicht nur für Geologen interessant.

Nicht versäumen sollte man einen Besuch im **Silberbergwerk Freiberg**, das im Rahmen von Untertage- und Übertageführungen besichtigt werden kann. Zu den spannendsten Bereichen gehört zweifellos die historische Schachtanlage »Alte Elisabeth« mit Bergschmiede und Maschinenhaus, die als Sachsens ältestes Bergbaumuseum gilt. Hier erhält man Einblicke in den Arbeitsalltag der Bergleute.

Doch außer eindrucksvollen Zeugnissen der Bergbautradition bietet Freiberg auch architektonisch und kulturhistorisch interessante Bauwerke. Neben den schön restaurierten Fachwerkhäusern lohnt vor allem der **Dom St. Marien** eine Besichtigung. Man betritt das spätgotische Gotteshaus (15. Jh.) durch die Goldene Pforte, ein prächtiges Portal (frühes 13. Jh.). Der Innenraum birgt eine tulpenförmige Kanzel (1505), eine Orgel von Gottfried Silbermann, Statuen und Epitaphe.

Am Obermarkt stehen das Rathaus (1410) mit Porzellanglockenspiel aus Meissener Porzellan und ein Brunnen mit dem Standbild des Stadtgründers Otto von Meißen.

Stadt- und Bergbaumuseum
Am Dom 1
+49 3731 20 250
wegen Umbauarbeiten
museum-freiberg.de

Mineralien- und Lagerstättensammlung der Bergakademie
Brennhausgasse 14
+49 3731 392 264
Mo – Do 9 –12, 13 –16

Silberbergwerk Freiberg
Fuchsmühlenweg 9
+49 3731 394 571
Zeiten für Führungen der Website entnehmen
silberbergwerk-freiberg.de

Dom St. Marien
Untermarkt 1 · +49 3731 211 126 · Mai – Okt: Mo – Sa 10 –17, So 11:30 –17; Nov – Apr: Mo – Sa 11 –16, So 11:30 –16 Führungen: Mai – Okt: tägl. 14 (So auch 11:30); Nov – Apr: Mi, Sa 14, So 11:30
freiberger-dom.de

19

Kamenz (Kamjenc)

17 000 **Schulplatz 5; +49 3578 379 205**
Kamenzer Forstfest (Aug)
kamenz.de

Die beste Zeit, Kamenz zu besuchen, ist im Mai und Juni, wenn die Rhododendronbüsche auf dem Hutberg (294 m) in Blüte stehen. Der Dichter Gotthold Ephraim Lessing wurde 1729 in Kamenz geboren, das 1931 gegründete **Lessing-Museum** widmet sich seinem Leben und Werk.

Das große Feuer von 1842 vernichtete den Stadtkern weitgehend, ließ aber wie durch ein Wunder die spätgotische Marienkirche unberührt. Die vier Kirchenschiffe mit einem gotischen Altar (15. Jh.) sind ein typisches architektonisches Element für die Kirchenbauten der Region. Ebenso interessant sind die spätgotische St.-Annen-Kirche und die Katechismuskirche, einst Teil der Stadtbefestigung. Auch die Kirche St. Justus mit Wandmalereien aus dem 14. Jahrhundert und der alte Friedhof sind einen Besuch wert.

Blick über die »Lessingstadt« Kamenz

Lessing-Museum
Lessingplatz 1–3 +49 3578 379 111
Di–Fr 9–17, Sa, So 13–17
lessingmuseum.de

20

Bautzen (Budyšin)

38 000 **Hauptmarkt 1; +49 3591 42 016**
Vogelhochzeit (Jan), Ostereierschieben (Ostersonntag) bautzen.de

Schon gewusst?

Von den 22 Gebieten des UNESCO-Welterbes Motanregion sind 17 in Deutschland, fünf in Tschechien.

Bautzen mit dem Turm Alte Wasserkunst und Michaeliskirche

Auch wenn Bautzen noch oft mit dem Hochsicherheitsgefängnis der DDR in Verbindung gebracht wird, lohnt die Stadt mit ihrer malerischen Lage auf einem Felsen über dem Spreetal einen Besuch. Die Sorben *(siehe S. 196)*, eine slawische Minderheit, haben Bautzen maßgeblich geprägt. Ihre Kultur und Sprache gewinnen wieder an Bedeutung.

Die Altstadt mit den engen Gassen, dem barocken Rathaus und dem schiefen Lauenturm ist zu Fuß gut zu erkunden. Der Aufstieg auf den Turm Alte Wasserkunst (16. Jh.) ist ein Erlebnis. Mit der Michaeliskirche bildet er ein markantes Ensemble. Der Dom St. Petri wird sowohl von katholischen Sorben als auch von Protestanten besucht.

Die für den ungarischen König Matthias Corvinus erbaute spätgotische Ortenburg ist heute Sitz des **Sorbischen Museums**, dessen Dauerausstellung die Kulturgeschichte der Sorben vom Mittelalter bis in die Gegenwart dokumentiert. Anhand von Musikbeispielen und historischen Filmsequenzen wird hier Geschichte lebendig illustriert.

Sorbisches Museum
Ortenburg 3–5
+49 3591 270 8700
Di–So 10–18
sorbisches-museum.de

Wildromantische Landschaft in der Sächsischen Schweiz

Sächsische Schweiz

Eine Landschaft wie ein Gesamtkunstwerk: Die von teils bizarr geformten Sandsteinfelsen geprägte Sächsische Schweiz umfasst den deutschen Teil des auch in die Tschechische Republik reichenden Elbsandsteingebirges. Ein Teil dieses von steilen Felsnadeln, tiefen Schluchten und romantischen Waldlandschaften geprägten Gebiets zu beiden Seiten der Elbe wurde 1990 zum Nationalpark Sächsische Schweiz erklärt. Hier findet man viele Optionen für Outdoor-Aktivitäten wie Wandern oder Klettern.

Zwischen den Felslandschaften mit markanten Formationen wie der Bastei oder den Schrammsteinen entdeckt man Orte mit historischen Baudenkmälern und interessanten Museen. Zum Schutz wichtiger Handelsrouten wurden Burgen wie etwa die noch gut erhaltenen Anlagen Burg Hohnstein und Festung Königstein errichtet.

Naturerlebnis und Kulturgenuss lassen sich in der Sächsischen Schweiz sehr gut miteinander verbinden, etwa bei einer Darbietung in der Felsenbühne Rathen.

Sächsische Schweiz
Highlights
1 Pirna
2 Bastei
Sehenswürdigkeiten
3 Felsenbühne Rathen
4 Burg Hohnstein
5 Festung Königstein
6 Hinterhermsdorf
7 Bad Schandau
8 Lichtenhainer Wasserfall
9 Schrammsteine
10 Burg Stolpen
11 Stadt Wehlen
12 Bad Gottleuba-Berggießhübel
13 Felsenlabyrinth Langenhennersdorf
14 Dürrröhrsdorf-Dittersbach
15 Gohrisch mit Tafelbergen
A
B
C
2
3
4
5
Kleinwolmsdorf
Großerkmannsdorf
Ullersdorf
Kleinerkmannsdorf
Fischbach
Mannshübel 255 m
Schmiedefeld
Bühlau
Lauterbach
Gottlöbers Berg 382 m
Rennersdorf-Neudörfel
Wilschdorf
Rossendorf
Weißig
Burg Stolpen
Buchberg 243 m
Gickelsberg 300 m
Schullwitz
Eschdorf
Dürrröhrsdorf-Dittersbach
Katzenberg 340 m
Schönfeld
Dobra
Stürza
Cunnersdorf
Wünschendorf
Porschendorf
Heeselicht
Zaschendorf
Hohburkersdorf
Liebethal
Bonnewitz
Zeschnig
Mühlsdorf
Oberpoyritz
Lohmen
Kohlberg 237 m
Rathewalde
Doberzeit
Burg Hohnstein
Uttewalde
Birkwitz
Hohnstein
Felsenbühne Rathen
Polenz
Pirna
Mockethal
Sächsische
Bastei
Pratzschwitz
Rathen
Elbe
Dorf Wehlen
Pötzscha
Waltersdorf
Kleinsedlitz
Sonnenstein
Stadt Wehlen
Naundorf
Porschdorf
Zeichen
Großsedlitz
Ebenheit
Schweiz
Thürmsdorf
Prossen
Köttewitz
Zehista
Struppen
Ebenheit
Goes
Meusegast
Festung Königstein
Königstein
Dohma
Struppen-Siedlung
Niederseidewitz
Hütten
Gohrisch
Pfaffendorf
Quirl 350 m
Papstdorf
Leupoldishain
Pfaffenstein
Nentmannsdorf
Ottendorf
Großcotta
Cunnersdorf
Cunnersdorfer Bach
Felsenlabyrinth Langenhennersdorf
Biela
Gohrisch mit Tafelbergen
Gersdorf
Bielatal
Bad Gottleuba-Berggießhübel
Herbergen
Lichter Kirchhof 355 m
Rotstein 457 m
Kristin Hrádek 491 m
Sporný potok
Děčínský Sněžník 723 m
B6
S159
S160
S177
S161
S164
S163
S165
S168
B172
S174
A17

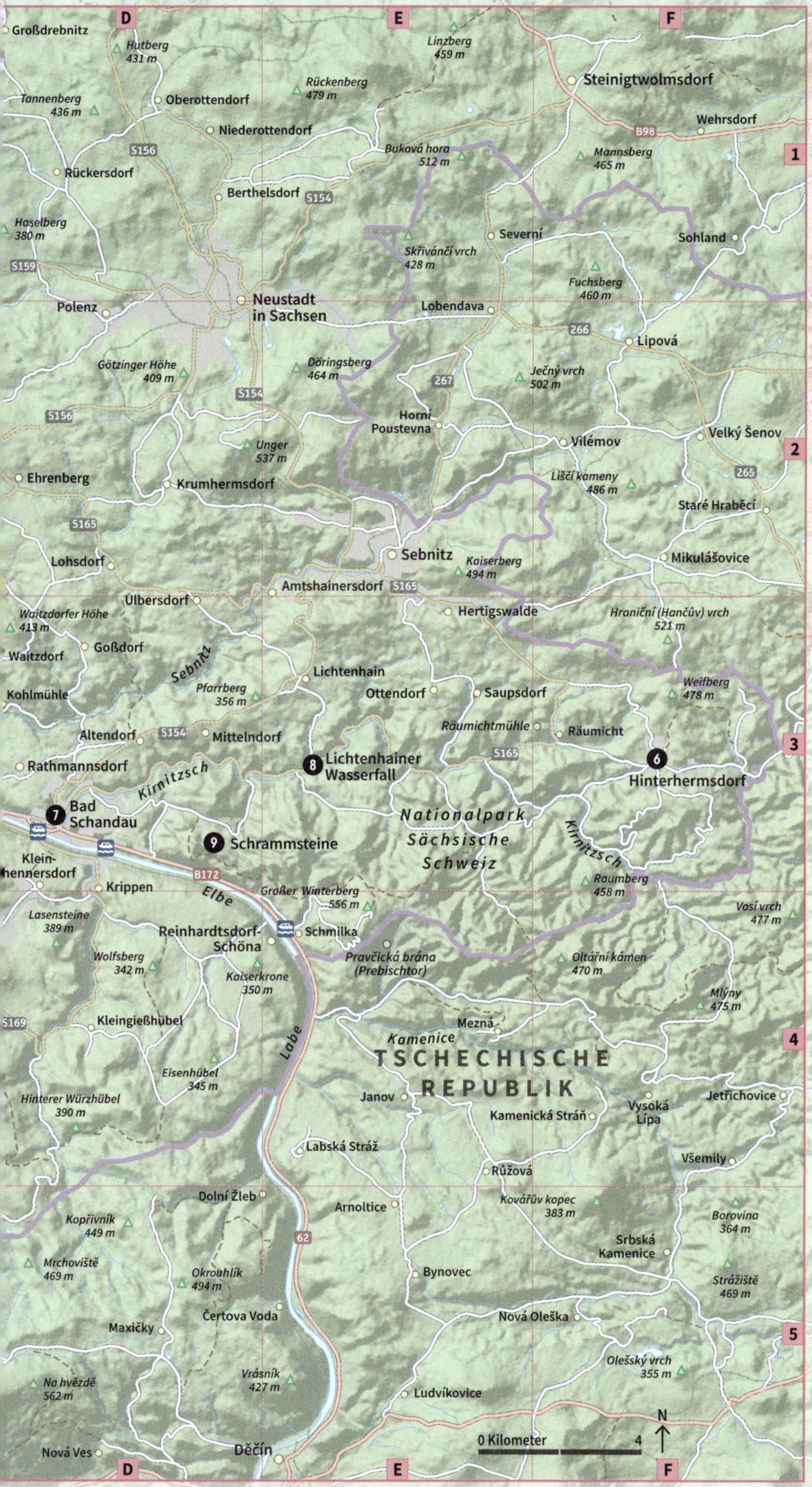

D
E
F
1
2
3
4
5
Großdrebnitz
Hutberg 431 m
Linzberg 459 m
Steinigtwolmsdorf
Rückenberg 479 m
Tannenberg 436 m
Oberottendorf
Niederottendorf
Wehrsdorf
B98
Buková hora 512 m
Mannsberg 465 m
S156
Rückersdorf
Berthelsdorf
S154
Haselberg 380 m
Severní
Sohland
Skřivánčí vrch 428 m
S159
Fuchsberg 460 m
Polenz
Neustadt in Sachsen
Lobendava
266
Lipová
Götzinger Höhe 409 m
Döringsberg 464 m
Ječný vrch 502 m
267
S154
S156
Horní Poustevna
Vilémov
Velký Šenov
Unger 537 m
Ehrenberg
Krumhermsdorf
Liščí kameny 486 m
265
Staré Hraběcí
S165
Sebnitz
Lohsdorf
Kaiserberg 494 m
Mikulášovice
Amtshainersdorf
S165
Ulbersdorf
Hertigswalde
Waitzdorfer Höhe 413 m
Hraniční (Hančův) vrch 521 m
Goßdorf
Waitzdorf
Sebnitz
Lichtenhain
Pfarrberg 356 m
Ottendorf
Saupsdorf
Weifberg 478 m
Kohlmühle
Räumichtmühle
Räumicht
Altendorf
S154
Mittelndorf
S165
Rathmannsdorf
8 Lichtenhainer Wasserfall
6 Hinterhermsdorf
Kirnitzsch
7 Bad Schandau
Nationalpark Sächsische Schweiz
Kirnitzsch
9 Schrammsteine
Klein-hennersdorf
B172
Krippen
Elbe
Raumberg 458 m
Großer Winterberg 556 m
Vosí vrch 477 m
Lasensteine 389 m
Reinhardtsdorf-Schöna
Schmilka
Pravčická brána (Prebischtor)
Oltářní kámen 470 m
Wolfsberg 342 m
Kaiserkrone 350 m
Mlýny 475 m
S169
Kleingießhübel
Mezná
Kamenice
Labe
TSCHECHISCHE REPUBLIK
Eisenhübel 345 m
Janov
Vysoká Lípa
Jetřichovice
Hinterer Würzhübel 390 m
Kamenická Stráň
Labská Stráž
Všemily
Růžová
Dolní Žleb
Arnoltice
Kovářův kopec 383 m
Kopřivník 449 m
Borovina 364 m
62
Srbská Kamenice
Mrchoviště 469 m
Okrouhlík 494 m
Bynovec
Strážiště 469 m
Čertova Voda
Maxičky
Nová Oleška
Olešský vrch 355 m
Vrásník 427 m
Na hvězdě 562 m
Ludvíkovice
N
0 Kilometer 4
Nová Ves
Děčín

Radfahren an der Elbe und im Bergland

Auf dem Elberadweg (www.elberadweg.de) verbindet man entspanntes Radfahren mit eindrucksvollem Naturerlebnis. Ein Tipp: Fahren Sie mit der S-Bahn von Dresden in die Sächsische Schweiz und von dort mit dem mitgenommenen Fahrrad an der Elbe flussabwärts zurück. Auch abseits des Flusses gibt es für Radler viele Optionen, die Mühe von Anstiegen wird mit herrlichen Ausblicken belohnt. Verleihstellen für Fahrräder und E-Bikes findet man in allen größeren Orten.

→

Genuss pur: Radeln auf dem Elberadweg, einem beliebten Fernradweg

SÄCHSISCHE SCHWEIZ FÜR OUTDOOR-FANS

In der abwechslungsreichen Landschaft der Sächsischen Schweiz bieten sich viele Möglichkeiten für sportliche Aktivitäten. Das Angebot an Touren für Wanderer, Kletterer und Radfahrer ist riesig, das Niveau reicht von einfach bis anspruchsvoll. Spaß und Genuss erlebt man auch auf dem Wasser.

Wanderungen durch faszinierende Bergwelt

Die Bergwelt der Sächsischen Schweiz ist ein Paradies für Wanderer, das Netz an markierten Wanderwegen umfasst rund 1200 Kilometer. Von April bis Oktober kommt man mit Wanderbussen zu den Einstiegen. Zu den beliebtesten Routen gehört der Malerweg *(siehe S. 216f)*. Auf den einzelnen Etappen wird auch ein Gepäcktransport angeboten. Anbieter wie Elbsandsteinguides (www.elbsandsteinguides.de) organisieren geführte Touren.

←

Blick über die Felslandschaft mit den Schrammsteinen (links)

TOP 5 Aussichtspunkte

Basteibrücke
Brücke oberhalb einer rund 40 Meter tiefen Schlucht *(siehe S. 206f)*.

Carolafelsen
Felsen mit Top-Aussicht über die Hintere Sächsische Schweiz.

Gohrisch & Papststein
Zwei benachbarte Tafelberge mit breiten Gipfelplateaus *(siehe S. 215)*.

Lilienstein
Rundumblick von einem Wahrzeichen der Sächsischen Schweiz.

Festung Königstein
Panorama von der Burganlage *(siehe S. 208f)*.

Mit dem Boot mitten in der Felslandschaft

Gemütlich mit Ruder- oder Tretboot fahren und dabei den Zauber der Landschaft genießen kann man z. B. auf dem Amselsee. Mehrstündige Fahrten mit einem Kanu von Kanu Aktiv Tours (www.kanu-aktiv-tours.de) führen u. a. von Königstein nach Pirna oder von Bad Schandau nach Stadt Wehlen. Wer es rasanter mag: Der Anbieter vermietet auch Motorboote.

→

Ruder- und Tretboote im Amselsee in der Nähe von Rathen

Klettern

Für passionierte Kletterer gibt es kaum eine spannendere Region als die Sächsische Schweiz mit ihren vielen steil aufragenden Felstürmen und -nadeln. Insgesamt stehen rund 27 000 Routen in sämtlichen Schwierigkeitsgraden zur Auswahl. Für Einsteiger gibt es ein reichhaltiges Kursprogramm – z. B. bei der Kletterschule Lilienstein (www.kletterschule-lilienstein.de).

←

Kletterer beim Abseilen in der bizarren Felsenwelt der Sächsischen Schweiz

1

Pirna

A3 39 000 Am Markt 7; +49 3501 556 446
Stadtfest (Juni), Pirnaer Hofnacht (Aug), Skulpturensommer (Juni – Sep) pirna.de

Die Stadt am Elbufer war über Jahrhunderte hinweg eine bedeutende Station beim lukrativen Handel mit Prag, was ihr beachtlichen Reichtum einbrachte. In der von prachtvollen Bürgerhäusern geprägten Altstadt ist noch der alte geometrische Straßengrundriss erhalten. Pirna ist reich an Kulturstätten und Museen, das Spektrum reicht von Geschichte über Kunst und Musik bis zu Architektur. Der Veranstaltungskalender der quirligen Stadt ist das ganze Jahr über voll.

Marktplatz

Ein Stadtbummel durch Pirna beginnt am besten am Marktplatz, der von beeindruckenden Bauten wie dem Rathaus (14. Jh.) mit gotischen Portalen, barockem Turm und Sonnenuhr, der Marienkirche, dem Canalettohaus mit einer Ausstellung zu Leben und Werk des bekannten Malers sowie einigen schön verzierten Bürgerhäusern umrahmt wird. Restaurants und Cafés laden zum Verweilen ein. Bei Sanierungsarbeiten wurde an einer Hausfassade ein rund 500 Jahre altes Wandgemälde freigelegt.

Ein eindrucksvolles künstlerisches Denkmal wurde dem Marktplatz durch Canaletto gesetzt *(siehe Kasten)*.

Marienkirche

Kirchplatz 14 Mai – Okt: Mo – Sa 11 – 17, So 15 – 17; Nov – Apr: Mo – Sa 11 – 15, So 14 – 16

Das spätgotische Gotteshaus wurde 1502 – 46 erbaut und ist mit einer Länge von 65 Metern und einer Breite von 35 Metern die drittgrößte Hallenkirche in Sachsen. Die Kanzel (1520), der Taufstein mit Kinderfiguren (1561) und der prächtige Renaissance-Altar aus Sandstein (1614) als eines der bedeutendsten Werke der Spätrenaissance bilden die Höhepunkte des Innenraums. Bemerkenswert ist auch die Ausmalung der Gewölbe.

Schloss Sonnenstein

Schlosshof 2 – 4
+49 3501 636 9047
Mai – Sep: Mi – So 13 – 17
schloss-pirna.de

Das im 13. Jahrhundert erstmals erwähnte Schloss thront hoch über Pirnas Altstadt. Im Lauf der Zeit diente es als Festung, Garnison, Heilanstalt, volkseigener Betrieb und heute als Verwaltungssitz. Teile der Anlage – u. a. Bastionen, Wehranlagen und Terrassengärten – können besichtigt werden. Von oben bietet sich ein toller Blick auf die Stadt.

Im Sommer ist das Anwesen Schauplatz des Skulpturensommers, bei dem internationale Künstler ihre Werke präsentieren. Das Zusammenspiel zwischen kolossaler Verteidigungsarchitektur und Figurenkunst erzeugt dabei eine besondere Spannung.

Marktplatz mit Marienkirche und Canalettohaus (rechts)

Schloss Sonnenstein – Anwesen mit bewegter Historie

DDR Museum Pirna

Rottwerndorfer Straße 45
+49 3501 774 842
Apr – Okt: Di – Do 10 –14, Sa, So 10 –16
ddr-museum-pirna.de

In einer ehemaligen Kaserne begeben sich Besucher auf eine so spannende wie amüsante Zeitreise und erhalten Einblick in das Leben in der DDR. Das 2005 eröffnete privat geführte Museum umfasst u. a. einen Kindergarten, ein Klassenzimmer mit originalen Schulbüchern und Räume, die sich Jungen Pionieren und FDJ widmen. Ein Bereich zeigt eine komplett eingerichtete Wohnung mit vielen kleinen Dingen des Alltags. Auch über die Arbeit von Militär und Grenztruppen wird berichtet.

Zudem sieht man, welche Fahrzeuge auf den Straßen unterwegs waren, welche Waren DDR-Bürger von Reisen aus der Tschechoslowakei am Zoll vorbeischmuggelten und was man alles mit »harter« Währung kaufen konnte.

StadtMuseum Pirna

Klosterhof 2
+49 3501 556 461
Di – So 10 –17
pirna.de

Ein Dominikanerkloster wurde zu einem Museum umgestaltet, das die Geschichte der Stadt illustriert. Der Betrachtungshorizont reicht dabei von der frühen Besiedlung des Gebiets bis in die Gegenwart. Zu den Höhepunkten gehören Stadtmodelle, die Ausdehnung und Bebauung Pirnas im Mittelalter zeigen. Auch Handwerkstraditionen und kirchliches Leben werden thematisiert. Von den mehr als 80 000 Objekten ist immer nur ein kleiner Teil zu sehen.

Umgebung: Acht Kilometer südwestlich von Pirna steht **Schloss Weesenstein** (14. Jh.). Bei einer Besichtigung erfährt man viel über Lebens- und Wohngefühl des sächsischen Königshauses. Die Schlosskapelle zeigt barocke Pracht.

Die **Richard-Wagner-Stätten** in Graupa fünf Kilometer nördlich von Pirna erinnern an den Komponisten, der sich hier zu seiner Oper *Lohengrin* inspirieren ließ.

Schloss Weesenstein
Am Schlossberg 1, Müglitztal
+49 35027 6260
Apr – Okt: Di – So 10 –18; Nov – März: Di – So 10 –16
schloss-weesenstein.de

Richard-Wagner-Stätten
Tschaikowskiplatz 7, Graupa **+49 3501 461 9650** **Zeiten der Website entnehmen**
wagnerstaetten.de

Lebendiges Canaletto-Bild

Der Marktplatz zu Pirna (1753/54) gilt als bekanntestes der elf Bilder, die der italienische Landschaftsmaler Canaletto *(siehe S. 124)* von der sächsischen Stadt anfertigte. Jedes Jahr Ende April wird die Szenerie mit Darstellern in historischen Gewändern, mit Pferden und Hunden sowie vielen originalen Details nachgestellt, das Gemälde somit zum Leben erweckt. Die Teilnehmer stellen sich dorthin, wo der Maler seine Figuren einst auf der Leinwand platzierte, und verharren für ein paar Augenblicke in dieser Position. Zuschauer sind vom Ergebnis dieser sehr speziellen Zeitreise fasziniert, denn die im Bild enthaltenen Renaissance- und Barockfassaden rund um den Marktplatz sind nahezu vollständig so erhalten geblieben, wie der berühmte Maler sie Mitte des 18. Jahrhunderts sah.

2

Bastei

C3 zwischen Wehlen und Rathen ganzjährig zu jeder Zeit begehbar
saechsische-schweiz.de/region/highlights/bastei

Zwischen der Stadt Wehlen und dem Kurort Rathen – beides Haltepunkte der Sächsischen Dampfschifffahrt ***(siehe S. 227)*** **– ragt die wohl berühmteste Felsformation der Sächsischen Schweiz auf. Die bis 305 Meter hohe, bizarre Welt aus Sandsteinmassiven umfasst steil aufragende, von engen Schluchten getrennte Felsnadeln und -türme, bewaldete Felskuppen sowie Hochflächen.**

Was für ein spektakulärer Wandel: Einst trieben finstere Raubritter in diesem damals schwer zugänglichen Gebiet ihr Unwesen, später inspirierte die Felsformation zahlreiche Maler und Literaten der Romantik zu ihren Werken, heute ist die Bastei die beliebteste Sehenswürdigkeit der Sächsischen Schweiz. Man erreicht sie am besten im Rahmen einer Wanderung. Die Wege sind ausgeschildert und gut begehbar.

Der in Rathen beginnende Wanderweg erschließt die Felsenwelt der Bastei und führt auch über in den Stein geschlagene Treppen und die spektakuläre steinerne Basteibrücke. Diese 76,5 Meter lange Brücke überspannt eine 40 Meter tiefe Schlucht. Man passiert auch die im Mittelalter errichtete Felsenburg Neurathen. Von dieser größten mittelalterlichen Felsenburg der Region sind noch einige Reste erhalten.

Auf einem Felsvorsprung der Bastei liegt in einzigartiger Lage ein Berghotel *(siehe S. 215)* mit Panoramarestaurant.

Bastei-Aussicht

Als »Schaufenster in die Sächsische Schweiz« ist die Bastei ein Besuchermagnet. Wegen ihrer exponierten Lage hat man von hier ein atemberaubendes Panorama über das Elbtal und Teile des Elbsandsteingebirges wie etwa den Lilienstein, einen 415 Meter hohen Tafelberg, bis zu den Ausläufern des östlichen Erzgebirges.

Neben der Basteibrücke bietet u. a. auch die im Februar 2023 eröffnete schwebende Besucherplattform einen hervorragenden Fernblick. Sie ist 20 Meter lang und barrierefrei zugänglich. Die Vorgängerkonstruktion hatte 2016 wegen der Brüchigkeit des unterlagernden Gesteins gesperrt werden müssen.

↑ *Über Nebelschwaden wirkt die Landschaft geradezu zauberhaft*

→ *Blick von der neuen schwebenden Besucherplattform oberhalb von Rathen*

→ *Von der Basteibrücke genießt man die Aussicht aus 194 Metern Höhe*

Highlight

Schon gewusst?

Die Basteibrücke überspannt mit sieben Bogen eine rund 40 Meter tiefe Schlucht.

Der Freischütz – *Aufführung in der Felsenbühne Rathen*

3

Felsenbühne Rathen

C3 Rathen, Amselgrund 17 +49 35024 7770
felsenbuehne-rathen.de

Ein wundervolles Naturschauspiel im wahrsten Sinne ist die 1936 angelegte Bühne, die zu den schönsten Naturtheatern in Europa gehört. Felswände bilden die eindrucksvolle Kulisse für Aufführungen der Landesbühnen Sachsen, deren Ensemble die Felsenbühne in der Nähe des Kurortes Rathen seit 1954 bespielt. In der von Mai bis September dauernden Spielzeit gibt es rund 90 Vorstellungen – von Schauspiel bis Musiktheater, von klassisch bis modern. Zum Repertoire gehören neben mehreren Stücken von Karl May auch opulente Werke wie etwa die romantische Oper *Der Freischütz* von Carl Maria von Weber oder Shakespeares Tragödie *Romeo und Julia*. Die Felsumrahmung bewirkt eine fantastische Akustik, Rufe oder Gesang hallen bis weit in die Umgebung.

Nach einer Schließung 2019 wegen Sanierungsarbeiten erfolgte 2022 die Wiedereröffnung des Theaters mit den Felsenbühnen Festspielen, bei denen jedes Jahr Musical, Oper und Schauspiel auf dem Programm stehen.

Der Publikumszuspruch ist vor allem bei den Abendveranstaltungen groß, die rund 2000 Tickets sind oft schon lange vor der Vorstellung vergriffen. Reservieren Sie Ihre Eintrittskarten früh. Zuschauer müssen auf dem Weg zur Felsenbühne einen steilen Anstieg bewältigen, für Gäste mit eingeschränkter Mobilität gibt es – nach Anmeldung – einen Transportservice vom Kassenhaus im Amselgrund zur Felsenbühne.

4

Burg Hohnstein

C2 Hohnstein +49 35975 81 202 Museum
Apr – Okt: tägl. 10 –17
burg-hohnstein.info

Die im 12. Jahrhundert erstmals urkundlich erwähnte Burg steht auf einem Sandsteinfelsen und überragt den von Fachwerkhäusern geprägten Ort Hohnstein. Die Anlage diente u. a. bereits als Jagdschloss, Verwaltungssitz und Jugendherberge. 1933 installierten die Nationalsozialisten hier ein sogenanntes Schutzhaftlager, nach dem Zweiten Weltkrieg fanden Flüchtlinge Unterschlupf. 1948 wurde wieder eine Jugendherberge eingerichtet, von der ein Teil zu einem Hotel umgestaltet wurde. Der Komplex umfasst neben Gästezimmern und Veranstaltungsräumen auch ein Burgmuseum (tägl. 8 –18; Eintritt frei) mit historischen und naturkundlichen Sammlungen. Vom Aussichtsturm hat man einen weiten Blick über Sandsteinfelsen. Das Burgcafé bietet kleine Gerichte, im Sommer kann man auf der Terrasse Platz nehmen.

Das Burggelände ist Schauplatz von Veranstaltungen wie Ostermarkt, Puppenspielfest oder Kunsthandwerksmarkt.

5

Festung Königstein

C3 Königstein +49 35021 64 607
Apr – Okt: tägl. 9 –18; Nov – März: tägl. 9 –17
festung-koenigstein.de

Die Festungsanlage thront auf dem Königstein, der gemein-

Blick über Hohnstein auf die gleichnamige Burg

Festung Königstein diente jahrhundertelang als Gefängnis

sam mit dem etwas südöstlich gelegenen Pfaffenstein und dem Lilienstein am gegenüberliegenden Elbufer zu den mächtigsten Sandsteinplateaus in diesem Gebiet gehört. Die älteste schriftliche Erwähnung einer Burg auf dem Königstein datiert aus dem 13. Jahrhundert. Zu Beginn des 15. Jahrhunderts gelangte das Anwesen in den Besitz der Wettiner *(siehe S. 54f)*, unter deren Herrschaft es zur Festung ausgebaut wurde. Hinter den dicken Mauern bewahrte man Kunstschätze auf.

Von 1591 bis 1922 diente die Anlage als Gefängnis für Staatsfeinde. Insassen waren u. a. Johann Friedrich Böttger *(siehe S. 186f)* und der Sozialdemokrat August Bebel. Es galt als das gefürchtetste Gefängnis in Sachsen. Seit 1955 ist das 9,5 Hektar große Areal als militärhistorisches Freilichtmuseum öffentlich zugänglich. Wer an einer Führung teilnimmt, erfährt so manch schaurige Geschichte aus dem früheren Alltag auf der Festung.

Vom mit Raddampfern erreichbaren Ort Königstein gelangt man zur Festung im Rahmen einer Wanderung, die rund 30–45 Minuten dauert, oder mit dem Festungsexpress, einem alten Bus (letzte Rückfahrt 17 Uhr).

6

Hinterhermsdorf

F3 600
Weifbergstraße 1; +49 35974 5210
hinterhermsdorf.de

Der Ort am östlichen Rand der Sächsischen Schweiz liegt nahe der Grenze zur Tschechischen Republik. Wegen seiner Nähe zu zwei Nationalparks (Sächsische Schweiz sowie Böhmische Schweiz auf tschechischer Seite) ist Hinterhermsdorf ein beliebter Ausgangspunkt für Ausflüge. Mehrere Wander- und Radwege führen über die Grenze.

Für den im Jahr 1445 erstmals urkundlich erwähnten Ort waren Holzwirtschaft und der Transport von Holz auf dem deutsch-tschechischen Grenzfluss Kirnitzsch und der Elbe von großer Bedeutung. An diese Zeit erinnert heute noch die 1567 in Betrieb genommene Obere Schleuse. In dieser Anlage wird die Kirnitzsch, ein Nebenfluss der Elbe, auf rund 700 Metern Länge gestaut. Wegen ihrer schönen Lage und Umgebung war die Obere Schleuse in der DDR Drehort mehrerer Film- und Fernsehproduktionen. Eine Attraktion für Besucher sind historische Kahnfahrten, die dort von Ostern bis Oktober täglich zwischen 9:30 und 16 Uhr angeboten werden. Während der rund 20-minütigen Fahrt erhalten die Bootsgäste viele Informationen über Natur und Geschichte der Region.

Vom 30 Meter hohen Aussichtsturm auf dem Weifberg blickt man über Teile von Sächischer und Böhmischer Schweiz.

Restaurants

Lazy Laurich
Regionale Gerichte mit Nuancen aus fernen Ländern im Restaurant des Designhotels Laurichhof.
A3 Hauptplatz 4, Pirna +49 3501 770 9088 lazylaurich.de
€€€

Restaurant Gambrinus
Internationale Küche in einem der ältesten Gebäude von Bad Schandau. Biergarten im Innenhof.
D3 Markt 12, Bad Schandau
+49 35022 90 053
zimmermanns-restaurants.de
€€€

Festung Königstein auf dem Felsen Königstein (siehe S. 208f)

Lichtenhainer Wasserfall vor den im Jahr 2021 erlittenen Schäden

7

Bad Schandau

D3 3500
Markt 1–11; +49 35022 90 030 bad-schandau.de

Der letzte größere Ort vor der tschechischen Grenze ist ein guter Ausgangspunkt für Erkundungen der Umgebung, vor allem des hier endenden Kirnitzschtals und der Schrammsteine. Mehrere Rund- und Fernwanderwege führen durch Bad Schandau.

Zu den Sehenswürdigkeiten am Marktplatz gehören das Rathaus (1863), einige im Stil der Renaissance errichtete Gebäude, darunter der Brauhof Gambrinus (heute ein Restaurant; *siehe S. 209*) und die St-Johannis-Kirche (17. Jh.) mit achteckigem Turm und die Barockhaube. Zu den Kostbarkeiten im Innenraum gehört der aus Sandstein gestaltete Renaissance-Altar.

In den höher gelegenen Stadtteil Ostrau führt ein historischer Personenaufzug (1904), der in einem über 50 Meter hohen Stahlwerkfachturm betrieben wird.

Eine Attraktion des seit 1936 staatlich anerkannten Kneippkurortes ist die **Toskana Therme**, die ein Bade- und Wellnesserlebnis mit vielen Überraschungen garantiert. Das Museum Bad Schandau präsentiert vielfältige Exponate zur Stadtgeschichte, zur Elbeschifffahrt und zum Bergsteigen in der Sächsischen Schweiz. Eine ethnologische Sammlung gibt Einblick in den Alltag von Naturvölkern.

Im **Nationalparkzentrum Sächsische Schweiz** veranschaulichen Erlebnis- und Informationsbereiche anhand von Multimediashows, interaktiven Stationen und Schautafeln die Natur der Region.

Toskana Therme
Rudolf-Sendig-Straße 8a +49 35022 54 610 tägl. 10–22 (Sa bis 23) toskanaworld.net

Nationalparkzentrum Sächsische Schweiz
Dresdner Straße 2b
+49 35022 50 240
Apr–Okt: tägl. 9–18; Nov–März: Di–So 9–17
nationalparkzentrum-saechsische-schweiz.de

8

Lichtenhainer Wasserfall

E3

Der ursprünglich natürliche Wasserfall des Lichtenhainer Bachs über dem Kirnitzschtal wurde 1830 durch ein Wehr angestaut, das zeitweise ge-

Schrammsteine – bizarr wirkende Felsformation

Burg Stolpen thront auf einem erloschenen vulkanischen Felsen

öffnet wurde – eine touristische Attraktion war geboren. Rauschende Wassermassen ergossen sich den Felsen hinab. Nachdem er 2021 durch starke Regenfälle schwere Schäden erlitt, ist der Wasserfall aber kaum noch existent.

Vor allem seit Inbetriebnahme der Kirnitzschtalbahn 1898 kamen viele Besucher hierher. Doch eine Fahrt mit dieser historischen Straßenbahn lohnt sich weiter. Man durchfährt das Tal der in die Elbe mündenden Kirnitzsch zwischen Bad Schandau und dem Lichtenhainer Wasserfall, die einfache Fahrt für die acht Kilometer lange Strecke dauert rund 30 Minuten. Von der Endstation erreicht man über einen bequemen Wanderweg den Kuhstall. Dieses Felsentor mit senkrechten Wänden wird von einer Spalte mit Treppenaufgang durchzogen, der zu einem Aussichtsplateau führt.

9

Schrammsteine

D3

Das zerklüftete Felsmassiv der bis zu 417 Meter hohen Schrammsteine gehört – wie die Bastei *(siehe S. 206f)* – zu den beliebtesten Wander- und Klettergebieten im Nationalpark. Die östlich Bad Schandaus aufragenden Schrammsteine erreicht man über Wanderwege von einigen Haltestellen der Kirnitzschtalbahn (u. a. Ostrauer Mühle und Waldhäusl).

An den Felsen tummeln sich viele Kletterer, doch auch eine Wanderung durch das Felsenlabyrinth zu den Aussichtsplateaus ist purer Outdoor-Genuss.

Sächsische Dampfschifffahrt

Es gibt wohl keine schönere Variante, sich der bizarren Felslandschaft der Sächsischen Schweiz zu nähern, als an Bord eines Raddampfers der Sächsischen Dampfschifffahrt *(siehe S. 227)*. Die Routen verlaufen von Weinbergen im Nordosten bis zum Elbsandsteingebirge im Südosten. Haltepunkte in dieser Region sind Pirna, Stadt Wehlen, Kurort Rathen, Königstein, Prossen und Bad Schandau. Eine Fahrt von Dresden nach Pirna dauert rund 2,5 Stunden, von dort nach Bad Schandau weitere drei Stunden.

10

Burg Stolpen

C1 Stolpen +49 35973 23 410 tägl. 10 – 18 burg-stolpen.org

Das auf einem erloschen Vulkan errichtete, 1222 erstmals erwähnte Anwesen war rund drei Jahrhunderte lang im Besitz der Bischöfe von Meißen. Zu jener Zeit entstanden alle noch heute erhaltenen Burgbauten, wichtigstes Baumaterial war der lokale Basalt. Die Adelsdynastie der Wettiner ließ die Burg zu einem prunkvollen Schloss und später zu einer Festung umgestalten. Berühmteste »Bewohnerin« war die Gräfin von Cosel *(siehe S. 87)*. Nachdem sie am kurfürstlichen Hof in Ungnade gefallen war, wurde sie hierher verbannt und verbrachte auf Burg Stolpen ihre letzten 49 Lebensjahre. Ihre Grabstätte befindet sich in der Burgkapelle.

Mit 85 Metern gilt der Burgbrunnen als der tiefste in Basalt getriebene Brunnen der Welt. Die historische Kornkammer mit originaler Holzbalkenarchitektur ist Schauplatz vieler Veranstaltungen.

11

Stadt Wehlen

B3 1500
Markt 5; +49 35024 70 413 stadt-wehlen.info

Stadt Wehlen, eine der kleinsten Städte in Sachsen, erstreckt sich zu beiden Seiten der Elbe. Die auf einem Bergsporn gelegene Burg Wehlen ist eine der ältesten mittelalterlichen Burganlagen in Sachsen, erstmals urkundlich erwähnt wurde sie 1269. Ab dem 16. Jahrhundert wurde die Anlage nicht mehr bewohnt und verfiel im Lauf der Zeit. Durch das Engagement eines Fördervereins konnten einige Restaurierungsarbeiten geleistet werden, zur 750-Jahr-Feier der Burg im Jahr 2019 wurde ein großer Mittelaltermarkt organisiert. Ziel ist die Entwicklung der Burg zu einem touristischen Anziehungspunkt.

Dorf Wehlen, ein Ortsteil von Stadt Wehlen, ist vor allem wegen des **Miniaturparks Kleine Sächsische Schweiz** bekannt. In diesem rund 8000 Quadratmeter großen Modellpark kann man sich anhand von verkleinerten Nachbildungen einen Überblick über die Sehenswürdigkeiten der Sächsischen Schweiz verschaffen – von der Bastei *(siehe S. 206f)* über Festung Königstein *(siehe S. 208f)* und einen Raddampfer der Sächsischen Dampfschifffahrt *(siehe S. 213)* bis zur Kirnitzschtalbahn *(siehe S. 213)*. Die aus heimischem Sandstein gefertigten Objekte zeichnen sich durch große Detailgenauigkeit aus. Durch das Gelände fährt eine Miniaturbergbahn – eine Fahrt auf der 900 Meter langen Bahnstrecke ist ein Riesenspaß für Kinder. Die Schauwerkstatt bietet Einblicke in die Arbeit der Steinbildhauer für die Anfertigung der Miniaturen. In der Kreativwerkstatt können Besucher an einem Sandsteinblock eigenhändig tätig werden.

Miniaturpark Kleine Sächsische Schweiz
Schustergasse 8, Dorf Wehlen +49 35024 70 631 Apr – Okt: tägl. 10 – 18 kleine-saechsische-schweiz.de

12

Bad Gottleuba-Berggießhübel

B4 6000 Talstraße 2a; +49 35023 52 980 stadt-bgb.de

Die Stadt entstand 1999 durch den Zusammenschluss des Moorheilbads Bad Gottleuba und des Kneippkurorts Berggießhübel sowie weiterer Gemeinden. Ab dem 18. Jahrhundert hatte in beiden Orten der Kurbetrieb begonnen. Wirtschaftlich von Bedeutung war auch der Mühlenbetrieb wie etwa in der Bährmühle Bad Gottleuba.

Einen guten Überblick über Stadt und Umgebung hat man von der Aussichtsplattform des 25 Meter hohen Bismarckturms (1900) auf der Panoramahöhe.

Seit dem Mittelalter wurde in der Region Bergbau betrieben. Im Besucherbergwerk **Marie Louise Stolln**, dem einzigen in Sachsen, ist auch die Tourist-Information der Stadt untergebracht. Bei einer 90-minütigen (obligatorischen) Führung durch das Bergwerk erlebt man die spannende Welt untertage. Wegen der niedrigen Temperaturen (8 –10 °C) sollte man sich entsprechend kleiden, Schutzhelme werden gestellt.

Marie Louise Stolln
Talstraße 2a +49 35023 52 980 Zeiten der Website entnehmen marie-louise-stolln.de

←
Stadt Wehlen an der Elbe; Exponate im Miniaturpark Kleine Sächsische Schweiz (Detail)

Wanderer auf dem zerklüfteten Gipfelplateau des Gohrisch

Umgebung: Schloss Kuckuckstein in Liebstadt sechs Kilometer westlich von Bad Gottleuba-Berggießhübel ist bekannt für Ausstellungen Konzerte, Theaterdarbietungen und Lesungen. Bei Führungen erkundet man die fast 1000-jährige Geschichte des Schlosses.

Fünf Kilometer nördlich der Stadt liegt Bahretal, in dessen Museum Historischer Kalkofen die rund 600-jährige Historie des Kalksteinabbaus in der Umgebung erläutert wird.

13

Felsenlabyrinth Langenhennersdorf

B4

Die kostenlos und ganzjährig zugängliche Felsenlandschaft südwestlich von Königstein erstreckt sich über eine Fläche von 3,5 Hektar. Zwischen Felsbrocken und teils senkrechten Felstürmen verläuft ein wahres Labyrinth – auf schmalen Wegen, über Stufen und Leitern sowie durch Höhlen. Verirren kann man sich nicht, die Felsen sind nummeriert (1–29). Besucher sollten für den Aufenthalt mindestens zwei Stunden einplanen.

Über einen Treppenweg erreicht man den Bernhardstein. Von diesem Aussichtsberg reicht der Blick über die Umgebung bis zur Bastei *(siehe S. 206f)* und den Schrammsteinen *(siehe S. 213)*.

14

Dürrröhrsdorf-Dittersbach

B2 4000 Hauptstraße 122, +49 35026 97 528 duerrroehrsdorf-dittersbach.de

Die Stadt entstand 1965 durch Zusammenlegung beider Ortsteile. Zu den größten Attraktionen gehört Schloss Dittersbach mit dreigeschossigem Mittelbau, zweigeschossigen Seitenflügeln und Walmdach. Die Mitte des 16. Jahrhunderts erbaute Anlage wechselte häufig den Besitzer, jeder ließ bauliche Veränderungen erfolgen. Im 19. Jahrhundert wurde der weitläufige Landschaftspark angelegt. In der DDR wurde das Schloss als Lehrlingswohnheim genutzt. Derzeit wird es restauriert.

Das Belvedere (19. Jh.), ein turmartiges Bauwerk auf dem Berg Schöne Höhe, ist eine Gedenkstätte für Johann Wolfgang von Goethe. Ein Brief des Literaten wurde 1831 in den Grundstein des Turms gemauert. Fresken im Inneren thematisieren Werke von Goethe.

15

Gohrisch mit Tafelbergen

C4 1800 Neue Hauptstraße 116b; +49 35021 66 166 gohrisch.de

Das seit 1935 als Kurort anerkannte Gohrisch ist ein guter Ausgangspunkt für Wanderungen zu drei isoliert stehenden Tafelbergen: Papststein (451 m), Gohrisch (448 m) und Kleinhennersdorfer Stein (392 m). Die Sandsteinberge sind über Wanderwege zu besteigen, Schutzhütten sind vorhanden. Von den Gipfelplateaus bieten sich schöne Ausblicke über Teile der Sächsischen Schweiz. Auch eine Etappe des Malerwegs *(siehe S. 216f)* führt durch das Gebiet.

Hotels

Berghotel Bastei
Hotel an der Bastei mit traumhaftem Panoramablick, Spitzenrestaurant, Biergarten und Saunalandschaft.

C3 Lohmen/Bastei
berghotel-bastei.de

€€€

Hotel Forsthaus
Im Schweizerstil erbautes, restauriertes Hotel mit großformatigen Bildern (Naturmotive).

E2 Kirnitzschtalstraße 5, Kirnitzschtal-Sebnitz
pura-hotels.de

€€€

Wanderung auf dem Malerweg (Etappe 7)

Länge 16,5 km **Dauer** ca. 6:30 Std. **Höhenmeter** ca. 570 m auf- und abwärts
Start Gohrisch **Ziel** Weißig

Der Malerweg zählt zu den schönsten Wanderrouten der Sächsischen Schweiz. Er ist etwa 115 Kilometer lang und kann in üblicherweise acht Etappen vollständig begangen werden. Zu den imposantesten Abschnitten gehört die hier vorgestellte Etappe 7. Angesichts der abwechslungreichen Landschaft sind auf dieser anspruchsvollen Strecke relativ viele Höhenmeter zu bewältigen. Bei Nutzung der Metallleitern sind Trittsicherheit und Schwindelfreiheit erforderlich. Nähere Infos unter www.saechsische-schweiz.de/malerweg.

In **Naundorf** verbrachte der deutsche Impressionist Robert Hermann Sterl (1867–1932) seine letzten Lebensjahre. Sein Wohnhaus wurde zu einem Museum umgestaltet.

Größte Attraktion in **Thürmsdorf** ist das im Jahr 1420 erstmals erwähnte Schloss. Das Parkgelände (ca. 3,5 ha) umfasst auch alte Baumbestände und einen Rosengarten.

Die auf dem gleichnamigen Berg thronende **Festung Königstein** *(siehe S. 208f)* diente mehr als 300 Jahre als Gefängnis. Für einen Besuch der Anlage sollte man etwa zwei Stunden einplanen.

Vom 435 Meter hohen Pfaffenstein wandert man über den Klammweg hinunter und passiert dabei auch den **Quirl**, einen markanten, von Weitem sichtbaren Tafelberg.

←

Der Aufstieg zum Pfaffenstein erfolgt auch über lange Steintreppen, die neben der steilen Felswand entlangführen

Oberrathen ist der am linken Ufer der Elbe gelegene Teil des Kurorts Rathen *(siehe S. 208)*, der vor allem für die Felsenbühne Rathen überregional bekannt ist.

Zur Orientierung
Siehe Karte S. 200f

→
Gipfelbereich des Pfaffenstein mit der rund 43 Meter hohen Felsnadel Barbarine (Mitte), *die 1905 erstmals bestiegen wurde*

Die Etappe 7 des Malerwegs beginnt im Zentrum des Kurorts **Gohrisch**, das man mit dem Auto oder mit Bussen der Linien 244a und 244b erreicht.

Auf dem als **Königsweg** bekannten Abschnitt der Etappe bieten sich besonders schöne Felspanoramen. Hinter Pfaffendorf beginnt der Aufstieg zum Pfaffenstein.

Expertentipp
Bequemere Variante

Der Pfaffenstein ist steil und stufenreich, der Aufstieg umfasst auch das Erklimmen von Metallleitern. Bei einer einfacheren Variante müssen auch Stufen, aber keine Leitern überwunden werden.

Wanderung zum Kohlbornstein

Länge 9 km **Dauer** ca. 2 Std. **Höhenmeter** ca. 220 m auf- und abwärts
Start und Ziel Parkplatz zwischen Papstdorf und Jugenddorf Erna

Die mittelschwere Wanderung abseits großer Besucherströme ist nicht allzu lang. Die Strecke ist durchgehend gut begehbar, der Gipfelanstieg über einen Steig ist jedoch durchaus anspruchsvoll und setzt Trittsicherheit und Schwindelfreiheit voraus. Informieren Sie sich vorab über die Anforderungen. Oben angekommen wird man mit einer schönen Aussicht belohnt. Bei klarem Wetter reicht der Fernblick bis in die Böhmische Schweiz, den tschechischen Teil des Elbsandsteingebirges. Eine schöne Einkehrmöglichkeit bietet der Waldgasthof in der Liethenmühle.

In den Nähe von **Kleinhennersdorf** ragt der Kleinhennersdorfer Stein auf. Er birgt einige der sehenswertesten Höhlen der Sächsischen Schweiz.

Die im Jahr 1572 erbaute, vom Liethenbach angetriebene **Liethenmühle** gehört zu den bekanntesten Mühlen der Sächsischen Schweiz.

Nach dem Start am Parkplatz verläuft die Wanderung auf dem **Bornweg** zunächst durch flaches Gelände – vorbei an Wiesen und Feldern.

← *Vom Kohlbornstein blickt man auch auf den 415 Meter hohen Lilienstein, einen der markantesten Berge der Sächsischen Schweiz*

Auf dem Kohlbornstein kann man es sich auf einer Bank gemütlich machen und die Aussicht genießen

Zur Orientierung
Siehe Karte S. 200f

In **Krippen** lebte der Erfinder Friedrich Gottlob Keller (1816–1895) mehr als vier Jahrzehnte. In seinem Wohnhaus ist das Keller-Museum untergebracht.

Nach Überqueren des Liethenbachs verläuft die Route zunächst weiter nach Osten, bis sie in spitzem Winkel in den **Koppelsbergweg** abbiegt.

Vom **Kohlbornstein** hat man eine wunderbare Aussicht – u. a. auf das zerklüftete Felsmassiv der Schrammsteine *(siehe S. 213)*.

Zum Gipfel des Kohlbornstein führt eine gut ausgebaute **Steiganlage** mit Holz- und Steinstufen.

Der **Vordere Lasenstein** kann im Rahmen einer längeren Wanderung in Verbindung mit dem Kohlbornstein bestiegen werden.

Schon gewusst?

Friedrich Gottlob Keller entwickelte in Krippen das Verfahren zur Papierherstellung durch Holzschliff.

REISE-INFOS

DRESDEN REISEPLANUNG

Mit etwas Planung sind die Vorbereitungen für die Reise schnell zu erledigen. Die folgenden Seiten bieten Ihnen Tipps und Hinweise für alle Eventualitäten.

Auf einen Blick

Währung
Euro (EUR)

Ausgaben pro Tag

Sparsam	Preisbewusst	Luxus
50 €	130 €	200+ €

Mineralwasser	Kaffee	Bier	Menü (2 Pers.)
1,50 €	2,50 €	4 €	50 €

Klima

Von Juni bis August scheint die Sonne am längsten. In den Wintermonaten ist der Himmel oft wolkenverhangen.

In den Sommermonaten ist es am wärmsten, im Winter kann es sehr kalt werden.

Niederschlag fällt zu allen Jahreszeiten, der meiste Regen im Sommer. Trockenster Monat ist der Februar.

Strom
In Deutschland beträgt die Netzspannung wie überall in Europa 230 Volt bei einer Frequenz von 50 Hertz; flache zweipolige Stecker passen immer.

Einreise

Für Bürger aus Mitgliedsstaaten der Europäischen Union (EU) und der Schweiz gibt es bei der Ein- und Ausreise keinerlei Grenzkontrollen. Für ihren Aufenthalt ist jedoch ein gültiger Personalausweis bzw. Reisepass erforderlich, um sich jederzeit ausweisen zu können. Auch Kinder jeden Alters benötigen einen eigenen Ausweis.

Sicherheitshinweise

Aufgrund unvorhersehbarer Entwicklungen kann es zu Änderungen und Einschränkungen kommen. Aktuelle Hinweise zur Einreise sowie Sicherheitshinweise finden Sie beim österreichischen Bundesministerium für europäische und internationale Angelegenheiten (www.bmeia.gv.at) oder beim Eidgenössischen Departement für auswärtige Angelegenheiten der Schweiz (www.eda.admin.ch).

Zoll

Nach dem Schengen-Abkommen (Vereinbarung über kontrollfreien Grenzverkehr) dürfen Bürger aus EU-Staaten und der Schweiz alle Waren für den persönlichen Gebrauch zollfrei ein- oder ausführen. Dafür werden bestimmte Grenzwerte angesetzt. Es besteht Anmeldepflicht, wenn Sie 10 000 Euro oder mehr an Bargeld ein- oder ausführen wollen.

Weitere Informationen zu Zollvorschriften bieten die Zollbehörde (www.zoll.de) und die diplomatische Vertretung Ihres Heimatlandes *(siehe S. 228)*.

Versicherungen

Deutsche Staatsbürger sind bundesweit für ärztliche Leistungen versichert. Bürger aus anderen EU-Staaten und der Schweiz sollten die Europäische Krankenversichertenkarte (EHIC) bei sich tragen, die in allen EU-Staaten und somit auch in Deutschland gilt. Reisen Sie aus dem Ausland an, empfiehlt sich eventuell der Abschluss einer Auslandsreisekrankenversicherung, die zusätzliche Kosten und den Rücktransport im Notfall abdeckt. Fragen Sie vorher bei Ihrer Krankenkasse nach.

Bezahlen

Die allermeisten Hotels und Restaurants sowie viele Läden akzeptieren die gängigen Kredit- und Debitkarten. Trotzdem sollten Sie unterwegs immer etwas Bargeld für Kleinigkeiten dabeihaben (z. B. für den Besuch eines Wochenmarkts, einen Snack für zwischendurch oder für Trinkgelder).

Besonders im Stadtzentrum findet man an fast jeder Ecke einen Geldautomaten, an dem man rund um die Uhr Geld abheben kann. Bei Verlust Ihrer Kredit- oder Debitkarte lassen Sie diese sofort sperren.

Allgemeine Notrufnummer
116 116

Hotels

Das Angebot an Hotels ist riesig und deckt von Luxus bis Low Budget sämtliche Preiskategorien ab – von Fünf-Sterne-Hotels, die in einigen Fällen in prachtvollen Barock-Palais untergebracht sind, über Business-Hotels renommierter Hotelketten bis zu gemütlichen Pensionen mit sehr gutem Preis-Leistungs-Verhältnis. Auch wer das Ausgefallene sucht, wird in Dresden sicher fündig werden.

Einige der nobelsten Hotels befinden sich in der östlichen Altstadt, vor allem im Gebiet um den Neumarkt, dem Schmuckkästchen der Stadt. Gäste, die zu Veranstaltungen im Internationalen Center Dresden (ICD) am westlichen Altstadtrand anreisen, werden ein Hotel in dessen Nähe bevorzugen. Wenn Sie eine ruhigere und vielleicht auch grünere Umgebung abseits des Treibens im Zentrum schätzen, kommen Hotels in Stadtteilen wie Loschwitz oder rund um den Großen Garten infrage.

Auch in Dresden gilt: Reservieren Sie Ihr Hotelzimmer frühzeitig – vor allem im Sommer und zu Messen.

Reisende mit besonderen Bedürfnissen

In Dresden kommen behinderte Reisende in der Regel gut zurecht: Öffentliche Gebäude, Museen und Veranstaltungsräume haben fast immer einen barrierefreien Zugang in Form von Rampen oder Aufzügen. Die Dresdner Verkehrsbetriebe zielen auf eine barrierefreie Nutzung sämtlicher öffentlicher Verkehrsmittel wie Busse, Trams, Fähren und Bergbahnen. Seit vielen Jahren sind in der Stadt ausschließlich Niederflurbusse und -trams im Einsatz. Mittlerweile wurden fast alle Bus- und Tramhaltestellen im Zentrum barrierefrei gestaltet – z. B. durch Erhöhung der Bordsteine. Wo dies noch nicht der Fall ist, ermöglichen ausklappbare Rollstuhlrampen das Ein- und Aussteigen.

In größeren Hotels stehen einige Zimmer für Menschen mit eingeschränkter Mobilität zur Verfügung, kleinere hingegen verfügen oft nicht einmal über einen Lift. Setzen Sie sich möglichst schon vor der Buchung mit dem Hotel in Verbindung und erkundigen Sie sich nach den Gegebenheiten. Vor dem Besuch eines Restaurants ist abzuklären, ob es über einen barrierefreien Zugang und behindertengerechte Toiletten verfügt.

Einige Institutionen bieten umfassende Informationen zum Thema Reise.

Bundesverband Selbsthilfe Körperbehinderter e. V. (BSK)
bsk-ev.org

Nationale Kommunikationsstelle Barrierefrei im Alltag (NatKo)
natko.de

Öffnungszeiten

Montag Viele Museen und weitere Attraktionen bleiben den ganzen Tag über geschlossen. Zahlreiche Restaurants wählen den Montag als wöchentlichen Ruhetag.

Sonn- und Feiertage Banken, Postfilialen sowie die meisten Läden sind den ganzen Tag geschlossen. Öffentliche Verkehrsmittel fahren an Sonn- und Feiertagen in größeren Zeitabständen als werktags.

Feiertage

1. Jan	Neujahr
März/Apr	Karfreitag
März/Apr	Ostermontag
1. Mai	Tag der Arbeit
Mai (Do)	Christi Himmelfahrt
Mai/Juni	Pfingstmontag
3. Okt	Tag der Deutschen Einheit
31. Okt	Reformationstag
25./26. Dez	Weihnachten

IN DRESDEN & IN DER SÄCHSISCHEN SCHWEIZ UNTERWEGS

Dresden ist bestens an überregionale Verkehrsnetze angeschlossen. In der Stadt und ihrer Umgebung sind neben S-Bahnen, Bussen und Trams auch Schiffe wichtige Transportmittel.

Auf einen Blick

Tickets

Die Tickets gelten für die Benutzung sämtlicher Verkehrsmittel (auch Hafenfähren).

Einzelticket (Innenraum)
3 €
1 Std. gültig

Tagesticket (Innenraum)
8 €
ab Entwertung bis 4 Uhr des Folgetages gültig

Einzelticket (Verbundraum)
18 €
ab Entwertung bis 4 Uhr des Folgetages gültig

Tempolimits

Autobahn (Richtgeschwindigkeit)
130 km/h

Landstraße
100 km/h

Autobahn/Landstraße (mit Anhänger)
80 km/h

Stadtgebiet
50 km/h

Anreise mit dem Flugzeug

Direkte Flugverbindungen bestehen von Dresden mit drei deutschen Städten (Frankfurt am Main, Düsseldorf und München) sowie mit Zürich. Die Flüge werden von **Lufthansa**, **Eurowings** und **Swiss** abgewickelt.

Der Flughafen **Dresden International** befindet sich im Stadtteil Klotzsche, neun Kilometer nördlich des Zentrums. Er ist mit einem eigenen Bahnhof direkt unterhalb des Terminals an den öffentlichen Nahverkehr angebunden. Von dort bringt Sie die S-Bahn (S2) im 30-Minuten-Takt ohne Umstieg auch zum Hauptbahnhof. Natürlich können Sie auch mit einem Taxi ins Stadtzentrum fahren. Taxistände befinden sich vor dem Eingang zum Terminal. Details zu diesen Optionen finden Sie im Kasten rechts.

Lufthansa
W lufthansa.com
Eurowings
W eurowings.com
Swiss
W swiss.com
Dresden International
W mdf-ag.com

Anreise mit der Bahn

Dresden ist von allen größeren Städten in Mittel-, Ost- und Südosteuropa direkt auf dem Schienenweg zu erreichen. Die Stadt hat zwei große Bahnhöfe, die an das deutsche ICE- und IC-Netz angeschlossen sind – den Hauptbahnhof südlich der Altstadt und den Neustädter Bahnhof im nordwestlichen Teil der Neustadt. Viele Züge nach Dresden halten an beiden Fernbahnhöfen. Sofern dies auch für Ihren Zug gilt, sollten Sie sich vergewissern, wo das Aussteigen für Sie günstiger ist. Vom Hauptbahnhof wie vom Neustädter Bahnhof aus erreichen Sie Ihr Ziel in der Elbmetropole gut mit öffentlichen Verkehrsmitteln.

Achten Sie auf Sonderangebote der **Deutschen Bahn**. Je früher Sie das Zugticket kaufen und sich mit der Reservierung auf einen

Vom Flughafen in die Stadt

Flughafen	Entfernung zum Zentrum	Verkehrsmittel	Fahrzeit	Preis
Dresden International	9 km	S-Bahn	20 Min.	3 €
		Taxi	20 Min.	30 €

bestimmten Reisetag oder sogar einen Zug festlegen, desto günstiger ist der Fahrpreis. Bei einer längeren Anreise – etwa aus der Schweiz oder aus dem Südwesten Deutschlands – ist eventuell die Benutzung eines Nachtzugs zu erwägen. Sie sparen damit Zeit und kommen ausgeruht am Ziel an. Zustiege sind u. a. in Zürich, Basel, Freiburg, Karlsruhe und Frankfurt am Main möglich.

Auch **FlixTrain** bietet Verbindungen von und nach Dresden an – u. a. über Köln, Düsseldorf, Essen, Hannover und Berlin.

Deutsche Bahn
W bahn.de
FlixTrain
W flixtrain.de

Anreise mit dem Bus

Von mehreren deutschen Städten bestehen Busverbindungen, viele Veranstalter bieten Reisen nach Dresden an. Im Fernbusverkehr konkurrieren einige Anbieter untereinander. Die Suchmaschine **Busliniensuche** zeigt die jeweils günstigste Verbindung. Busreisen sind zum Teil sehr viel günstiger als Bahnreisen, auch Nachtfahrten werden angeboten. Zu den führenden Busunternehmen mit Ziel Dresden zählen **FlixBus** und **Eurolines.**

Bei Portalen wie **Reisebus24** können Sie auch Pauschal-Arrangements buchen, die Übernachtung, Stadtführung und evtl. auch einen Besuch der Semperoper sowie Ausflüge in die Sächsische Schweiz umfassen. Verbindungen bestehen nicht nur mit allen größeren Städten in Deutschland, sondern auch mit Metropolen in anderen Ländern Europas.

Busliniensuche
W busliniensuche.de
FlixBus
W flixbus.de
Eurolines
W eurolines.de
Reisebus24
W reisebus24.de

Anreise mit dem Auto

Von Norden erreicht man die Stadt über Berlin auf der A13, von Westen über Erfurt, Gera und Chemnitz auf der A4, die im Osten weiter bis Görlitz verläuft. Die A14 über Magdeburg, Halle und Leipzig trifft aus Nordwesten vor Dresden auf die A4, die Anreise aus Südwesten erfolgt über Hof auf der A72, die bei Chemnitz in die A4 mündet. Aus südlicher Richtung (von Prag) gelangt man auf der A17 nach Dresden.

Die meisten per Auto anreisenden Besucher erreichen Dresden über die A4, die nördlich der Stadt die von Norden kommende A13 aufnimmt. Um ins Zentrum zu gelangen, nehmen Sie bei Anreise von Westen die Abfahrt Altstadt, von Norden die Abfahrt Hellerau.

Angesichts des gut funktionierenden öffentlichen Nahverkehrs können Sie im Stadtzentrum sehr gut auf Ihr Auto verzichten. Am besten stellen Sie es in einem äußeren Stadtteil ab und steigen dort auf Bus, Straßenbahn oder S-Bahn um.

Die Sächsische Schweiz erreicht man von Dresden aus auf der A17.

Anreise mit dem Schiff

Wenn Sie sich Ihrem Reiseziel mit ein wenig Muße nähern wollen, ist die Anreise auf der Elbe eine wunderbare Option.

Diverse Veranstalter, darunter etwa **Flusskreuzfahrten**, bieten mehrtägige Fahrten an, die z. B. in Hamburg oder Prag starten und einen Aufenthalt in Dresden auf dem Programm haben. Kreuzfahrtschiffe, die in Berlin starten, erreichen die Elbe bei Magdeburg. Die »Rundum-Arrangements« umfassen neben der komfortablen Reise in einem »schwimmenden Hotel« in der Regel auch Landgänge, bei denen man die erreichten Städte (u. a. Magdeburg, Wittenberg, Meißen) besichtigen kann.

Flusskreuzfahrten
W flusskreuzfahrten.de

Öffentlicher Nahverkehr

Dresden hat ein hervorragend ausgebautes öffentliches Nahverkehrssystem, das nicht nur effizient, sondern auch preisgünstig ist. Der ÖPNV im Großraum Dresden ist im **VVO** (Verkehrsverbund Oberelbe) zusammengefasst und in 21 Tarifzonen gegliedert. Eine davon ist die Tarifzone Dresden, die das gesamte Stadtgebiet umfasst und von den **DVB** (Dresdner Verkehrsbetrieben) bedient wird. Diese betreiben neben Trambahnen und Bussen u. a. auch die Elbfähren.

VVO
W vvo-online.de
DVB
W dvb.de

Tickets

Das Tarifsystem des öffentlichen Personennahverkehrs in Dresden ist angenehm unkompliziert. Da die Tarifzone Dresden auch am Stadtrand gelegene Attraktionen wie etwa Schloss Pillnitz einschließt, benötigen Sie für die Besichtigung der allermeisten Sehenswürdigkeiten eine Fahrkarte für nur eine Tarifzone. Für Fahrten ins Umland richtet sich der Ticketpreis nach der Anzahl der durchfahrenen Tarifzonen. Für einen Ausflug in die Sächsische Schweiz etwa ist demnach ein Ticket für den gesamten Verbundraum erforderlich.

Zur Auswahl stehen Einzelfahrscheine, Mehrfahrtenscheine (4er-Karten), Tageskarten sowie Wochen- und Monatskarten. Ein Einzelfahrschein für eine Tarifzone kostet 3 Euro, für zwei Zonen 5,30 Euro, für den gesamten Verbundraum 10,60 Euro. Eine Kurzstrecken-4er-Karte (7 Euro) berechtigt zu vier Einzelfahrten (maximal je vier Stationen) ohne Umsteigen.

Bei mehr als zwei Fahrten pro Tag lohnt sich der Kauf einer Tageskarte, der Preis für die günstigste (eine Tarifzone) liegt bei 8 Euro, für den gesamten Verbundraum bei 18 Euro. Für Kinder von sechs bis 14 Jahren gelten ermäßigte Tarife, Kinder unter sechs Jahren fahren umsonst mit.

Eine preiswerte Option für Familien sind Familientageskarten, die es ab 12,20 Euro gibt. Sie gelten für maximal sechs Personen, von denen höchstens zwei älter als 14 Jahre sein dürfen. Die Nutzung des gesamten Verbundraums – z. B. für einen Tagesausflug in die Sächsische Schweiz – kostet mit einer entsprechenden Familientageskarte 25,70 Euro.

Die Tageskarten gelten ab der Entwertung bis 4 Uhr des folgenden Tages und berechtigen zu beliebig vielen Fahrten im Geltungsbereich.

Fahrkarten müssen vor Antritt der Fahrt entwertet werden, für in der Tram gekaufte Tickets ist dies nicht nötig, da schon eine Zeit aufgedruckt ist. Fahrkarten können auch bargeldlos als HandyTickets sowie via DVB-App erworben werden.

Inhaber der Dresden City Card bzw. der Dresden Regio Card *(siehe S. 229)* benutzen die öffentlichen Verkehrsmittel in Dresden bzw. im Großraum Dresden umsonst.

Trams

Zwölf Tramlinien wickeln den größten Teil des öffentlichen Nahverkehrs in der City ab. Wichtigster Umsteigepunkt ist der Postplatz, an dem sieben Linien halten. Acht Tramlinien überqueren die Elbe über eine der vier innerstädtischen Brücken und verbinden Altstadt und Neustadt.

Aus touristischer Sicht besonders interessant ist die als »Kultourlinie« vermarktete Tram Nr. 4. Sie befährt mit fast 30 Kilometern die längste Strecke aller Dresdner Trams und kommt dabei an vielen Sehenswürdigkeiten vorbei. Vom Stadtteil Laubegast führt sie in nordwestlicher Richtung zunächst durch das Zentrum und danach außerhalb von Dresden auch durch Radebeul und Coswig, bevor sie in Weinböhla endet. Alles in allem genießt man somit eine 80-minütige Erlebnistour zu den Themen Kunst, Kultur und Wein.

Busse

Im Gegensatz zu den Trams verkehren die meisten Buslinien in zentrumsferneren Stadtvierteln, nur wenige durchqueren die Innenstadt. Insgesamt 29 Buslinien sind im Einsatz. Für die Verbindung einzelner Stadtteilzentren wichtig sind die sieben Buslinien mit 60er-Nummern.

Die Haltestellen von Trams und Bussen sind mit digitalen Informationssystemen ausgestattet, auf denen die Warte- bzw. Abfahrtszeiten angezeigt werden. Seit Jahren sind in Dresden ausschließlich Niederflurbusse und -trams mit niedrigem Fahrzeugboden und ohne Stufen im Ein- und Ausstiegsbereich im Einsatz *(siehe S. 223)*.

Viele reguläre Tram- und Buslinien befahren ihre Stammstrecke auch die Nacht hindurch als sogenannte GuteNachtLinien. Sie verkehren bis 4:45 Uhr im 30-Minuten-Takt (So bis Do alle 60 Min.) und befahren dabei annähernd dieselben Strecken wie tagsüber.

S-Bahnen

Die S-Bahn ist ein geeignetes Verkehrsmittel, um die an Erholungsgebieten und Kulturschätzen reiche Region um Dresden kennenzulernen – bequemer und schneller als mit dem Auto. Das S-Bahn-Netz umfasst vier Linien (S1, S2, S3 und S8). Auch wenn alle vier Linien den Dresdner Hauptbahnhof passieren und es in der Innenstadt einige weitere Haltestellen gibt (u. a. Bahnhof Mitte und Bahnhof Neustadt), werden Besucher der Elbmetropole dieses Verkehrsmittel vornehmlich für Ausflüge ins Umland der Stadt nutzen – etwa nach Meißen (Porzellan-Manufaktur), nach Radebeul (Karl-May-Museum) sowie in andere Orte entlang der Sächsischen Weinstraße, in die Dresdner Heide und in die Sächsische Schweiz.

Für Flugreisende wichtig ist die Station am Airport (S2), von der aus man rasch in die Stadt kommt *(siehe S. 224f)*.

Im Unterschied zu den meisten Tram- und Buslinien führen alle S-Bahn-Strecken über die Grenzen der Tarifzone Dresden hinaus. Dies ist beim Kauf einer Fahrkarte, deren Preis sich nach der Zahl der befahrenen Tarifzonen richtet, zu berücksichtigen.

Bergbahnen

Zu den Höhepunkten eines Aufenthalts in Dresden gehört eine Fahrt mit einer der beiden Bergbahnen in Loschwitz – sie sind öffentliche Verkehrsmittel und touristische Attraktionen gleichermaßen. Die Standseilbahn *(siehe S. 162f)* und die Schwebebahn *(siehe S. 167)* befördern schon seit mehr als 100 Jahren Fahrgäste innerhalb weniger Minuten zu den schönsten Aussichtspunkten über Dresden und das Elbtal.

Bei beiden Bahnen beträgt der Preis für eine Berg- oder Talfahrt 4 Euro, für eine Berg- und Talfahrt am selben Tag 6 Euro. Tickets für Kinder zwischen sechs und 14 Jahren kosten 2,50 Euro bzw. 3,50 Euro. Diese ermäßigten Preise sind auch für die Mitnahme eines Fahrrads zu entrichten.

Elbfähren

Vom Wasser zeigt sich die volle architektonische Pracht der Stadt. Sehr praktisch sind die Elbfähren, die östlich des Zentrums auf drei Routen zwischen Nord- und Südufer der Elbe verkehren. Von Westen nach Osten handelt es sich dabei um die Strecken Johannstadt – Neustadt, Laubegast – Niederpoyritz sowie Kleinzschachwitz – Pillnitz. Auf dieser letzten, unter dem Namen »Schlossfähre« bekannten Linie werden auch Autos befördert. In Kombination mit der Tramlinie 2 ist die Fähre von Kleinzschachwitz aus die günstigste Verbindung von der Dresdner Innenstadt zu Schloss Pillnitz.

Alle DVB-Fahrkarten sind auch auf den Fähren gültig. Benutzen Sie nur die Fähre, gelten folgende Preise: Eine Einzelfahrt kostet 1,80 Euro, für Hin- und Rückfahrt sind 2,70 Euro zu zahlen. Bei einem mehrtägigen Aufenthalt lohnt sich unter Umständen der Kauf einer Zehnerkarte für 12 Euro. Bei Mitnahme eines Autos (nur für die Überfahrt zwischen Kleinzschachwitz und Pillnitz) bis fünf Meter Länge sind je Fahrt 5 Euro zu entrichten (Hin- und Rückfahrt 8 Euro). Bei Mitnahme eines Fahrrads kostet eine Einzelfahrt 3 Euro (Hin- und Rückfahrt 4,50 Euro). Die Fähren verkehren ganzjährig, im Winter etwas seltener. Bei Hochwasser, bei Niedrigwasser oder bei Treibeis kann es zur Einstellung des Fährbetriebs kommen.

Raddampfer

Die **Sächsische Dampfschifffahrt**, die älteste und größte Raddampferflotte der Welt, lädt das ganze Jahr über zu entspannt-vergnüglichen Schifffahrten auf der Elbe ein. Zu ihr gehören neun historische Raddampfer, von denen der älteste 1879 vom Stapel lief, sowie zwei kleine Motorschiffe.

Das Fahrtgebiet umfasst das Elbland von der Sächsischen Weinstraße über Dresden bis in die Sächsische Schweiz. Es gibt insgesamt 13 Haltepunkte: Seußlitz, Diesbar, Meißen, Radebeul, Dresden, Blasewitz, Schloss Pillnitz, Pirna, Stadt Wehlen, Kurort Rathen, Königstein, Prossen und Bad Schandau. An allen Haltepunkten besteht die Möglichkeit, die Fahrt zu unterbrechen. Start- und Endpunkt der Fahrten ist jeweils das Terrassenufer unterhalb der Brühlschen Terrasse, wo Sie auch die Tickets erhalten.

Sächsische Dampfschifffahrt
W saechsische-dampfschifffahrt.de

Taxis

Besuchern bieten sich Taxis als bequemes, wenn auch relativ kostspieliges Fortbewegungsmittel an. Sie können ein Taxi auf der Straße anhalten, telefonisch bzw. per Taxi-App bestellen oder am Taxistand nehmen. Zu den größten Anbietern gehört **Taxi Dresden**.

Der Grundpreis für eine Taxifahrt beträgt 4,50 Euro. Der Preis je Kilometer liegt – je nach Wochentag und Tageszeit – für die ersten drei Kilometer bei 2,80 bzw. 2,90 Euro, für jeden weiteren Kilometer sind 2,50 bzw. 2,60 Euro zu entrichten.

Taxi Dresden
W taxi-dresden.de

Radfahren

Die Gesamtlänge des Netzes an Radwegen in Dresden beträgt rund 400 Kilometer. Verleihstellen für Räder (City-, Trekking-, Mountain- und E-Bikes) findet man ohne Probleme. Bei **MOBIbike** kann man rund um die Uhr Fahrräder per App mieten. Die Sächsische Schweiz ist mit ihrem dichten Netz an Radwegen ein wahres Paradies für Radfahrer *(siehe S. 202)*.

MOBIbike
W nextbike.de/dresden

PRAKTISCHE HINWEISE

In der sächsischen Metropole kommt man in jeder Hinsicht gut zurecht, die Infrastruktur ist hervorragend ausgebaut. Diese praktischen Tipps sollen Ihren Aufenthalt bereichern.

Auf einen Blick

Notrufnummern

Europäische Notrufnummer	Ambulanz, Feuerwehr
112	**112**

Polizei	Ärztlicher Bereitschaftsdienst
110	**116117**

Zeit

MEZ (Mitteleuropäische Zeit); von Ende März bis Ende Oktober MESZ (Mitteleuropäische Sommerzeit)

Leitungswasser

Falls nicht anders angegeben, ist Leitungswasser trinkbar. Trinken Sie nicht aus Brunnen.

Trinkgelder

Bedienung	10 %
Taxifahrer	10 %
Hotelportier	2 €
Zimmermädchen	2 € am Tag
Gepäckträger	1 € pro Gepäckstück

Information

Schon bei der Planung Ihrer Reise können Sie sich an die **Dresden Information**, die offizielle Tourismuszentrale der Landeshauptstadt Dresden, wenden. Dort erhalten Sie umfangreiches Material für die Gestaltung Ihres Aufenthalts in der Elbmetropole – ob Sie eine Unterkunft oder ein Pauschalarrangement suchen, Tickets für Veranstaltungen reservieren wollen oder sich ganz einfach mit vielen bunten Flyern, Magazinen und Broschüren auf Ihren Dresden-Trip einstimmen möchten.

Vor Ort sind die Tourist-Informationen wichtige Ansprechpartner. Filialen befinden sich an der Frauenkirche und im Hauptbahnhof sowie – in der Adventszeit – auf dem Striezelmarkt.

Dresden Information
W dresden.de/de/tourismus/information.php

Persönliche Sicherheit

Dresden ist im Vergleich zu vielen anderen Großstädten in Europa relativ sicher, schwerere Verbrechen ereignen sich hier nur relativ selten.

Um Kleinkriminellen aus dem Weg zu gehen, sollten Sie die in allen Großstädten üblichen Sicherheitsvorkehrungen treffen. Meiden Sie nachts insbesondere schlecht beleuchtete Straßen, einsame Parkplätze und größere Parks. Die S-Bahnhöfe sind – wie in den meisten Großstädten – ab dem späteren Abend alles andere als einladend.

Beim Verlust von Pass oder Personalausweis oder wenn Sie anderweitig in größeren Schwierigkeiten sind, wenden Sie sich an eine diplomatische Vertretung Ihres Heimatlandes.

Österreichische Botschaft
Stauffenbergstraße 1, 10785 Berlin
+49 30 2693 4280
W bmeia.gv.at/oeb-berlin

Schweizerisches Honorarkonsulat
Könneritzstraße 11, 01067 Dresden
+49 351 4383 2990
W eda.admin.ch

Senioren
Ältere Reisende können diverse Ermäßigungen in Anspruch nehmen, so sind Fahrten mit öffentlichen Verkehrsmitteln und Stadtrundfahrten günstiger. Senioren erhalten verbilligten Eintritt in viele Kulturstätten, freitagnachmittags ist der Eintritt in die Museen der Stadt Dresden für sie frei. Auch Theater bieten Preisvorteile. Die Sächsische Staatsoper Dresden bietet speziell für Senioren tagsüber Vorstellungen zu sehr günstigen Preisen.

Ausweispflicht
Sie müssen sich jederzeit mit Personalausweis oder Reisepass ausweisen können *(siehe S. 222)*. Es kann nicht schaden, diese (und alle anderen wichtigen) Dokumente einzuscannen oder Kopien mit auf die Reise zu nehmen.

LGBTQ+
Die Szene konzentriert sich vor allem auf die Neustadt mit ihren vielen queeren Bars und Clubs. Höhepunkt im Jahresverlauf ist die Dresden Pride Parade im Juni mit großem CSD-Straßenfest.

Mobiltelefone und WLAN
Alle in Europa gängigen Handys und Smartphones funktionieren in Dresden problemlos, die Netzabdeckung ist lückenlos. Bei Benutzung eines Mobiltelefons muss man – im Unterschied zu Festnetztelefonen – auch für Ortsgespräche die Vorwahl mitwählen. Die Vorwahl von Dresden lautet (0)351.

In fast allen Hotels, an Flughäfen, in Bahnhöfen und auf vielen öffentlichen Plätzen und in Cafés und Bars gibt es WLAN-Hotspots. Das Einloggen ist oft kostenlos. In immer mehr öffentlichen Verkehrsmitteln stehen den Fahrgästen kostenfreies WLAN und Ladesteckdosen für Mobilgeräte zur Verfügung.

Trotz der rasanten Zunahme von WLAN-Hotspots gibt es weiterhin Internet-Cafés, in denen Sie online gehen können. Einige haben bis spätabends geöffnet.

Post
Postfilialen sind über das ganze Stadtgebiet verteilt. In einigen Fällen befinden sich die Zweigstellen in Einkaufszentren oder größeren Läden. Die Filialen haben in der Regel montags bis freitags von 9 oder 10 Uhr bis 18 oder 19 Uhr geöffnet. Einige sind auch samstags (meist bis mittags) offen. Das Porto für eine Postkarte beträgt 0,70 Euro (innerhalb Deutschlands) bzw. 0,85 Euro (international). Es sind ausschließlich die von der Deutschen Post herausgegebenen Euro-Briefmarken gültig.

Besucherpässe
Mit den **Dresden Welcome Cards** entdecken Besucher die Elbmetropole in all ihren Facetten und genießen dabei zahlreiche preisliche Vorteile. Dieses Angebot gibt es in drei Varianten: Museums Card, City Card und Regio Card. Man kann diese Besucherpässe bereits vor der Reise online sowie vor Ort in den Tourist-Informationen an der Frauenkirche und im Hauptbahnhof erwerben.

Alle drei Varianten bieten Ermäßigungen bei vielen Restaurants, Museen, Geschäften, Touren, Führungen und anderen Veranstaltungen. Die Museums Card (25 Euro) beinhaltet zudem zwei Tage lang freien Eintritt in die bekanntesten Museen und Ausstellungen.

City Card und Regio Card sind für einen, zwei oder drei Tage gültig. Mit der City Card (15, 21 bzw. 29 Euro) profitiert man von freier Fahrt mit Bussen und Bahnen im Stadtgebiet, mit der Regio Card (23, 39, 51 Euro) gilt dies auch für die Umgebung von Dresden. City Card und Regio Card gibt es auch für Familien mit zwei Erwachsenen und bis zu vier Kindern bis 14 Jahre.

Dresden Welcome Cards
W dresden.de/cards

Websites und Apps

W dresden-magazin.com
Wissenswertes zu Themen wie Kultur, Genuss und Outdoor.

W dresden-online.de
Inoffizielles Stadtportal, das auch weniger bekannte Attraktionen präsentiert.

Dresden App
Ideal für die Orientierung sowie mit vielen Infos zu den Attraktionen der Stadt.

Fahrinfo Dresden App
Mobile Fahrplanauskunft für den öffentlichen Nahverkehr in und um Dresden.

REGISTER

Seitenzahlen in **fetter** Schrift verweisen auf Haupteinträge.

N

O

P

SÄCHSISCH FÜR ANFÄNGER

Von Grit-Uta Müller

Um es gleich am Anfang klarzustellen: Der Sachse spricht gar nicht so oft das allbekannte **ei forbibbsch**, wie es ihm in den Mund gelegt wird. Wenn er staunt, so tut er dies mit Ausdrücken wie **huch** oder **oh** – so wie Menschen überall in Deutschland. Doch gerät er einmal außer Fassung, fühlt sich genervt oder enttäuscht, dann reagiert er mit einem lang gezogenen **our nee**.

Die Kunst des Sächselns

Um ein schönes weiches Sächsisch zustande zu bringen, bedarf es einiger Entspannungsübungen: Man lässt den Unterkiefer baumeln und die Mundwinkel nach unten rutschen. Anschließend lockert man die Zunge. Erst wenn die es sich im Mund so richtig gemütlich gemacht hat, kann man das **our nee** einmal probieren.

Noch ein Hinweis: Sächsisch kennt keine klaren Vokale. Das »a« klingt oft ein wenig wie das »o«. Denn für ein »a« muss man den Mund weiter öffnen, was mit entspannter Zunge eben nicht funktioniert. Das »e« wird gern zum »ä«, etwa in **Drähsdn** (Dresden) oder **sischs Lähm nähm** (sich das Leben nehmen). »i«, »o« und »u« bleiben meist unverändert, klingen aber dumpfer als im Hochdeutschen – etwa bei **Wurscht** (bzw. **Worscht**).

Bei vielen Wörtern werden die Vokale im Vergleich zum Hochdeutschen länger (z. B. **Lähm**) oder kürzer ausgesprochen. **Schonn** und **duschschn** für »schon« und »duschen« sind für die kurze Variante beispielhaft.

Kurz und weich

Das Sächsische neigt zu Sprachoptimierung durch Verkürzung. Sie erfolgt durch das Weglassen von Vokalen, das Ausmerzen der Konsonanten »p«, »t« und »k« zugunsten der weicheren Laute »b«, »d« und »g« sowie das Zusammenziehen von Wörtern. **Hammornisch** hat daher überhaupt nichts mit »harmonisch« zu tun – vielmehr verbirgt sich dahinter der komplette Satz »Das haben wir nicht«. Mit **Haddmor oh** meint der Sachse »Das hatten wir früher einmal«. Deutlich wird dies in der Konjugation des Verbs haben:

ham	haben
isch habbe, habbsch	ich habe, habe ich
du hasd, hasde	du hast, hast du
er hadd, haddor	er hat, hat er
mor hamm, hammor	wir haben, haben wir
ihr habbd, habbdor	ihr habt, habt ihr
se hamm, hammse	sie haben, haben sie

Auch die verschiedenen »sch«-Laute werden im Sächsischen in einem einzigen weichen Laut zusammengefasst. So enden beispielsweise »neidisch«, »eklig« oder »fröhlich« auf den gleichen, beinahe stimmhaften Auslaut »sch«. Selbst die Zahlen zwischen 20 und 99 sind solcherart verkürzt, so etwa **zwanzsch** (20), **eenzwanzsch** (21), **dreißsch** (30), **vürzsch** (40), **fuffzsch** (50), **fümfmfuffzsch** (55), **sechzsch** (60), **sibbzsch** (70), **siemsibbzsch** (77), **achzsch** (80), **neuinzsch** (90).

Nu und nee

Im Sächsischen sagt man nicht einfach »nein« und »ja«. **Nee** (auch **nö** ist zulässig) kann in verschiedenen Melodien ausgedrückt werden. Der geübte Zuhörer erfasst dadurch den Seelenzustand seines Gegenübers in vollem Umfang. Das »Ja« hingegen ist meist ein kurzes **Nu**. Will der Sachse dies verstärken, sagt er **Nunu**. Aber das ist **gehubbd wie geschbrung**.

Sächsisch und Hochdeutsch

Der Sachse ist durchaus in der Lage, zum Hochdeutschen zu wechseln – etwa Fremden gegenüber. Dass ihm das Hochdeutsche leichtfällt, ist wohl sprachgeschichtlich begründet: Martin Luther hat in einer Ausgleichssprache aus ostmittel- und ostoberdeutschen Elementen die Bibel übersetzt, die ja großen Einfluss auf die Entwicklung des Neuhochdeutschen hatte. Die Nähe zur Hochsprache unterstützt die kommunikative Seite des Sachsen. Er **nuschld villeih ä bissschn, gwadschd** und **gwassld** aber gern. Aber Achtung! Das Nachahmen ihres Dialekts empfinden Sachsen als **forschdbor** und fühlen sich dann **veräbbld**.

Sachsen unterwegs

In die Stadt fährt man nicht einfach so. Zum **Eingoofn** muss **mor rumgudschn**, also von einem Laden in den nächsten fahren. Zu Fuß unterwegs, läuft der Sachse nicht nur. Wenn er es eilig hat, **semmld** oder **säbbld** er in das nächste Geschäft. Gedränge liegt dem Sachsen nicht, er weckt seinen Vordermann gern mit einem **»Loofe zu!«**. Tritt er ihm trotzdem auf die **Flossn**, kommt sofort ein versöhnendes **»Dschuldschung«**. Im Gegenzug antwortet der Sachse mit einem heiteren **»Geladschd is geladschd«**. Für das Einkaufen sind die Verben »haben« und »bekommen« (**grieschn**, kriegen) wertvoll. Geschätzt werden auch **machn** (machen) und **duhn** (tun).

Der **Gaffeesaggse** ist sprichwörtlich. Sein **Schälschn Heeßn** mag er daher kräftig, keinesfalls **lädsch**. Sein Credo lautet: **»Heeß mussor sein un sieße.«** Gerne werden Kuchen oder Kekse **eingediddschd**. Dünner Kaffee (wie auch **labbrische** Suppe) heißt auf Sächsisch **Lorge** oder **Blembe**. Will er den Gastgeber nicht verletzen, spricht der Sachse von **Bliemschngaffee**. **Muggefugg** dagegen ist Kaffeeersatz, also falscher Kaffee (aus dem Französischen *mocca fault*). Die **Bämme** wird gern mit **Läborbiebe** oder anderer **Worscht** belegt. Dazu passen **Joggort** oder **ä Abbl**, von dem nur der **Griebsch** übrig bleibt. Es wird nicht einfach nur gegessen: Je nach Geschmack kann man **mumbln, gädschn, nuhdschn, rumbiebln** oder **gnaubln**.

Dorheeme (zu Hause)

Vor allem die Kleinen sind wie im Leben so auch im Wortschatz sehr präsent. Je nach Verhalten sind es süße **Zweggn**, **Säggsor** oder **Griewadsche**, freche **Wännsdor** oder **Bähbn**, die **gwähgn**, **gwängln**, **ningln** oder **flänn**. Mögliche Reaktion: **rumdeddorn**, etwa mit **»Häre nu ma off mid dein Rumgeblähge, isch wär ganz fissblisch und fuchdsch«**.

Beim Streit unter Kindern kommt es zu **Geblähge**, **Gezerre** oder auch einmal handfesteren Auseinandersetzungen wie **Buche**, **Schlahe** oder **Globbe**. Hat es geregnet, ziehen Sandkästen die Kleinen scheinbar magisch an. Dort wird dann **Mebbermumbe** – Wasser-Schlamm-Gemisch – zum Bauen, Gestalten oder Werfen zusammengematscht. Entsprechend pflegebedürftig kommt das Kind dann nach Hause. Vor Betreten der Wohnung muss es natürlich **de Ladschn abbutzn**, damit es **geene Dabbsn offm Däbsch machd**. Behält es die Schuhe an, wird es liebevoll aufgefordert: **»Zieh d Boddn aus und ladsche nich den ganzn Dreck dursch de Horntzsche.«** **Gemäggor** gibt es übrigens auch, wenn am Tisch beispielsweise nicht ordentlich gegessen wird: **»Basse off, dassde midm Muggefugg nisch schwäbborst.«**

Sie sehen: Sächsische Geselligkeit zeigt sich schon in der Sprache. Man ist fröhlich – und direkt.

Glossar

(ab)gnaubln	abnagen (Fingernägel, Hühnerbeine)
achd, achde	acht
aufbohln	Unordnung anrichten
ausbaldowern	aushecken, Plan schmieden
Babba, dor	Papa
Bämme, de	Scheibe Brot
bammeln	herunterhängen
Bargblads	Parkplatz
bibborn	zittern, frieren
blägn	laut rufen
blaudzn	laut zuschlagen (Türen)
Blembe, de	billiges Getränk
Bliemschngaffee, dor	Blümchenkaffee, dünner Kaffee
Bodäggs, dor	Po
Boddn, de	Schuhe, Füße
Buche, de (kurzes »u«)	Prügel
dabbsch	ungeschickt
Dabbsn, de	schmutzige Fußabdrücke
Däbsch, dor	Teppich
dahdorrzue	dazu
diddschn	eintunken (Keks in Kaffee)
Diggnischl, dor	Dickkopf
diggschn	trotzen
dorheeme	zu Hause
drei, dreie	drei
düschdsch	tüchtig, fleißig
eens, eense	eins
falschor Fuffzscher, ä	Lügner
Fehds, dor	Spaß
fimf, fimfe	fünf
Fisasche, de	Gesicht
fissblisch	nervös
flädsn	herumlungern
Flossn, de	Hände, Füße
Fohdn, de	Hände
forblämborn	vergeuden (Geld, Zeit)
forhäddorn	durcheinanderbringen
formiggord	welk
forschdbor	furchtbar
friemln	basteln
fuchdsch	nervös, ungeduldig
gädschn	laut kauen
gähssch	blass
Garliene, de	störrisches Mädchen
gaubln	tauschen
Gaugädschor	Kaugummi
Gelumbe, es	unnützes Zeug
Gemäggor	Geschimpfe
Giege, de	kleine Nase
Glabbsgobb, dor	alberner Mensch
gläggorn	klecksen, kleckern
Globbe, de	Prügel
glohbschnisch	glaube ich nicht
Glubschn, de	(große) Augen
gnille	müde
gohgln	Feuer anzünden, mit Feuer spielen
Griebl, dor	unguter Mensch
Griebsch, dor	Rest, Gehäuse vom Apfel
Griewadsch, dor	Junge
guddln	schnell trinken
Guggln, de	Augen (bei Kindern)
guggn	sehen, schauen
Gusche, de	Mund, abwertend (»Halde Gusche!«)
Gwaddoradadsch, dor	Unsinn
Gwadradlatschn, de	große Füße
gwarzn	rauchen
Horntzsche, de	Wohnung (abwertend)
hubbm	springen, hopsen
hundord	hundert
illorn	heimlich beobachten
läbborn	Appetit auf etwas haben; auch: zesammläbborn für zusammensparen
labbrisch	dünn, geschmacklos, fad
Läborbiebe, de	Leberwurst
lädsch	geschmacklos
ladschn	treten, nachlässig gehen
Ladschn, de	Schuhe, Füße
Lohdn, de	Haare
Lorge, de	billiges Getränk
Luhlaadsch, dor	großer Mensch
Luhmisch, dor	gerissener Mensch
märn	langsam machen, trödeln
miggrisch	blass, müde, schlaff
mobbsn	stehlen
mor	wir, aber auch man
Muggefugg, dor	Kaffeeersatz (französisch: *mocca fault*)
nee	nein
neuin, neuine	neun
ningln	weinen
Nischl, dor	Kopf
nischln	jemanden/etwas kräftig schlagen
nörschln	nörgeln
nu	ja
nuhdschn	lutschen
pulggsn	hart arbeiten
Reese, de	ungeschickte, dumme Frau, Mädchen
rumbiebln	basteln
rumdeddorn	schimpfen
Rumgeblähge,	Geschrei
rumgudschn	herumfahren
rumobern	albern sein, herumtoben
rundorrubbn	herunterreißen
Rungsn, dor	dicke Nase (eigentlich: großes Stück Brot)
Sabbl, dor	Mund, abwertend (»Haldein Sabbl!«)
Säggsor, dor	kleiner Junge
Schälschn Heeßn, ä	Tasse Kaffee
Schibbe ziehn	trotziges Gesicht machen
Schlahe, de	Prügel
Schlübbor, dor	Slip
schwäbborn	kleckern, (zu) viel trinken
Schwieschormuddor, de	Schwiegermutter
seggs, seggse	sechs
siem, sieme	sieben
vieor, viere	vier
vorheddorn	verfangen (Faden, Rede), irren
Wännsdor, de	Kinder
Worschd, de	Wurst
zähn, zähne	zehn
Zimmzigge, de	launische Frau
zordebborn	kaputt machen, zerschlagen
zwee, zweeje	zwei

DANKSAGUNG

Dorling Kindersley bedankt sich bei allen, die bei der Entstehung dieses Buchs mitgewirkt haben.

Autor

Gerhard Bruschke Der Diplom-Geograf lebt und arbeitet in München und im Allgäu.

Er ist Autor der Vis-à-Vis-Titel *Hamburg, Gardasee, Mallorca, Straßburg & Elsass* und *Südtirol* sowie Redakteur der deutschen Ausgabe weiterer Reiseführer dieser Reihe. Außerdem verfasste er viele Beiträge für Länderkunden, Atlanten und Enzyklopädien (Print und Digital).

BILDNACHWEIS

Dorling Kindersley dankt folgenden Personen, Institutionen und Bildarchiven für die Genehmigung zur Reproduktion ihrer Fotografien:

o = oben, m = Mitte, u = unten, l = links, r = rechts.

123rf: Thomas Fehr 60u.

599media: Paul Schmidt 196o.

Alamy Stock Photo: Charles Mahaux / AGF Srl 71o; Georg Berg 44ul; Lebrecht Music & Arts / Music Images 50ol; Reinhard Schulz / Prisma by Dukas Presseagentur GmbH 52ol; Sunny Celeste 50mr; The History Collection 187o.

Bilderberg Hotel Bellevue: Thomas Haberland 8ml.

Createsome Community UG: 37m.

Dauerstedt, Jens: 205u.

Deutsches Hygiene-Museum: 142ul, 142uml; David Brandt 8mlo, 142mr; Gunter Binsack 142umr; Isabel Noack 143; Oliver Killig 24mr, 38u, 142ur, 144o, 145u; Ostdeutsche Sparkassenstiftung / Uwe Tölle 145o.

Dreamstime.com: 13threephotography 151or, 167u; Adisa 48ul, 185u; Adoggster 180u; Aletheia97 22mr, 32o, 43ml, 63or, 86u, 181o; Andrii Zhezhera 39o; Animaflora 92u; Daliu80 50ul; Draghicich 52 – 53o; Dudlajzov 18, 29ml, 53u, 117m, 118, 128u, 124u, 125ol, 128u, 146ul; Eg004713 32u; Emicristea 24o; Frantic00 87o, 129ur; Freesurf69 75or; Gunold 48o; Harald Biebel 218ul; Hlphoto 37u; Holger Kleine 95mr; Ina Hensel 212o; Irakite 197u; Irina Lepneva 123o; Janoka82 26 – 27m; Juliane Jacobs 51or, 170or; Leopold Brix 11ur; Lianem 27or, 197o, 216ul; Lunamarina 106 – 107u, 109o; Maciej Bledowski 208u; Manfredxy 164o; Mapics 28u; Marekkijevsky 206ul; Mariusz Burcz 13ur; Meinzahn 10ul; Mijeshots 33u, 61u, 150ul, 170ol, 171ol; Mirekdeml 213ur; Mistervlad 16, 64, 110o; Neurobite 220 – 221; Newpunisher 33ml; OlenaSign 22ul; Rostislav Glinsky 34u; Ruslan Taran 155o; Sanga Park 83mr; Sergey Novikov 207; SimonDannhauer 203mr; Tagstiles 11o, 132o; Tomas1111 69ur; Transurfer343 113u, 116o; Tupungato 24mu; Ullrich Gnoth 43ur, 49or, 115ol, 166o, 172ul, 174ol, 175u; Vadym Lavra 131u, 184o; Velishchuk 112u; Venemama 126o, 135u; Victoria Shelest 214u; Vitalyedush 50 – 51o; Wirestock 51mro, 63ol; Zwawol 206mr.

Dresden Marketing GmbH: Arvid Müller 20; Christoph Münch 12 – 13, 45ur, 157o; Claudia Jacquemin / www.schmidt.fm 70u; Daniel Bahrmann 40 – 41u; ddpix.de 88 - 89, 94u, 108u; Erik Groß 40ol; Frank Exß 73, 112or, 128ul, 129ol, 137o, 152u, 153u, 175ol, 190u; Katharina Grottker 36 – 37o; LHD / Sylvio Dittrich 111ul; Martin Förster 189o, 191u; Martin Krok / Landesbühne Sachsen 208o; Melanie May 10o; Michael Bader 12o; Michael R. Henning 147o; Michael Schmidt 47ur; Sandra Kleppsch 33o; Schloss Moritzburg 176; Sebastian Weingart 29o, 36u, 46ul, 47ul, 93o, 188u, 190o, 191o; Stephan Floss 51u; Sven Döring 30o; Sven Döring / Agentur Focus 41o, 47m, 194u; Sylvio Dittrich 28o, 46ur, 78o; Tommy Halfter 44ol; Tomy Heiduck 17, 98.

Dresdner Bäder GmbH: 39u.

Dresdner Verkehrsbetriebe: 162ml.

Frauenkirche Dresden: Susann Hehnen 104o.

Gedenkstätte Bautzner Straße: tichy.photography 35ul, 53or, 169o.

Getty Images / iStock: 13threephotography 195o; aletheia97 209o; alxpin / E+ 22o; Animaflora 26 – 27om; Asergieiev 210 – 211; DaLiu 56 – 57; Dirschl 8 – 9; ewg3D 212ol; Faiz Dila 187mr; Frank Wagner 103o; frantic00 53mro; Freeartist 4, 59ol; Gatsi 97ol; Georgios Art 49ol; Heidloss Tilo Geringswald Felix GbR 173o; Hermsdorf 52u; Holger Kleine 102u; Janek 26ol, 204u; johannes86 205o; Kerrick 162mr, 162ur; kurmyshov 75o; leonid_tit

42–43u; makasana 203ul; manfredxy 96ul; marako85 21, 198; Nikada 62ul, 105u; Pilat666 6–7; rdonar 202ul; RicoK69 19u, 158; Sieboldianus 34–35o; stocklapse 212u; subtik 2–3; TomasSereda 41m, 41u, 114u; TomekD76 29ur; TommL 42o; VitalyEdush 35mru.

MEISSEN: 12u, 86ml, 186l, 186ur, 186mr; Robert Vanis 187u.

Militärhistorisches Museum der Bundeswehr: David Brandt 133ur; Nick Hufton 133u.

Museen Dresden: Carla Arnold 45ml; David Brandt 125u, 132u, 193u, 194o; David Pinzer 127u, 166u; Frank Zadnicek 165u; Philip W. L. Günther 111or.

Panometer Dresden / Yadegar Assisi: T. Schulze 11mr, 148u, 149o.

Pfunds Molkerei Dresden: 130o.

Sächsische Landesbibliothek: Simone Fleischer 45ol; Deutsche Fotothek Tilmann Heitmann 192u.

Photo Scala, Florence: bpk, Bildagentur für Kunst, Kultur und Geschichte, Berlin 30u.

Schlösserland Sachsen: ddpix / Marcel Quietzsch 8ul, 19o, 138, 151o, 179o, 179or; Sylvio Dittrich 183o.

Shutterstock.com: Claudio Divizia 136u; Dziajda 122u; Oleg Senkov 154ul, 156ul; scimmery 219o; UllrichG 193o.

Staatliche Kunstsammlung Dresden: 22ur, 78u, 80ul, 81o, 168u; C. Sonntag 10–11u, 72–73u, 107or; David Brandt 79u, 107um; David Pinzer 107mr; H.C. Krass 31u, 72um.

Stadtverwaltung Freiberg: Rafl Menžel 49u.

Tourismusverband Sächsische Schweiz: Britta Prema-Hirschburger 217m; Felix Meyer 13o, 202–203o; Philipp Ziegler 206um, 215o; Sebastian Thiel 214ul.

Verkehrsmuseum Dresden: Igor Semechin 85o, 84–85u; Jan Gutzeit 24l, 85mr; Marius Schreyer Design 85o.

Weiße Flotte Sachsen GmbH: 13m; Jan Gutzeit 38o.

Zappe, Jens: 43ur, 131o.

Zoo Dresden: 39m, 153o.

Extrakarte

iStockphoto.com: SeanPavonePhoto.

Umschlag

Vorderseite und Buchrücken: **iStockphoto.com**: SeanPavonePhoto.
Rückseite: **iStockphoto.com:** Aleh Varanishcha o; Olena_Z ml; RYSZARD FILIPOWICZ m.

DK | Penguin Random House

www.dk-verlag.de

Produktion DK Verlag GmbH, München

Verlagsleitung Monika Schlitzer

Programmleitung Heike Faßbender

Redaktionsleitung Stefanie Franz

Projektbetreuung Theresa Fleichaus

Herstellungskoordination Antonia Wiesmeier

Text Gerhard Bruschke, München

Illustrationen Branimir Georgiev, Maria Magdalena Renker, Eva Sixt

Kartografie Suresh Kumar, Ashif, DK India

Gestaltung und Umschlag Ute Berretz, München

Redaktion Gerhard Bruschke, München

Schlussredaktion Philip Anton, Köln

Druck Foshan Nanhai Xingfa Printing Co. Ltd., China

Zuerst erschienen 2010 in Deutschland
bei Dorling Kindersley Verlag GmbH, München
Ein Unternehmen der
Penguin Random House Group

Aktualisierte Neuauflage 2024 / 2025

ISBN 978-3-7342-0744-0

5 6 7 8 9   27 26 25 24 23

MIX
Papier | Fördert gute Waldnutzung
FSC® C018179
FSC www.fsc.org

Dieser Reiseführer wird regelmäßig aktualisiert. Angaben wie Telefonnummern, Öffnungszeiten, Adressen, Preise und Fahrpläne können sich jedoch ändern. Der Verlag kann für fehlerhafte oder veraltete Angaben nicht haftbar gemacht werden. Für Hinweise, Verbesserungsvorschläge und Korrekturen ist der Verlag dankbar. Bitte richten Sie Ihr Schreiben an:

Dorling Kindersley Verlag GmbH
Redaktion Reiseführer
Arnulfstraße 124 • 80636 München
reise@dk.com

Liniennetz Dresd

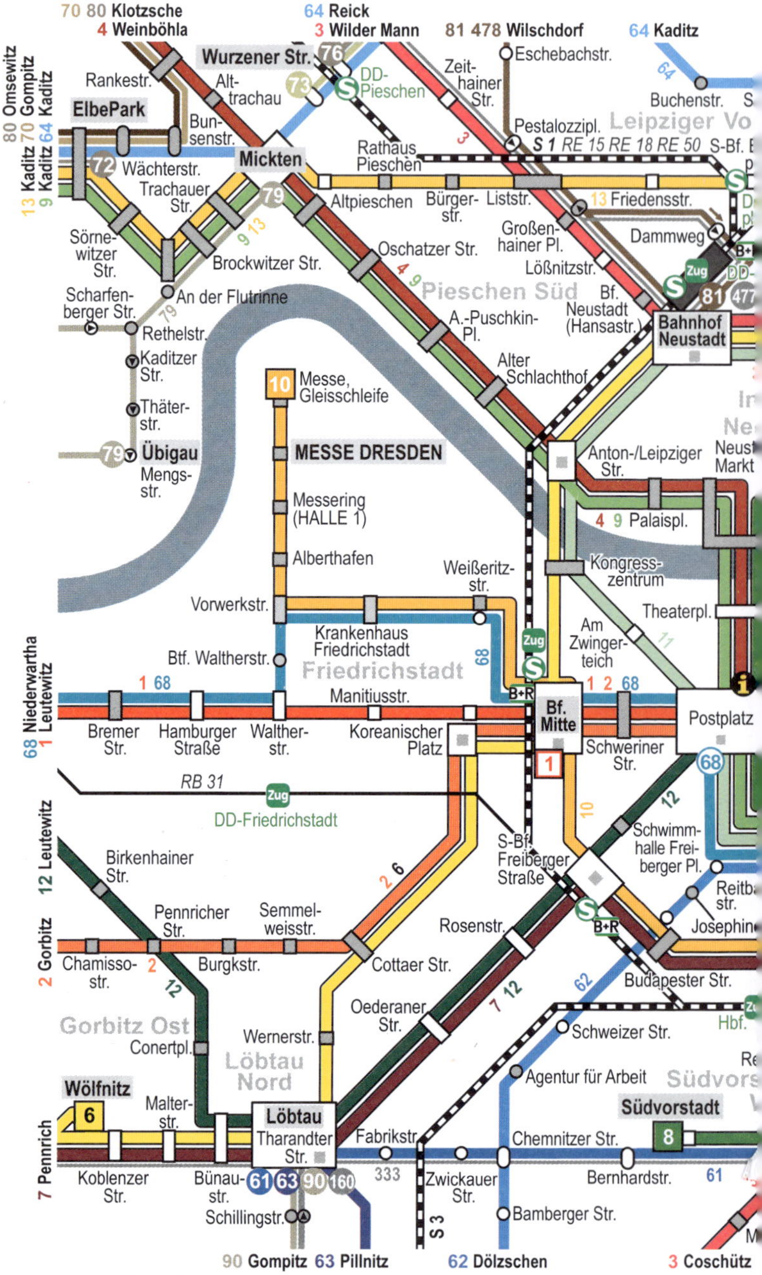

Legende / *Legend*

Straßenbahnlinie mit Haltestelle und Endhaltestelle
Tram route with stop and final stop

60er Bus mit Haltestelle und Endhaltestelle
60 bus route with stop and final stop

weitere Buslinie mit Haltestelle und Endhaltestelle
Other bus route with stop and final stop

zeitweise Endhaltestelle *Temporary final stop*

Takte / *Intervals*

10 Minuten-Takt, abends und Wochenende 15 Min.-Takt
10-minute intervals, in the evening and at weekends at 15-minute intervals

15-30 Minuten-Takt / *15-30-minute intervals*

seltener / *Infrequent*